KB080475

제2의 불확실성의 시대

세계는 어떻게 불확실한 미래에 대비해야 하는가

The Next Age of Uncertainty:
How the World Can Adapt to a Riskier Future

제2의 불확실성의 시대
The Next Age of Uncertainty

| 세계는 어떻게 불확실한 미래에 대비해야 하는가 |

스티븐 폴로즈 지음 | 강성실 옮김

사단법인 한국물가정보

불확실의 시대를 위한 제언

어디에나 불확실성은 존재하지만 특히 경제 분야는 더욱 불확실하다. 날씨 때문에 주말 계획을 망치게 될까 봐 걱정되는가? 날씨가 궁금하다면 날씨를 미리 예측해 주는 애플리케이션의 도움을 받을 수 있다. 그러나 정말 중요한 일에 관한 불확실성을 해소해주는 애플리케이션은 존재하지 않는다. 과연 나의 일자리는 안전한 것일까? 내년에는 월급이 오를까? 집은 살 수 있을까? 언젠가 집을 장만할 형편이 되는 날이 오기는 할까? 지금이 집을 사기에 적당한 때일까? 주식 시장은 붕괴될까? 주택담보대출 갱신 시 금리는 하락할까? 단기로 갱신해야 할까, 아니면 장기로 갱신해야 할까? 나는 몇 살까지 살게 될까? 은퇴 자금은 충분한 것일까? 그런데 이번 주에 휘발유 가격은 왜 이렇게 오른 거지? 이러한 질문들은 개인의 삶에서 장기적인 영향을 미치게 될 중요한 결정들과 연관되어 있다. 우리는 모두 경제 공동체 속에서 살아가고 있기 때문이다.

이와 같은 일상적인 질문들은 개인의 삶을 어렵게 만들기도 하지만 그 질문들의 영향을 받는 변수가 많은 기업들의 경우 더 큰 어려움을 겪는다. 실제로 기업들이 어떤 결정을 내리는가는 그 기업의 앞날만 결정하는 것이 아니라 당신이 내일도 여전히 직장에서 쫓겨나지 않을지의 여부도 결정한다. 기업은 안정적인 일자리와 지속적인 수익을 보장하는 성공적인 사업을 유지해 나가기 위해 매출, 가격, 금리, 환율 등과 같은 미래의 경제 동향을 예측할 수 있어야 한다. 그들은 그 예상 수치를 기반으로 채용과 원자재 주문, 장비 구매, 확장 계획 등을 아우르는 사업 계획을 수립한다. 또한 은행과 주식 동향, 채권 시장 상황을 근거로 그에 상응한 재무 계획을 마련해야 한다.

요약하자면, 고용주와 피고용인 모두 동일한 경제적 불확실성에 직면해 있는 것이다. 경제 성장 대 불황, 인플레이션율, 금리, 환율, 주식 시장, 고용 창출이나 인력 감축, 임금 수준, 주택 시장 상황, 정부 지출 및 세금 전망 등은 우리 모두에게 중요하다. 일반인들의 시각에서 거시경제적 개념은 추상적으로 느껴질 것이다. 그러나 그것들은 우리가 내리는 모든 중요한 경제적 판단을 위한 재료들이다. 그것을 기반으로 일을 할 것인지의 여부와 어디에서 일을 할 것인지, 어디에서 어떻게 살 것인지, 무엇을 언제 살 것인지, 언제 얼마나 대출을 받을 것인지, 언제 고용하고 해고할 것인지, 언제 사업 확장에 나설 것인지 등의 결정을 내린다.

경제는 우리가 숨 쉬는 공기나 헤엄치는 물과도 같다. 최근 몇 년 사이에 경제적 불안이 높아졌다고 굳이 경제학자가 말해주지 않아도 당신은 그 사실을 알 수 있을 것이다. 즉, 미래를 위해 계획을 세우는 것이 그만큼 더 어려워지고 있다는 뜻이다. 그렇다면 상황이 다시 정상화될 수 있는지 묻는 경우가 많다. 그 질문에 대해 복잡하게 답하자면 정상화라는 것이 이제 더 이상 우리 대부분이 생각하는 정상화가 아니라는 것이다. 간단하게 답하자면 앞으로 더 많은 변동을 예상해야 하며 결코 덜하지는 않을 것이라는 것이다.

변동성이 큰 미래 경제란 우리가 예상한 것보다 상황이 더 심각하거나 좋을 수 있으며 가능한 결과의 범위가 더 넓어질 수 있음을 의미한다. 우리는 모두 본능적으로 불확실한 것을 싫어한다. 심지어 어떤 것이 나쁜 일만을 야기하는 것이 아니라 좋은 일도 야기할 수 있다는 의미에서 두 가지 가능성이 공존한다는 것을 이해하고 있을 때조차도 그런 상황을 좋아하지 않는다. 우리는 불확실한 상황 속에서 스트레스를 많이 받는다. 그리고 미래에 대한 예측을 기반으로 매일 경제에 관한 새로운 결정들을 내린다. 그에 따라 잘못된 판단을 하게 될 가능성은 점점 더 높아지고 있다. 경제의 불확실성이 증가함에 따라 잘못된 판단과 관련된 위험도 증가한다. 경제에 작용하는 요인은 미래의 고용과 인플레이션, 주택 가격, 금리, 주식 시장에 더 큰 폭의 변동을 더 자주 가져올 것이다. 예컨대, 우리는 집을 살 때 실직으로 인해 집을 잃게 될 위험이 과거보다 훨씬 더 높아지고 있는 현실을 고려해야 할 것이다.

요컨대, 우리의 미래가 더 불확실해질수록 일상적인 판단을 내릴 때 우리가 감수해야 하는 위험은 더 커진다. 그렇다면 불확실성 앞에서 사람들은 어떻게 결정을 내려야 할까? 사람들은 자신의 평균적인 과거의 경험을 기반으로 결정하고 미래가 그 궤적을 따라주기를 기대한다. 다시 말해서 현재 상황이 드물게 발생하는 상황이라면 대부분의 사람들은 상황이 곧 정상화될 것을 기대한다. 하지만 어떻게 그것을 자신할 수 있단 말인가? 상황이 불확실할수록 판단은 더욱 까다로워진다. 알 수 없는 미래에 대한 두려움을 덜기 위해 가족이나 친구, 혹은 전문가에게 조언을 구할 수도 있을 것이다.

전문가들은 특별한 종족이다. 그들은 우리와 같은 방식으로 예측을 내놓지 않는다. 결과를 예측하기 위해 경제 지식과 많은 양의 데이터, 컴퓨터로 도출한 모델 등 훨씬 더 다양한 정보를 바탕으로 예측한다. 우리는 낮 시간 동안 직장에서 근무하고 저녁과 주말에 세상을 공부하기 위해 노력하지만 그들은 이러한 것들을 알아내기 위해 온종일 노력한다. 우리는 세상이 어떻게 돌아가고 있는지 우리에게 이해시켜줄 여러 분야의 전문가들을 접하기 위해 신문과 책을 읽고 인터넷 검색을 하거나 경제 뉴스를 본다. 경제 분야의 전문가들은 많다. 심지어 전문가의 수보다 의견이 더 많을 정도다. 우리가 접근할 수 있는 경제 정보는 지나치게 많다. 많은 정보들은 아주 자신감에 차 있고 대대적으로 홍보되는 한편 모순적이기도 하다. 전문가들의 말이라고 항상 옳은 것은 아니다. 게다가 그들이 알 수 없는 부분도 존재한다.

캐나다 중앙은행의 총재로 재직하던 시절 나는 경제 전망의 불확실성에 대해 솔직한 태도를 견지하기로 마음먹었다. 경제가 커다란 불황을 겪고 난 뒤에는 솔직한 태도가 특히 더 중요해진다. 여러 경제 모델들 속에서 길을 잃게 되기 십상이기 때문이다. 2008년 세계 금융 위기와 그 뒤를 이은 경기 침체가 대표적인 예다. 캐나다의 수출은 급격히 감소했고 캐나다 달러 가격이 오르면서 상황은 더 심각해졌다. 2011년에는 결국 미국 달러와의 통화 동등성이 깨져 수많은 캐나다의 수출 기업들이 도산하는 사태가 벌어지고 말았다. 이후 몇 년간 캐나다 달러는 꾸준히 가격이 하락해 경제학자들은 캐나다의 수출이 회복될 것을 전망했다. 그러나 이 전망은 잘못된 것이었다. 많은 수출 기업들이 이미 사라진 뒤였기 때문이다.

경제학자들이 만든 모델들은 기업들의 대규모 도산을 해명하기에는 역부족이었던 것이다. 이 사례는 경제를 전망할 때는 항상 가능한 결과(어떤 경우에는 아주 다양한 결과) 범위에서 그 중간 지점을 짚어주어야 한다는 사실을 분명히 보여준 사례다. 예측은 대부분의 경우 과거의 자료를 기반으로 만들어진 모델을 근거로 한 전문가의 추측에 불과하다. 경제학자들은 많은 정보를 분석해 경제가 어떻게 작동하는지에 대해 가설을 세운다는 점에서 과학자들과 아주 비슷하다. 하지만 과학자는 실험실에서 가설을 실험해 볼 수 있는 것에 반해 경제학자와 중앙은행 간부는 과거의 행동을 기반으로 한 모델을 개발할 수 있을 뿐이다. 그 결과, 미래가 과거와 비슷한 양상으로 펼쳐지는 경우 예측 모델이 적중했다고 보는 것이다.

이 책은 경제 불확실성의 극단적인 사례라 볼 수 있는 코로나19 팬데믹이 발생한 이후 쓰여졌다. 내 위치에서 바라봤을 때 상황은 아주 혼란스러웠다. 2020년 봄 몇 주 동안 나의 일과는 하루종일 쉴새 없이 이어지는 온라인 미팅으로 채워졌다. 온라인 미팅은 내가 거의 사용하지 않는 우리집 사무실에서 그다지 신뢰가 가지 않는 인터넷 연결을 통해 이루어졌다. 실제 데이터보다는 직감에 따라 만들어진 금융 시장 계획과 통화 정책 도구가 급하게 실행되었다.

이처럼 경제에 아주 심각한 사건이 발생할 때면 경제학자들은 그 즉시 그것이 앞으로 얼마나 큰 파급력을 가질 것인지에 대해 논평해 줄 것을 요청받는다. 나는 개인적으로 코로나19 팬데믹이 세계 경제에 어떤 영향을 미칠지 예측하는 우리의 능력에 자신이 별로 없었지만, 늘 그렇듯이 미래에 대한 자신감 있는 예측들은 충분히 많이 나왔다. 대다수는 경제적 격변기를 예상하고 있었고 그 격변기가 오랫동안 이어질 것이라고 했다. 나는 그 의견에 회의적인 입장이었다. 아마도 나의 긍정적인 기질이 표면으로 드러난 결과일 수도 있겠지만 나는 경제가 어느 정도의 회복탄력성을 보여줄 것이라 본다. 이 상황은 2001년 9월 11일을 떠오르게 했다. 9/11 테러가 발생한 직후 여러 전문가들이 자신 있게 한 발언들이 떠올랐다. 일부 발언은 사건 당일 공표되기도 했다.

"사람들은 다시 비행기 여행을 하려 하지 않을 것이다"라고 일부 경제학자들이 말했다. 그리고 "글로벌 경제가 심각한 장기 침체에 빠질 것"이라고 많은 경제학자가 예견하기도 했다. 나는 당시 캐나다 수출개발공사(Export Development Canada(EDC))의 책임 경제 연구원이었는데, 당시의 불확실한 상황을 예측하기 위해 진땀을 뺐던 기억이 난다. 나중에야 알게 된 사실이지만 불확실성이야말로 가장 유용한 통찰이었다. 우리는 앞으로의 미래가 과거의 미래 전망만큼 확실할 수 없다는 사실을 인정하며 우리가 내놓는 새로운 전망을 '불확실성의 새 시대'라고 이름 붙였다. 나는 몇 주 동안 미래 전망을 제시해 줄 것을 요청한 대중 강연에 20여 차례 불려다니면서 1977년에 출간된 존 케네스 갤브레이스(John Kenneth Galbraith)의 〈불확실성의 시대(The Age of Uncertainty)〉를 강연 소품으로 지니고 다녔다. 우리는 세계적인 불황을 예견하는 대신 불확실성이 증가함에 따라 국제 비즈니스에 먹구름이 드리울 것이라고 말했다. 테러 위

제2의 불확실성의 시대

협이 상존하는 세상에서는 비즈니스 리스크가 더 클 것이고 기업들은 그런 환경에 적응해 나갈 것이다. 분명히 말하건대, 9/11 테러 이후 세계 경제는 불황에 빠지지 않았고 빠른 속도로 회복했다.

갤브레이스의 책은 1973년에서 1977년 사이에 쓰여졌다. 당시는 경제학자 집단에게는 '정상적'이라는 개념이 뒤집히고 있었던 불확실성의 시대였다. 세계 노동 인구에서 베이비붐 세대의 등장은 노동 시장을 파괴하고 있었다. 아랍 석유 금수조치로 인해 유가는 급등했고 석유 수입국들은 대혼란을 겪고 있었다. 2차 세계대전을 기점으로 이어져 온 국제 통화 체제(대부분의 국가 통화들의 환율을 (금 가격에 고정되어 있는) 미국 달러에 고정한 통화 체제)가 붕괴했고 그에 따라 환율 변동성은 급격히 증가했다. 이는 세계 경제에 엄청난 충격을 주었고 이전에 '정상'으로 간주되었던 것에 근본적인 변화가 일어났음을 의미했다. 그 결과 나타난 현상은 인플레이션과 함께 실업률이 증가한 것이었다. 그 시대의 경제 모델을 통해서는 예상하지 못한 결과였다. 뭔가가 잘못된 것이 분명했다.

그 후 10년 동안 그 모델들은 새로이 재고되었다. 1970년대 후반에 내가 대학원에서 공부하던 시기에 차세대 모델들이 등장하기 시작했다. 갤브레이스의 관점은 다음과 같았다. '경제학은 항상 거대한 새로운 생각에서 다른 생각으로, 그리고 또 다른 생각으로 진화를 거듭해왔다. 그리고 그때마다 새로운 생각을 지지하는 사람들은 정당성은 부족하더라도 확신을 가지고 단호하게 그 생각을 현실에 적용했다.'

경제학자들에 대한 논평은 갤브레이스의 견해에서 비롯된 것이 아니었다. 그는 1936년 존 메이너드 케인스(John Maynard Keynes)의 〈고용, 이자 및 화폐의 일반 이론(The General Theory of Employment, Interest and Money)》의 마지막 문단에 나온 말을 인용했을 뿐이었다.

··· 경제학자들과 정치 철학자들의 생각은 그것이 옳든 그르든 모두 대중이 생각하는 것보다 더 막강한 힘을 발휘한다. 실제로 세상은 다름 아닌 경제학자들의 지배를 받고 있다. 자신이 어떤 지적인 영향도 받고 있지 않다고 믿고 있는 현실 사정에 밝은 사람들은 보통 세상을 떠난 경제학자의 노예인 경우가 많다 ···

세상이 변화하면 경제 이론 또한 그 세상과 함께 변해야만 한다. 세상의 변화에 적응하지 못하는 경제학자는 틀린 것이고 그들의 말을 따르는 모든 이들 또한 틀린 것이다.

역사가 항상 동일하게 반복되는 것은 아닐지라도 마크 트웨인(Mark Twain)이 남긴 명언처럼 비슷한 운율로 반복되는 경우는 종종 있다. 2020년 늦은 봄에 금융 시장 상황이 진정되자 나는 과거 중요한 전환기에 내놓았던 경제 예측과 그것들이 얼마나 많이 빗나갔는지에 대해 다시 생각해 보았다. 우리가 한 예측은 세부적인 부분에서만이 아니라 방향조차도 제대로 가리키지 못한 적도 많았다. 그러한 예측 오류를 해명할 수 있는 타당한 해석은 발생한 주요 사건이 우리의 경제 기반을 변화시켰다는 것이다. 그래서 우리의 이론들이 미래를 예측할 힘을 잃은 것이다.

모든 경제학자는 경제의 기반에 대한 인식, 즉 시간이 흘러도 변함없는 요소들과 그들 사이의 관계에 관한 개념들을 늘 염두에 두고 있다. 경제는 항상 끊임없는 사건들의 영향을 받고 있다. 그래서 고정된 상태로 관측되는 경우는 거의 없지만 특정 사건이 벌어진 후 경제는 (경제학자들이 염두에 두고 있는) 이 기반을 중심으로 돌아가게 될 것이다. 경제학자들은 이것을 장기적인 균형, 혹은 안정 상태라고 부른다. 경제 모델들은 이 기초적인 구조를 바탕으로 제시되며 안정 상태를 기준으로 경제적 변동을 설명하고자 한다. 그리고 우리는 경제가 어떻게 현재의 출발점에서 안정 상태로 되돌아갈 수 있을지를 예측하는 데 그 경제 모델을 이용한다. 코로나19의 엄청난 충격을 고려해 볼 때 경제에서 우리가 미래에도 의지할 수 있는 불변의 요소들이 무엇인지 궁금해졌다. 즉 코로나19 팬데믹이 끝났을 때 우리가 돌아갈 기본적인 지점이 어디인가 하는 것이다.

그리고 곧 오늘날 우리 경제에 그런 불변의 요소가 거의 없을지도 모른다는 생각이 들었다. 나는 2019년 이후 경제에 장기적으로 작용할 영향력을 약화시킬 수 있는 방안을 고민하고 있었다. 그 해 나는 영광스럽게도 스프루스 메도우스 체인징 포춘스 라운드 테이블(Spruce Meadows Changing Fortunes Round Table)에서 열린 기조 강연에서 이 주제에 관한 내 생각을 공유할 기회가 주어졌다.

스프루스 메도우스 체인징 포춘스 라운드 테이블은 전 세계의 비즈니스 리더들과 정책 담당자들이 모이는 연례 고위급 회담으로, 20년 전 앳코 그룹(ATCO Group)의 창립자인 故 론 서던(Ron Southern)에 의해 처음 시작되었고 서던 가에서 계속 이어오고 있다. 나는 그 강연을 준비하면서 경제 기반을 이루고 있는 여러 주요 요소들이 고정적이지 않으며(그들은 실제로 항상 변화하고 있다) 그 변화를 이끄는 동력이 미래를 결정한다는 사실을 알게 되었다. 이 책은 스프루스 메도우스 강연을 기반으로 발전시킨 내용이다.

이렇게 장기적인 변화 방향까지 감안해서 미래를 전망하는 일은 생각보다 훨씬 더 어렵다. 여러 가지 변화 요소가 동시에 경제에 작용하게 되면 그들 사이의 복잡한 상호작용으로 인해 불가해한 불안정, 심지어 위기 상황도 발생한다. 갤브레이스가 〈불확실성의 시대〉를 쓴 1970년대에도 현재와 동일한 변화의 요인들이 작동하고 있었다. 내가 우리의 미래를 '또 하나의 새로운' 불확실성의 시대로 간주하게 된 사유도 바로 이것이다.

이 책은 더 나은 결정을 내리기 위해 창문 밖으로 펼쳐지는 광경과 일상 속에서 감수해야 할 위험을 더 잘 이해하고자 하는 이들을 위한 것이다. 높아지는 위험은 곧 우리의 문간에 다다를 것이며 앞으로 나아감에 있어 길을 잃지 않도록 이 책은 자상한 지침이 되어줄 것이다.

당신이 최고경영자이든 경제학자이든, 아니면 자녀 교육을 걱정하는 부모든 이미 진행되고 있는 큰 경제적 변화를 망각하기 쉽다. 이 변화는 앞으로 우리가 해야 할 일상적인 생존 투쟁에도 오랫동안 영향을 미칠 것이다. 그러나 최종적으로 투쟁의 결과를 결정하는 것은 커다란 변화 요인일 것이다. 이 책이 앞으로 다가올 또 하나의 불확실성의 시대에 대해 우리가 고민하고 더 잘 준비하는 데 도움이 될 수 있기를 바란다.

2021년 6월

캐나다 오타와에서

제2의 불확실성의 시대

제2의 불확실성의 시대
The Next Age of Uncertainty

| 차례 |

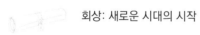

1장

The Next Age of Uncertainty

지각 변동

회상: 2018년 발리

- -

나는 직업상 수년 동안 세계 곳곳을 누비고 다니며 일했다. 미국, 캐나다, 유럽을 방문하는 데에는 곧 익숙해졌지만, 중국, 인도, 호주, 남아프리카, 중동은 갈 때마다 항상 낯설게만 느껴졌다. 거리가 멀다는 단순한 이유도 한몫했으리라. 어떤 장소로 이동하는 데 시속 1,000킬로미터로 가도 하루 이상이 걸린다면 세상이 얼마나 넓은지 새삼 실감하게 된다.

2018년 10월 인도네시아 발리행 비행기 여행은 유난히 길게 느껴졌다. 방문 목적은 국제통화기금(International Monetary Fund)과 세계은행(World Bank)의 연례 회의 참석차였다. 회의는 워싱턴 D.C.에서 시작되어 보통 3년에 한 번씩은 회원국들이 돌아가며 개최하는 것으로 되어 있다. 회의가 개최되는 시기에는 각국의 중앙은행 간부와 재무장관, 정부 관리, 시중 은행 간부, 언론사 기자 등 수많은 인파가 개최국으로 몰려들곤 한다. 그에 따라 보안을 강화하고 숙박 시설도 확충한다. 발리가 꿈의 관광지인 만큼 이곳으로의 출장이 내게도 큰 특전으로 여겨졌던 것이 사실이다. 물론 대부분의 시간은 회의 일정으로 채워지겠지만 그래도 호텔이 해변가에 위치해 있어 창문 밖으로 보이는 전망만큼은 장관이었다. 발리는 늦은 봄이었고 날씨는 무더웠다. 남성들에게는 양복보다는 인도네시아식 바틱 셔츠를 입으라는 권고가 내려왔다. 내게는 이런 경험이 상당히 흥미롭게 느껴졌다.

공항에 도착하자 우리는 귀빈 대우를 받았다. 관리들이 입국 수속을 밟는 동안 개별 룸에서 다과를 제공받기도 했다. 그리고 난 뒤 바로 해변가에 위치한 호텔로 이동해 체크인을 했다. 호텔 직원은 우리를 객실로 안내하면서 지진과 쓰나미 발생 시의 행동 지침을 알려주었다. 아직 시차증으로 정신이 혼미한 상태였지만 직원의 안내에 최대한 정신을 집중하려 애썼다. 왜냐하면 불과 몇 주 전 인도네시아 술라웨시섬 북부 지역에서 쓰나미를 동반한 강력한 지진이 발생했었기 때문이다. 안타깝게도 그 지진으로 4,000명 이상이 사망하고 수천 명의 이재민이 발생했다. 우리의 머릿속은 이 지진에 대한 생각으로 가득 차 있었지만 예정대로 발리에서 회의가 개최된 것은 인도네시아의 회복탄력성을 보여주는 증표와도 같았다. 나를 방으로 안내해준 직원은 경보가 울리면 어느 방향으로 피신해야 하는지 알려주었다. 그는 더 높은 곳으로 올라가야 한다면서 위층을 가리켰다. 객실은 아주 훌륭했다. 커다란 창문이 여러 개 나 있었고 창문은 작은 판유리로 나누어져 있는 디자인이었다. 이런 종류의 출장에서는 으레 그렇듯이 나는 곧바로 침대에 몸을 던지고 깊은 잠 속으로 빠져들었다.

한밤중에 유리가 덜커덩거리는 소리만큼 간담을 서늘하게 하는 소리는 없을 것이다. 그 소리에 나는 침대에서 벌떡 일어났고 바닥이 흔들리고 있는 것을 발견했다. 방 전체가 앞뒤로 흔들거리고 있었다. 진동이 잠잠해질 때까지 화장실 출입구에 서 있었다. 나에겐 그 이상 어떻게 해야 하는지에 대한 정보가 없었다. 지진은 1980년대 중반에 오타와에서 경험했던 것보다 훨씬 더 강력했다. 그 당시에도 부엌 싱크대에 담겨 있던 물이 바닥으로 흘러내릴 정도의 진동이 발생했었다. 하지만 한 친구가 이야기해준 도쿄에서 일어난 지진에 비하면 약했다. 그는 야외 수영장 물의 절반이 철벅 튀어나왔다고 말했다. 나는 후에 밀려드는 쓰나미 가능성에 온 신경이 곤두서 있었다. 진원지가 멀리 떨어져 있다면 내가 있었던 곳에서 진동은 약하게 느껴졌을 것이다. 하지만 그 경우라도 여전히 방에서 큰 파장이 느껴지긴 한다. 그러나 호텔에서는 비상 경보를 울리지 않았고 복도에 나와 있는 사람도 없었다. 그래서 나는 이럴 때 누구나 생각할 수 있는 방법을 택했다. 바로 구글 검색이었다. 지진의 규모는 6.4였고 쓰나미 예보는 없었다. 그래서 다시 잠자리에 들었지만 한동안 잠이 오지 않았다. 아마도 이 지역민들은 날마다 이런 위험 속에서 살아가는 데 익숙해져 있는 모양이다. 하지만 우리 같은 방문객들은 이런 경험을 하고 나면 다음 날 아침 식사 시간에 할 말이 아주 많아진다.

대륙 이동의 비유

익히 알고 있듯이 세계는 2억 년 전에 형성되었고 현재에도 끊임없이 변화하고 있다. 인도네시아인들도 이 사실을 잘 알고 있다. 심지어 어린아이들도 표준 세계 지도를 보면 서유럽과 아프리카 대륙의 해안선이 북아메리카와 남아메리카 대륙의 동부 해안선과 아주 비슷한 모양으로 생겼다는 사실을 알아차릴 것이다. 그들은 한때 하나로 합쳐진 커다란 대륙이었고 과학자들은 이를 판게아라고 부른다. 그리고 약 1억5천만 년~2억 년 전인 중생대 중기에 대륙들이 나뉘기 시작했다는 것이다.

과학자들은 반용융 상태의 지구 맨틀 깊은 곳에서 발생한 대류 전류가 지각을 이루는 텍토닉 플레이트(지각의 표층)를 떠오르게 하는 것으로 관측하고 있다. 이 변화는 극도로 서서히 일어나기 때문에 1년에 약 10cm 정도씩 떠오르는 것으로 측정된다. 하지만 이렇게 작은 변화의 뒤에 숨어 있는 힘은 측정이 불가할 정도로 거대하다. 이렇게 2억 년이 넘는 시간 동안 서서히 지각 운동이 이루어지면서 유라시아판과 아프리카판이 북아메리카판과 남아메리카판으로부터 떨어져 나와 대서양이 형성된 것이다. 이 지각 변동의 힘으로 세계는 앞으로 5,000만 년 동안 계속 변화할 것이다. 대서양은 더 넓어질 것이고 호주는 더 적도 북쪽으로 서서히 이동하게 될 것이다.

두 개의 지각 판이 서로 맞닿아 부딪히며 지나갈 때 특히 흥미로운 현상이 벌어진다. 대체로 대륙판들은 특별한 사건을 일으키지 않고 빗겨 가며 이동한다. 아마도 그와 같은 대륙판 사이의 경계로 가장 유명한 곳이 미국 캘리포니아 주에 있는 산안드레아스 단층일 것이다. 산안드레아스 단층은 샌프란시스코 태평양 연안으로부터 내륙 쪽에 위치해 있고 팜스프링스 남쪽 방향으로 비스듬히 자리잡고 있다. 태평양판은 산안드레아스 단층선을 따라 서서히 북쪽으로 이동하고 있는 반면 북아메리카판은 남쪽으로 이동하고 있어 그 지역에서는 지속적으로 경미한 지진이 발생하고 있다. 이처럼 간헐적인 미진을 동반한 규칙적인 지각 운동은 균형 상태를 유지하기 위한 활동으로 볼 수 있다.

그러나 두 개의 대륙판이 맞붙게 되면 운동은 중단되고 판이 다시 움직이려고 함에 따라 압력은 점차 높아진다. 그리고 어느 순간 억눌려 있던 힘이 터져 나와 판들이 각자 떨어져나와 이동하게 된다. 마치 잃어버린 시간을 만회하려는 듯 이동은 단시간 내에 재빨리 이루어진다. 그 결과가 바로 술라웨시 섬에 끔찍한 재난을 몰고 온 지진과 같은 대규모 지진이다. 인류는 그런 자연의 힘에 대항해 할 수 있는 일이 별로 없다. 그 현상을 이해하려고 노력하거나 그것을 예측하거나, 그에 대비하는 것(이것이 가장 중요하다) 외에는 방도가 없는 것이다.

다섯 가지 경제 요인들

지각 변동을 일으키는 힘처럼 경제 요인 또한 그것이 작동할 때는 땅을 뒤흔드는 힘을 발휘할 수 있다. 지각 변동이 수백만 년에 걸쳐 이루어지는 것이라면 자연 발생적인 경제 요인은 수십 년에 걸쳐 작동하며 수십 년은 인간의 일생을 놓고 봤을 때 아주 긴 시간이다. 지각 변동과 마찬가지로 자연 발생적인 경제 요인은 본질적으로 감지가 어려우며 일방향으로 움직이는 경우가 거의 없다. 경제 요인이 작동한 결과를 예측하는 일은 단순한 기계적인 활동이 아니다. 설사 일부 경제학자들이 마치 그런 것처럼 말하는 경우도 있지만 말이다.

일반 관찰자들은 경제가 수많은 가동 부품과 복잡한 전자 장치들로 이루어진 자동차처럼 작동한다고 생각한다. 그러나 자동차 운전은 행동적 관점에서 봤을 때 복잡하지는 않다. 발로 액셀러레이터를 밟으면 자동차가 앞으로 나간다. 자동차 후드 아래에서 다양한 장치들이 작동하고 있겠지만 모두가 예외 없이 기계적인 작동이므로 예상하기가 쉽다. 시스템에 무엇을 한 가지 입력하면 그에 상응한 결과가 나타나는 것이다.

하지만 끊임없이 변화하는 경제 요인의 경우에는 그 근본적인 복잡성으로 말미암아 그것이 가져올 결과가 항상 불확실하다. 즉, 경제 예측도 일기 예보처럼 항상 어떤 결과가 발생할 가능성으로 제시되어야 한다는 뜻이다. 경제 예측은 훼손된 도로 위를 달리는 것과도 같다. 그래서 자동차가 아마도 앞으로 움직이긴 할 것이라고 말할 수 있을 뿐이다. 하지만 자동차가 갑자기 오른쪽이나 왼쪽으로 방향을 확 틀게 될 가능성 또한 존재하는 것이다.

경제 속에 존재하는 다양한 연결 관계들은 자동차와 같은 기계 속에서 부품들 간의 연결 관계보다 훨씬 더 복잡하다. 자동차의 연결 관계는 인간의 행동이 만들어낸 산물로서 전체를 볼 수 있기 때문이다. 경제 요인들은 경제를 같은 방향으로 이끌며 놀라운 영향력을 행사하면서 서로를 증폭시키기도 한다. 혹은 종종 두 요인이 부분적으로 상대에 반해 서로 경제를 반대 방향으로 이끌며 맞서기도 한다. 그리고 거기서 관측되는 효과는 한 가지 요인만으로는 얻을 수 없는 효과다. 경제학자들은 그 동력들이 어떻게 균형 잡힌 결과를 낼 수 있었는지 모를 수도 있다. 그럼에도 분명히 말할 수 있는 것은 지속적인 불균형이 압력을 강화할 수 있다는 것이다. 서로 마찰을 일으키던 대륙판들이 더 이상 움직이지 않고 붙어 있을 때처럼 말이다. 이렇게 강력한 자연의 힘은 영원히 억누를 수 없다. 어느 순간 압력이 그들을 제어하던 마찰의 힘을 넘어서게 되고 그때 격렬하게 균형이 회복되는 것이다. 지질학에서는 이런 현상을 지진이라고 부른다. 그리고 경제학에서는 이를 위기라고 부른다. 위기는 특수한 상황으로서 경제 불안의 궁극적인 형태이다. 경제적 안정과 위기 사이의 스펙트럼에는 점점 커져가는 불안과 미래에 대한 불확실성이 놓여 있다.

이동하는 두 텍토닉 플레이트 사이에 발생할 수 있는 격렬한 상호작용을 고려하는 것과 세계 경제에 작용하는 지각 변동의 요인을 고려하는 것은 별개의 일이다. 경제에 작용하는 변동 요인들이 더 많고 그들 사이의 상호작용이 훨씬 더 복잡하고 예측 불가하기 때문이다. 이는 그저 생각해 볼 만한 흥미로운 이론에 그치지 않는다. 이것은 당신의 고용 안정과 예금, 혹은 주택 지분 가치에 영향을 줄 수 있기 때문이다. 이 책에서는 오늘날 세계에 작동하고 있는 다섯 가지 장기적 경제 요인들, 즉 인구의

제2의 불확실성의 시대

노령화, 기술 발전, 불평등 심화, 부채 증가, 기후 변화를 자세히 살펴보려한다. 이러한 경제 요인들은 그 성격과 범위를 고려했을 때 전 세계적으로 영향을 미치고 있는 요인들이다. 모두 코로나19 팬데믹 훨씬 전부터 이미 작용하고 있었던 요인들이며 팬데믹이 지나가고 난 후에도 오랫동안 그 영향은 유지될 것이다. 그런 의미에서 그들은 지표면 아래에서 작동하고 있는 지각 변동의 요인들과 아주 유사하다.

첫 번째 지각 변동 요인인 인구 노령화를 생각해 보자. 세계 인구가 고령화되어가고 있다는 것은 잘 알려져 있는 사실이지만 오늘날 비즈니스 세계에서는 가장 과소평가되어 있는 부분이기도 할 것이다. 인구 노령화가 서서히 진행됨에 따라 일반적으로 그것이 사업 계획에 중대한 영향을 미칠 가능성은 낮기 때문이다. 그러나 75년 전 2차 세계대전의 여파로 세계 인구가 급증했고 그 상태가 20년 가까이 지속되었다. 가장 출산율이 높았던 때가 1960년 무렵이었다. 그리고 이 인구는 1970년대에 세계 노동 시장에 진입하기 시작했다. 노동 인구는 1980년대 초반에 최대로 급증했다. 그리고 그들 중 다수는 2010년~2030년 사이에 노동 시장을 빠져나오고 있다. 우리가 가지고 있는 인식은 베이비붐 세대가 이끈 50년 동안 노동력이 급증해 있던 상태의 영향을 아주 크게 받았던 것이 사실이다. 이제는 베이비붐 세대가 은퇴 단계에 접어들면서 상황은 뒤바뀌고 있다.

경제 성장은 두 가지 요소로 이루어져 있다. 그것은 바로 노동력의 증가와 생산성 향상이다. 그래서 경제 성장은 노동력 승가의 제약을 받는다. 우리는 이제 노동력이 훨씬 더 천천히 증가하는 시대로 들어서고 있고 그에 따라 경제 성장도 더디어지는 경향을 보이고 있다. 역사적으로 더 넓은 시각에서 보면 이 경향은 베이비붐 세대로 인해 50년 동안 아주 빠른 경제 성장이 가능했던 이례적인 상태에서 더 정상적인 상태로의 회귀이다. 현실을 이 시각에서 바라보는 것은 중요하다. 미래에 대한 기대는 일반적으로 우리의 집단적 역사 경험에 근거해 결정되기 때문이다. 급속도로 진행되는 인구 노령화는 과거 50년 동안 우리가 쌓아온 경험이 미래를 대비하는 데 훌륭한 지침이 될 수 없음을 의미한다. 다시 말해, 경제 성장은 최근의 평균 수준으로 회복하지 못할 것이다. 그보다는 과거 훨씬 더 긴 기간 동안의 평균 성장률에 가까워질 것이고 그 수치는 베이비붐 세대가 주도했던 시기의 이례적인 성장률과 비교하면 아주 초라해 보일 것이다.

인구 노령화는 금리에도 영향을 미친다. 어떤 압력이나 방해 없이 경제가 안정적일 때에는 경제 성장률 추세와 평균 금리 사이에 자연스러운 상관관계가 형성된다. 인플레이션율을 감안하면 그 둘은 거의 동일해진다. 예컨대, 인플레이션율이 2%로 유지되고 금리가 3%일 때, 실질 금리 (혹은 물가상승률을 뺀 금리)는 1%가 되고 경제 성장 추세 또한 약 1%가 될 것이다. 물론 이 상관관계는 매 시기 정확히 맞아떨어지지는 않는다. 현실은 경제 교과서처럼 간단하지가 않기 때문이다. 그러나 오랜 기간 관측했을 때 평균적으로 그런 추세를 보이는 것은 사실이다. 그것은 마치 오타와에서 평균 7월 기온이 약 섭씨 21도(화씨 70도)이고 경우에 따라 어떤 날은 평균 기온과 꽤 차이를 보일 수 있는 것과도 마찬가지다. (2장에서 금리에 미치는 영향에 대해 더 자세히 설명할 예정이다.)

베이비붐 세대가 30대에서 50대로 나이가 들어가면서 그들의 노동 시장 참여로 인해 경제는 크게 성장했고 실질 금리 또한 치솟았다. 1970년대 후반과 1980년대 초반에는 인플레이션율이 동반 상승함에 따라 금리가 훨씬 더 많이 올랐던 것으로 관측된다. 두 요소가 금리에 미친 영향은 1980년대 초반 최고조에 달했다.

금리는 그때 이후로 하락 추세를 보여왔다. 처음에는 인플레이션율 하락이 주된 요인이었지만 최근 10년 사이에는 노년기의 베이비붐 세대가 노동 시장을 이탈하게 된 것도 이유였다.

두 번째로 살펴볼 지각 변동의 요인은 경제학보다 더 오랜 역사를 가지고 있는 기술 발전이다. 이는 다섯 가지 요인 중 유일하게 긍정적인 요인이라 할 수 있다. 인류 역사가 시작되었을 무렵부터 기술 발전은 항상 기저에서 작동하며 경제 발전에 보탬이 되었던 것으로 기록되어 있다. 그러나 때때로 인류는 생산성에 지대한 영향을 끼치는 기술을 개발해 경제 전반에 적용한다. 이것은 그 적용성이 폭넓어 다용도 기술로 불린다. 그런 기술이 개발되는 사건들은 경제사에서 산업혁명으로 불릴 만큼 충분히 중요한 의미를 가진다. 이를테면 1800년대에 발명된 증기 기관과 1900년대 초에 발명된 전기, 그리고 1970년대 중반에 발명된 컴퓨터 칩이 그 예이다.

이와 같이 기술을 비약적으로 발전시킨 각각의 사건들은 삶의 질과 생산성, 소득 측면에서 사회에 실로 막대한 혜택을 가져왔다. 경제 발전은 수년 동안 발전 동향을 넘어선 수준으로 부양되었고 그에 따라 국민 소득도 영구적으로 상승했다. 그러나 비약적인 기술 발전이 개인에게는 큰 곤란을 안겨준 것이 사실이다.

기업들은 각각의 신기술에 적응하지 못하면 퇴출되어야 했다. 이는 기업과 노동자 모두에게 피해가 가는 일이다. 많은 일자리가 영구적으로 사라졌고 그로 인해 일자리를 잃게 된 사람들은 새로운 일자리를 찾을 때까지 오랫동안 실직 상태로 남아 있었다. 1800년대 중반에 있었던 1차 산업혁명 이후 1873년~1896년 사이에 빅토리아 시대 경제 불황이 찾아왔다. 1900년대 초반의 2차 산업혁명은 1930년대 대공황으로 이어졌다. 1980년대의 3차 산업혁명은 정책담당자들에 의해 더 잘 실현되었다. 하지만 그럼에도 불구하고 큰 혼란과 진통이 뒤따랐다. 1990년대 초반과 2000년대 초반은 불황은 아니었지만 경제가 성장하는데도 고용은 늘어나지 않는 시기인 이른바 '고용 없는 성장기'였다.

과거에 산업혁명을 이끈 근원적 동인이 무엇이었는지 아는 것은 미래를 이해하는 데 중요하게 작용한다. 그 이유는 우리가 현재 4차 산업혁명의 시작 단계에 놓여 있기 때문이다. 4차 산업혁명의 근원에는 경제의 디지털화와 인공지능 활용의 확산, 그리고 생명공학 기술의 발전이 있다. 지금까지는 비약적 기술 발전의 초기 결과를 경험했을 뿐이다. 우리는 텔레뱅킹을 할 때도 인공지능을 경험하고, 인터넷에서 상품을 검색하고 난 뒤 다음번에 다시 인터넷을 사용할 때 자신이 검색했던 상품이 타깃 광고로 화면에 뜨는 것을 보게 되는데 이 역시 인공지능을 활용한 기술이다. 단수 개월 만에 코로나19 백신이 개발되었을 때 우리는 생명공학 분야에서 새로운 방식이 활용되는 것을 목격했다. 4차 산업혁명은 앞서 경험한 세 차례의 산업혁명과 많은 부분에서 닮아 있을 것이다. 그런 이유로 국회의원 등의 정책입안자뿐만 아니라 기업과 개인 역시 미래를 준비하기 위해서는 역사 속에서 배울 것이 많다.

세 번째 지각 변동의 요인은 소득 불평등의 심화다. 2013년 출간된 토마 피케티(Thomas Piketty)의 〈21세기 자본(Capital in the Twenty-First Century)〉에 잘 나타나 있듯이 소득 불평등은 수십 년 동안 사회적 문제로 대두되었다 사라지기를 반복했다. 그러나 코로나19 팬데믹 시기에 이 문제는 1면 기사를 장식하게 되었다. 역사적으로 살펴보면 불평등 심화의 주된 요인은 기술 발전이었지만 세계화 또한 중요한 한몫을 담당한 것이 사실이다. 기술 발전이 이 사회의 모든 사람들의 생활을 향상시킬 것이라 기대하는 것은 당연하다. 종국에 그렇게 되긴 하겠지만 신기술에서 발생하는 초기의 소득 증가분은 그 기술을 발명한 소수의 사람들이 독식하는 경우가 많다. 그와 동시에 신기술이나 세계화의 영향으로 일자리를 잃은 사람들은 새로운 직장을 구할 때까지 오랜 시간 실업 상태에 놓여 있을 것이다. 더욱이 직장을 옮긴 사람들은 과거에 그들이 벌었던 수입만큼 벌기가 어려워져 그 상처가 평생 지워지기 힘들지도 모른다. 한마디로 말하자면 기술 변화는 개인의 미래를 매우 불투명하게 만들 수 있다.

신기술을 개발한 부유한 발명가들과 그들의 주주들은 시간이 지나면서 사회 전체에 도움이 되도록 사회 전 분야에서 일자리를 창출하며 그들이 벌어들인 새로운 소득 증가분을 경제 전반에 걸쳐 지출한다. 그러나 이와 같은 2차적인 긍정적 경제 효과가 애초의 기술 혁신에서 비롯되었다는 사실을 알아보는 사람은 거의 없다. 특히 신기술 개발로 일자리에서 밀려난 사람들의 경우 더욱 그렇다.

이러한 경제 요인들은 실험실이나 컴퓨터 모델 내에서 작동하는 것이 아니라 개인의 선택에 의해 형성된 현실 세계에서 두려움에서 부러움, 분노에 이르기까지 다양한 감정을 불러일으키며 작동한다. 결과적으로 소득 불평등의 심화와 기술 발전이 이끈 실업은 자연스럽게 정치 문제로 떠오른다. 기회주의적인 정치인들이 더 공정하고 덜 불확실한 미래를 만들겠다는 희망을 주며 오랫동안 대중적 불만의 흐름을 이용해왔던 것은 놀

랄 일이 아니다. 선의의 정치가 그 의도와는 반대로 비생산적인 결과를 초
래하고 오히려 더 큰 경제 불안과 불확실한 미래를 야기하기 쉽다는 것도
나중에 설명할 것이다. 소득 불평등의 심화는 빅토리아 시대의 장기불황
과 대공황을 확대 연장하는 핵심적인 역할을 해 코로나19 팬데믹 시기에
가장 큰 문제로 대두되었다.

　네 번째 지각변동 요인은 최근 몇 년 사이 집중 조명을 받고 있는 사
안인 부채의 증가다. 베이비붐 세대는 그들이 가장 대출을 많이 받은 젊
은 시절에 총 가계 부채를 크게 늘려 놓았다. 그러나 나이 든 베이비붐 세
대가 은퇴하기 시작했을 때에도 그들의 밀레니얼 세대 자녀들이 더 많은
대출을 받게 되면서 총 가계 부채는 계속해서 증가했다. 이는 금리가 하
락하면서 일어난 현상이기도 하다. 가계와 기업 모두가 더 많은 부채 부
담을 떠안는 것을 더 용이하게 만들었기 때문이다. 하지만 금융계의 혁
신 또한 중요한 촉진제가 되었다. 1970년대나 80년대와 비교했을 때 오
늘날 가계 대출이 얼마나 더 쉬워졌는지 생각해 보라. 과거에는 젊은 부
부가 주택 담보 대출을 받으려면 은행의 결정을 초조하게 기다리며 며칠
을 보내야 했다. 식당에 비유하자면 세트 메뉴를 주문하고 난 뒤 음식이
나올 때까지 오랜 시간 기다려야 하는 지나치게 절차가 복잡한 식당에서
신용만 있다면 무엇이든 가져다 먹을 수 있는 간단한 뷔페 형태의 식당
으로 바뀐 셈이다.

　그에 더해 개인의 채무 증가는 중앙은행 통화 정책의 자연스러운 부작
용으로 간주되어왔다. 무엇보다도 중앙은행은 인플레이션율을 고정적으
로 유지하기 위해 경제의 변동 규모를 줄여야 할 책임을 지고 있다. 경제
가 부진할 때마다 금리는 그 타격을 흡수하기 위해 하락한다. 가계와 기

업이 돈을 빌려 소비를 늘림으로써 경제를 부양하도록 부추겨야 하기 때문이다. 이 작동 기제는 부실 기업들이 경기 불황에서 파산하지 않고 살아남도록 도움을 주기도 한다. 그 결과 실업은 감소한다. 그런 이유로 각 경기 순환 중 가계와 기업 모두 힘겨운 불황과 채무 재조정을 겪으며 부채 수준은 한 단계 더 높아지지만 시스템 밖으로 내몰리지는 않는 것이다.

그리고 그 다음은 정부 부채다. 불경기에 경기 부양을 위해 재정 정책을 활용한다(정부 지출을 확대하거나 세율을 낮춘다)는 것은 적자를 내고 정부 부채를 늘리는 것을 의미한다. 현재까지 최소 30년 동안은 정부 부채가 늘어나는 추세를 보여왔다. 전 세계적으로 코로나19 팬데믹 기간 동안 늘어난 정부 지출로 인해 정부 부채는 2차 세계대전 종전 이래 유례 없는 수준으로 증가했다. 실로 정부가 감당할 수 있는 범위를 크게 벗어난 수준이다.

다섯 번째 지각 변동 요인인 기후 변화는 지금까지 경제사에서 핵심적인 역할을 담당했던 것은 아니지만 오늘날 가장 큰 관심을 받고 있는 사안인 것만은 확실하다. 홍수, 또는 더 빈번한 심각한 열대 폭풍우, 가뭄, 산불, 극 소용돌이와 같은 특정한 기상 사건들을 불러일으키는 기후 변화는 (비록 보편적인 의견은 아닐지라도) 경제 및 재정 변동의 근본 원인으로 지목되는 경우가 많다. 이러한 사건들은 개인의 이주와 사망, 가정 및 공공 기반 시설의 파괴를 야기한다. 혹은 일상적인 생활과 일의 흐름을 방해하기도 한다. 또 정부 재정 정책에 압력으로 작용해 보험 회사와 다른 금융 기관들에 영향을 미침으로써 금융 시장으로까지 그 영향력이 확산될 수 있다.

기후 변화에 대한 관심이 높아지자 여러 정부들은 2050년까지 탄소 순배출 제로 경제로의 이행을 표방하는 정책으로 입장을 선회하고 있다. 여기에는 탄소 배출 규제와 탄소세도 포함된다. 물론 이와 같은 탄소 감축 열망은 정치적 반대에 부딪히게 될 것이다. 하지만 환경 보호를 위한 입장 선회가 성공하든 일부만 실현되든 실패하든 상관없이 이같이 환경을 고려하는 강요된 정책 이행은 미래 변동성의 새로운 원천이 될 것이다. 탄소 순배출 제로를 실현하는 데에는 여러 다양한 경로가 존재한다. 그 경로들은 각 국가에 따라 경제에 다른 영향을 미치고 다른 정치적 결과를 가져오며 다른 타협안이 존재할 수 있다. 이 모든 것들이 기후 변화를 개인과 기업에게 불확실성을 안겨주는 근원으로 만든다.

경로들 중 다수는 화석 연료 분야에서의 일자리 소멸과 화석 연료 생산국들의 소득 감소를 필연적으로 수반하게 될 것이다. 어떤 경우에는 해당 기업 및 국가들의 시장 가치에 미칠 영향을 고려해 결국 주요 에너지 자금이 활용되지 못하고 좌절되는 일도 일어날 수 있다. 이러한 변동성은 기업들에게 돈을 빌려주는 은행들에게 직접적인 영향을 미치게 될 것이다. 투자자들이 그들 사이의 연관성을 예의주시하며 새로운 환경 기준을 충족하지 못하는 기업들과 그와 관련된 은행들의 주식을 매도할 것이기 때문이다.

요컨대, 자발적으로든 탄소 배출 규제나 탄소세 도입에 의한 것이든 탄소 배출을 적극적으로 줄이면 경제와 일자리에 큰 변화가 일어날 것이다. 기업들은 탄소 감축 기술에 투자해야 한다는 압박감으로 말미암아 부담해야 할 비용이 상승할 것이며, 간접적으로는 투자자들이 그들의 주식을 선호하지 않아 대출 금리는 더 상승하게 될 것이다. 많은 기업들은 탄소 발자국과 노동 인구를 동시에 감축하는 기술을 도입해 적응해 나갈 것이고, 비즈니스 환경은 앞으로도 수시로 변화할 것이다. 그것만큼은 분명하다.

경제 요인들 사이의 상호작용이 불안정을 낳는다

중요한 사실은 이 다섯 가지 경제 요인들이 작동하면서 동시에 심각한 스트레스 수준에 도달해 있다는 사실이다. 그들은 텍토닉 플레이트처럼 서로 충돌하며 서로를 기반으로 구축되고 긴장감을 유발하고 있다. 경제와 금융 부문에 지각변동이 일어날 위험이 높아질수록 미래에 대한 불확실성은 크게 높아진다.

경제에 작용하는 개별 요인들은 이해 가능하고 예측 가능한 결과를 질서 있게 가져올 수 있다. 예를 들면, 경제학자들은 오랜 기간 인구 노령화의 영향에 대해 고민해왔고 그것이 경제에 미치게 될 영향을 반영한 모델들을 구축했다. 대다수의 거시경제적인 모델들은 모든 소비자가 동일하다는 가정 하에 '평균적인' 소비자들의 행동만을 포착한다. 이런 연구 방식을 분명 심하게 제한적인 것으로 볼 수도 있지만 모델은 대체로 현실에 가까운 근사치에 도달하는 것을 목표로 하고 있을 뿐이다. 가정을 단순화하는 것은 경제학자들이 이해하고 활용할 수 있는 모델을 구축하는 데 필수적이다. 더 많은 조건을 반영한 모델에서는 이를테면 노동 가구와 퇴직 가구 사이에 나타나는 상이한 행동 또한 고려할 것이다. 그리고 총 소비자 지출을 예측하기 위해 그 둘을 합산하기 전에 두 그룹에 상대적 가중치를 부여할 것이다. 그렇게 만들어진 모델은 노령화 인구가 경제 성장을 더디게 하는 현 상황을 더 잘 보여준다. 이는 한 가지 형태의 전형적인 가구만을 기반으로 만든 모델을 통해서는 파악하기 힘든 부분일 것이다.

　경제학자의 모델은 통계상의 평균을 기반으로 한다. 예를 들어, 금리가 오르면 가계 대출은 둔화한다. 이것은 상식이다. 하지만 둔화가 어느 정도로 얼마나 빨리 일어나는지는 어떻게 알 수 있을까? 그에 대한 답은 그 밖의 다른 조건들에 달려 있고 가구에 따라 달라진다는 것이다. 거시 경제 모델에서는 하나의 숫자(경제학자들이 '탄력성'이라고 부르는 것)가 모든 가능한 결과를 말해준다. 그것은 이를테면 과거 10년이나 20년 사이의 평균적인 역사적 경험을 바탕으로 추산된다. 주어진 금리 상승률 대비 총 대출률이 특정 탄력성과 일치하지 않을 수도 있다. 그러나 평균적으로는 그럴 가능성이 높으며 추산된 탄력성은 가장 가능성 높은 결과로 간주된다. 모델에서 도출된 예측이 확실하지 않을 수 있음을 인정하고 불확실성과 관련된 부분을 설명하는 것이 경제학자들이 해야 할 바람직한 행동이라 할 수 있다. 이는 일기예보처럼 확률의 형태, 혹은 가능한 결과의 범위로 예측을 내놓음으로써 가능해진다. 후자의 경우, 원인과 결과 사이의 불확실성이 커질수록 가능한 경제적 결과의 범위도 넓어진다.

　이런 방식으로 불확실성을 인정하는 것은 적절한 태도지만 이런 방식이 실제로 널리 활용되고 있지는 못하다. 한 매체가 경제학자가 내년에 금리가 1%에서 4% 사이가 될 것이라 말한 것을 인용한 데 반해 또 다른 매체에서는 내년에 금리가 2.5%가 될 것이라 자신 있게 말했다고 가정해 보자. 전자의 매체는 솔직하게 불확실성을 인정하며 그와 관련된 정보를 제공하고 그 불확실성을 시청자들의 몫으로 남겨둔다. 반면 후자 매체의 경제학자는 불확실성을 내면화하고 시청자들이 소화하기 쉬운 단순한 정보를 제공한다. 그 경우 시청자들은 불확실성을 전혀 못 느낄 것이다.

단순화된 정보를 자신 있게 제시하는 경제학자의 말이 뉴스에서 가장 자주 인용된다는 사실은 그리 놀랍지 않다. 사람들은 본능적으로 불확실한 것을 싫어하고 자신감 넘치는 전문가의 말에서 안도감을 느낀다. 내년에 금리가 3%임이 드러난다면 전자의 경제학자는 후자의 경제학자보다 더 나은 예측을 내놓은 것이 된다. 하지만 그것을 기억하는 사람은 거의 없다. 전자의 경제학자가 사람들이 경제적 판단을 내릴 때 그들이 감수해야 할 위험 부담을 이해하도록 도울 수 있고 그런 지식이 그들이 다른 결정을 내리게 만들 수 있다는 점에서 사람들이 그의 말에 귀를 기울이지 않는다는 것은 안타까운 일이다. 후자의 경제학자는 사람들을 안심시킬 수는 있어도 의도치 않게 그들이 더 많은 위험을 떠안도록 만든다. 미래에는 가계들이 위험 관리에 더 신경을 많이 쓰게 될 것이므로 내놓는 예측에 대해 상세히 밝히고 그에 수반되는 위험의 긍정적 측면과 부정적 측면을 모두 설명해 줄 수 있는 자신감 있는 경제학자들을 필요로 하게 될 것이다.

다양한 요인들을 분석할수록 불확실성의 문제는 더 심각해진다. 원인과 결과 사이의 연관성은 그것과 관련된 불확실성을 가지고 있다. 불확실성을 낳는 다양한 근원들을 한꺼번에 살펴본다는 것은 경제 예측이 다루는 가능성의 범위가 훨씬 더 넓어진다는 의미다. 더욱이 관측자가 미래를 더 깊이 들여다볼수록 가능성의 범위는 더욱 확장된다.

그것은 그저 이론상 그렇다는 말이다. 현실 세계는 그보다 훨씬 더 복잡하다. 경제에 작용하는 다양한 요인들이 상호 영향을 끼치기도 하기 때문이다. 경제학자들은 이 활발한 상호작용을 '내생성'이라고 부른다. 경제 모델에서 이 내생적 상호작용을 모두 좇아가는 것은 아주 어려운 일이다. 더 복잡하고 현실적인 모델일수록 모델의 예측과 관련된 통계적 불확실성을 측정하기가 더 어려워진다. 실제로, 시간이 흐를수록 다양한 장기적 요인들이 경제에 동시에 작동하면서 상호작용도 하게 되면 경제는 변덕을 부리며 불안정해 보일 수 있고 어쩌면 위기에 빠질 수도 있다는 것이 나의 생각이다. 이런 상황에서는 모델의 예측이 아무런 가치도 지닐 수 없게 된다.

이 생각은 카오스 이론의 수학에 그 근원을 두고 있다. 벌써 이론의 이름이 많은 것을 말해주듯이, 수학자들은 잘 알려져 있는 활발한 과정이 상호작용할 때 그들이 근본적으로 혼란 상태에 놓여 있어 아주 변덕스러운 예측을 자주 내놓는다는 사실을 보여주었다. 일상 속에서 간단한 예를 들자면, 맑은 대기를 순항하던 비행기가 갑자기 난기류를 만났다고 해보자. 비행기 날개의 만곡(비행기가 날 수 있도록 양력을 발생시키는 데 필수적인)은 공기 저항력과 상호작용해 비행기가 작동할 때 무작위적 요소를 발생시킨다. 이는 미리 예측이 불가능한 부분이다.

의료계에서도 이와 비슷한 현상이 일어난다. 누군가가 잘 알려져 있는 질병에 걸렸을 때 별다른 문제가 없다고 여겨졌던 다른 기저 질환과의 상호작용에 의해 예기치 않게 사망하는 경우가 그런 경우다. 이를테면 외상 후 스트레스 장애를 겪고 있는 매우 건강한 사람이 갑자기 심장마비로 사망하기도 한다. 건강과 관련된 요인들 사이에 일어나는 수많은 상호작용이 우리가 이해하거나 모델로 삼기에는 너무 복잡하다는 것을 인정하지 않는 한 그런 결과들은 이해할 수 없는 일로 보인다.

경제적 결과 면에서는 설사 우리가 미래 전망에 영향을 미치는 개별 요인을 이해한다 할지라도 그들 사이의 상호작용의 결과는 이해 불가할 수도 있다. 따라서 수학적 관점에서 보면 이것이 혼돈 상태인 것이다.

이와 같은 추론은 '블랙 스완' 현상에 대한 대안적 설명이 된다. 블랙 스완은 나심 니콜라스 탈레브(Nassim Nicholas Taleb)가 2007년 출간된 자신의 책에서 사용하면서 널리 쓰이게 된 용어다. 탈레브는 인터넷의 부상이나 9·11 테러를 블랙 스완의 사례로 꼽고 있다. 그 사건들은 전혀 예기치 못한 사건이었고 세계의 판도를 완전히 뒤바꾸어 놓았다. 경제학자가 어떤 (2008년 세계 금융 위기와 같은) 경제 및 금융 사건을 블랙 스완으로 간주할 때 그는 그것을 예상하지 못한 것에 대해 스스로에게 면죄부를 주고 있는 것이다. 탈레브가 지적했듯이 검게 보인다고 해서 모두 검은 백조인 것은 아니다. 2008년에 일어난 금융 위기도 블랙 스완이 아니었다. 그러나 일단 사건이 한 번 발생하고 나면 그 사건은 상상도 할 수 없었던 일에서 잠재적으로 다시 일어날 수 있는 일로 바뀌어버린다. 그리고 그에 대한 합리화가 자연스러워진다. 예측하지 못한 사건들에 대한 사후 합리화는 교묘하게도 끝이 없다.

이 책에서 내가 제시하는 새로운 해석은 경제는 때때로 수면 아래에서 유별난 방식으로 상호작용하는 평범한 요인들로 인해 발생하는 위기와 같이 완전히 무작위적인 사건처럼 보이는 일들을 쏟아낸다는 것이다. 위기가 발생하고 난 뒤 우리는 그것을 더 잘 이해하게 되지만 그렇다고 해서 그것을 예측할 수 있게 되는 것은 아니다.

이 점을 실제로 보여주는 사례를 살펴보자. 산안드레아스 단층의 텍토닉 플레이트를 생각해 보라. 우리는 그것이 항상 움직이고 있다는 사실을 알고 있다. 지진이 불가피한 상황인 것이다. '언젠가' 대규모 지진이 필연적으로 발생할 수밖에 없다는 예측은 그다지 도움이 되지 않는다. 하지만 지진의 규모 및 시기와 관련해 가능 범위를 함께 제시할 수 있다면 위기 관리를 위한 지침으로서의 가치를 지니게 된다. 그와 같은 예측은 언제라도 발생할 수 있는 위기를 관리하기 위해 지금 당장 준비하라는 경고로 여겨질 것이다. 아주 파괴적인 하나의 지진을 겪는 대신 운이 좋아 일주일 사이에 두 건의 작은 규모의 지진을 겪게 된다면 위기 관리를 위해 우리가 준비해 둔 단계들이 무용지물이 되지는 않을 것이다.

같은 맥락에서 경제에서도 예측하지 못한 사건을 발생시킨 기저의 요인들을 이해하는 것이 우리가 위기 관리를 할 수 있는 길이다. 그 사건 자체가 무슨 일이 일어날 수 있는지를 보여주기 때문이다. 그래서 항공사들은 난기류가 예상될 때가 아니더라도 자리에 앉아 있을 때에는 항상 안전벨트를 메고 있을 것을 당부한다. 갑작스럽게 청천 난기류(구름 한 점 없이 맑은 날씨에 발생하는 난기류)를 만났을 때 당신이 다칠 위험을 최소화하기 위해서다. 그들은 경험을 통해 그런 일이 발생할 수 있음을 알고 있는 것이다.

이처럼 다섯 가지 지각 변동 요인을 이해함으로써 1800년대 후반 빅토리아 시대의 장기불황과 1930년대 대공황, 1997년 아시아 금융 위기, 2008년 세계 금융 위기와 같은 경제 및 금융 위기의 원인을 더 잘 진단할 수 있게 된다는 사실을 인식해야 한다. 어떤 사건이 발생했을 때 그 사건 자체에 대해서는 다방면으로 연구하지만 지각변동 요인들이 그 사건이 발생하는 데 어떤 역할을 했는가에는 거의 관심을 기울이지 않는다. 그보다는 이 사건들이 발생하는 데 방아쇠 역할을 한 가장 근접한 사건에 관심을 집중하곤 했었다. 예를 들면, 재무 레버리지와 주식 시장 붕괴가 투기 과열을 불러온 원인으로 지목되기도 했다. 많은 사람들은 1929년 주식 시장 붕괴가 대공황을 야기한 것이라는 근거 없는 믿음을 가지고 있다. 더 설득력 있는 주장은 1920년대의 기술 발전이 일자리 파괴를 가져와 불평등을 심화시키고 가격을 떨어뜨렸다는 것이다. 가격 하락은 높은 부채 수준과 상호작용해 경제를 장기적으로 깊은 침체의 수렁에 빠뜨렸다.

과거의 위기에서 얻게 된 가르침을 바탕으로 나는 지각변동이 미래의 불확실성을 더욱 심화시킬 것이라 말할 수 있다. 그리고 고용주와 피고용인들은 살아남아 번영하기 위해 그 불확실성에 대응할 방법을 찾을 것이다.

코로나19: 회복탄력성 실험

코로나19가 전 세계를 강타했을 때 다른 모든 일들은 잊혀졌다. 코로나19 팬데믹은 1급 자연재해로, 여행 산업과 오락, 술집, 식당, 헬스클럽, 항공사, 그리고 모든 형태와 규모의 개인 소매업들의 영업을 중단시켰다. 또한 근무 형태와 쇼핑 방식, 교육 환경도 바꾸어 놓았다. 이와 같은 행동 변화 중 일부는 우리 사회 구조에 영구적인 영향을 미치게 될 것이다. 그리고 그 경험은 수 세대 동안 우리의 인식에 영향을 끼칠 상흔을 남기게 될 것이다. 대공황이 기성세대의 인식과 행농에 평생 영향을 끼친 것처럼 코로나19에 대한 경험 또한 우리와 우리의 자녀들과 손주들의 삶에 평생 영향을 끼칠 것이다.

8장에서 자세히 이야기하겠지만 팬데믹이 처음 발생한 몇 주 동안은 대혼란의 시기였다. 금융 시장은 상당한 압박을 받고 있었다. 투자자들은 현금을 끌어모으기 위해 거의 모든 주식을 매도했고 기업들 또한 유동화가 가능한 모든 자산을 이용했다. 중앙은행들은 금융 시장이 계속해서 작동하도록 만들기 위해 활용 가능한 모든 도구를 활용했다. 금리를 실질적으로 거의 제로 금리로 인하하고 금융 기관들에게 금액 제한 없이 대출을 해주고 정부 부채를 직접 매입하는 등의 대책을 강구했다. 세계의 금융 시스템은 코로나19 팬데믹을 무사히 견뎌냈다. 이는 글로벌 금융 위기를 겪고 난 후 많은 변화가 있었음을 보여주는 증거다. 전 세계의 정부들은 직접 지원금과 직장에서의 고용 관계를 유지하는 데 도움이 되는 임금 보조금 등으로 개인을 대규모로 지원하고 나섰다.

중요한 것은 코로나19가 발생했을 때 다섯 가지 지각변동 요인들이 이미 작동 중이었다는 사실이다. 경제 및 금융 분야에서의 변동성은 한동안 높아졌지만 팬데믹은 그 변동성에 대한 기대치를 더 높여 놓았다. 코로나 이후 세상이 조금 잠잠해지기를 기대할 만도 하지만 지각변동 요인들은 여전히 작동할 것이고 일부 요인들은 코로나19로 인해 작동이 더 가속화되고 있다.

국가 채무는 극도로 증가했다. 신기술 활용은 더욱 속도를 높여가고 있다. 공장들은 자동화되어 노동자들 사이의 작업 간격을 넓히고 있으며, 더 많은 서비스가 인공지능의 도움을 받아 원거리에서 이루어지고 있다. 집에서 쇼핑하는 것은 예외적인 경우가 아니라 일상이 되어가고 있다. 또 코로나19 이후 소득 불평등은 최고치에 도달했다. 코로나19로 주로 피해를 입은 사람들은 서비스 직종의 저소득 노동자들이었고 그중에서도 여성들이 가장 큰 타격을 입었기 때문이다. 심지어 기후 변화에 대한 적응 노력도 가속화되고 있다. 정부들은 더 친환경적인 정책을 내세우며 경제를 재건하기 위해 많은 노력을 기울이고 있고 투자자들은 기업 측에 더 환경을 고려하는 행동을 보여주기를 요구하고 있다.

정상적인 조건 하에서 팬데믹 이후의 경제를 예측하기란 아주 어렵다. 하지만 확실히 말할 수 있는 것은 코로나19가 종식되고 난 후에도 오랜 기간 동안 다섯 가지 지각변동 요인들이 한꺼번에 작용해 앞으로 경제 변동성을 더욱 높이게 될 것이라는 점이다. 그에 따라 개인과 기업은 아주 큰 불확실성을 겪게 될 것이다. 또한 고용주와 피고용인은 높아지는 경제와 금융의 위험으로부터 자신들을 보호해 주기를 바라며 정부에 기대려 할 것이다.

더 높아진 리스크는 어딘가에 착륙할 곳을 찾고 있다

폭풍우가 몰아치는 바다의 파도처럼 높아진 변동성은 어딘가에 착륙해야 한다. 변동성은 경제 성장과 실업, 인플레이션, 금리와 같은 여러 주요 채널에 등장할 것이다. 우리 발밑의 경제 기반은 움직이고 있다. 우리가 변함 없을 것이라 여겼던 우리 삶의 특성들이 향후 10년 안에 변화할 것이다. 경우에 따라서는 아주 빠르게 말이다. 우리가 생각하는 전통적인 방식의 노동과 학습, 대출과 지출, 계획과 혁신, 이 모든 것들이 커다란 전환점에 놓여 있다. 우리의 삶에서 기업의 역할은 확장될 가능성이 높다. 정부의 사회 안전망 역할은 재고될 것이고 어쩌면 거듭 재고될 것이다.

경제학은 중역 회의실과 싱크탱크에서만 논의되어야 하는 무언가가 아니다. 우리가 내리는 거의 모든 결정에 경제학이 개입된다. 경제학은 일상의 삶이다. 경제적 기반이 바뀌면 모든 것이 바뀌는 것이다.

제2의 불확실성의 시대
The Next Age of Uncertainty

2장

The Next Age of Uncertainty

인구 노령화

회상: 1959년 오샤와

내가 기억하는 가장 어린 시절의 나의 모습은 부모님이 결혼해서 처음으로 장만한 오샤와 북부의 그리어슨 가에 위치한 우리집 거실에서 내가 놀고 있는 모습이다. 노동자들이 사는 수수한 동네였지만 나는 어릴 때부터 적어도 우리집은 더 부유한 동네인 북부에 위치해 있다고 인지하고 있었다. 우리집도 평범하긴 했지만 우리집보다 눈에 띄게 형편이 안 좋은 동네들도 많았다.

아버지는 자동차 부품 회사의 금형 제작 기술자였다. 아버지가 하는 일은 아주 단단한 강철을 금형으로 만들기 위해 홈을 파는 기계와 같은 특수 장비를 다루는 일이었다. 금형은 금속으로 만든 일종의 거푸집이다. 금형이 만들어지면 그것을 기계에 부착해서 판금을 이용해 수천 개의 동일한 모양의 자동차 부품들을 찍어낸다. 그 일은 수천 분의 1인치의 오차도 허용하지 않는 정밀한 작업이었다. 아버지는 내게 금형으로 찍혀 나온 부품들은 자동차로 조립되기 위해 완벽하게 서로 맞아야 한다고 말했다. 어머니는 전업주부였지만 내가 어릴 때는 때때로 집에서 사무 일을 보기도 했다. 즉 그때가 경제적으로 힘든 시기였다는 뜻이다.

이 기억 속의 나는 네 살이었다. 당시는 1959년 2월 캐나다 정부가 CF-105 아브로 애로우 초음속 요격기 도입 계획을 취소한 직후였다. 아버지는 항공기 부품 공급 파트에서 일하고 있었고 요격기 도입 계획 취소로 인해 일자리를 잃게 되었다.

이모들과 삼촌들, 외할아버지와 외할머니 등 여러 사람들이 한밤중에 들이닥쳐 거실 창 아래에 놓여 있는 짙은 녹색 소파뿐만 아니라 부엌 의

자와 간이의자까지 동원해 모두 거실에 둘러앉았다. 거실 한 편에는 크리스마스트리가 있었고 나무 아래에 선물 몇 개가 놓여 있었다. 거실은 담배 연기로 자욱해졌다. 거의 모든 사람들이 담배를 피우고 있었다. 나는 아버지가 담배를 깊이 빨아들이는 것을 알 수 있었다. 어둑한 방 안에서 담배 끄트머리가 환하게 빛을 내며 타들어가고 있었기 때문이다. 맞은편에 앉아 있는 어머니는 담배를 손에 들고 웃고 있었다. "잘 지냈니, 스텝코?" 할아버지는 내가 태어났을 때 지어준 애칭을 부르며 우렁찬 목소리로 내게 인사했다. 아마도 할아버지 자신의 애칭이 '스티비'였기 때문이었으리라.

부모님은 1930년대 대공황 시기에 성장기를 보냈고 1940년대 후반에 두 분이 만나서 결혼했다. 아버지는 비록 전쟁에 참가하기에는 너무 어린 나이였지만 나는 베이비붐 세대에 속한다. 이 장에서 인구학적 언급을 하는 것은 베이비붐 세대가 우리 집의 경제사에 얼마나 중대한 영향력을 발휘하는지 보여주기 위해서다. 1945년~1964년 사이에 급격히 늘어난 출산율은 1960년대~1980년대 사이의 기간 동안 노동력 공급을 신장시켰고 2010년에 대규모 노동력 이탈이 발생하기 시작해 2030년까지 이어지고 있다.

그 세대는 밥상머리에서 배운 미래를 좌우할 절약 행동을 실천하기도 했다. 나는 대공황을 견뎌 낸 경험담을 수도 없이 들었다. 보통은 이런 식으로 시작된다. "너는 네가 고생하고 있는 것 같지? 음, 내가 어렸을 때는 말이다..." 어머니는 신발이 빨리 닳지 않게 하기 위해 빈 콘플레이크 상자를 잘라서 신발 깔창을 만들었다는 이야기를 들려주었다. 아버지는 고등학교 시절 대학에 들어갈 성적이 되었지만 등록금을 낼 돈이 없었다. 그래서 1940년대 후반에 금형 제작 기술자가 되기 위해 견습공으로 일하면서 심코 스트리트 사우스의 집 앞에 있는 할아버지의 구두 수선 가게에서 일했다. 돈을 빌리는 일은 항상 일어나서는 안 되는 일로 여겨졌다. 이를테면 집이나 자동차를 사야 해서 돈을 빌려야 한다면 빌린 돈은 최대한 빨리 갚아야 한다. 그리고 그 빚을 모두 청산했거나 자동차 할부금을 마지막으로 낸 날에는 그것을 기념하기 위해 친구들을 초대해 저녁 식사를 하고 술을 마시며 파티를 했다. 이러한 태도는 수 세대에 걸쳐 전해 내려져 미래에도 반향을 일으킨다. 마치 산모가 임신 중 흡연을 하고 아이를 낳아서 간접흡연을 하는 환경에서 키웠을 때 아이에게 건강상의 문제가 초래되는 것과 비슷한 과정이라 볼 수 있겠다.

경제학자들은 인구 통계는 이해하기도 쉽고 예측하기도 쉽다고 농담을 하곤 한다. (우스갯소리로 하는 이야기지만) 지금으로부터 1년 뒤에 우리가 모두 나이를 한 살 더 먹는다는 것은 합리적으로 확신할 수 있는 부분이기 때문이다.

이 뻔한 말은 경제학자들의 부족한 유머 감각과 경제학자 외에는 이해할 수 없는 내부자들의 농담을 좋아하는 그들의 취향을 드러내줄 뿐만 아니라 인구 통계 경향이 소비자 지출과 예금, 금리, 경제 성장에 미치는 영향을 제대로 평가하고 있지도 못하다. 경제 모델은 대체로 인구 통계 자료를 고려에 넣지 않는다. 왜냐하면 많은 모델이 어떤 현상을 집중적으로 분석해서 보여주는 기간(이를테면 몇 분기 혹은 최대 2년까지) 동안 인구 통계가 변함이 없었던 것으로 간주될 수 있기 때문이다. 10년 이상 지속되는 투자(아마도 자원 채취 산업에서는 50년까지도 고려해야 할 것이다)에서는 인구 통계 자료를 이해하는 것이 현재의 가치를 평가하는 데 아주 결정적인 역할을 할 것이다.

그러나 한 기업이나 개인에게 국한되어 있는 상황과 상관없이 경제 성장과 금리 전망은 항상 중요한 영향을 미친다. 인구 통계 자료는 대부분의 관측자들이 경제가 반등하는 추세선을 예측하는 데 필요한 핵심 재료이다. 단기적인 사업 계획을 세우고자 하는 기업들의 경우에도 인구 통계적 요인들을 고려하는지 고려하지 않는지에 따라 사업 전망이 크게 달라질 수 있다.

대자연의 경제 동향

경제 성장은 두 가지 근원에서 나온다. 노동자 수의 증가와 노동자 1인당 산출량의 증가(이를 '생산성 향상'이라 한다)다. 인구 변동이 거의 없는 경제에서는(매년 사망자 수를 상쇄할 만큼 출산율이 유지되고 이민자가 거의 없는 경우) 경제 성장은 오로지 생산성 향상에만 의존하게 된다. 생산성은 생산 기술 발전의 영향을 크게 받는다. 이전에는 사람의 손으로 했던 일들을 기계의 힘을 빌려 빨리 할 수 있게 되고, 오래된 기계를 더 속도가 빠른 기계로 교체하고 작업이 지체되는 구간을 없애기 위해 작업장 구조를 정비하고 훈련을 통해 노동자의 기술을 향상시키고 완전히 새로운 기술을 도입하는 등의 일들이 모두 생산 기술 발전에 의해 가능해지는 일들이다.

가용 노동자 수는 인구 증가율의 제약을 받는다. 인구가 증가할수록 더 많은 인력이 노동 시장으로 진입 가능해지는 반면 (이를테면 미취학 아동을 돌봐주는 정부 지원 육아 시설과 같은) 구조적 변화가 수반되지 않는 한 수급 가능한 노동력은 기본적으로 인구 증가율에 미치지 못할 수밖에 없다. 인구 증가는 일반적인 출산 및 사망률, 이민율을 함께 고려함으로써 상대적으로 예측이 쉽다.

생산성 증가는 기술 발전과 (보통은 순조롭지 못한) 기술 도입에 달려 있어 훨씬 더 복잡하다. 이러한 복잡성을 고려해 볼 때 경제학자들은 일반적으로 생산성 증가와 관련한 최근의 추세를 기반으로 추론한다. 예측이라기보다는 추정에 더 가까운 것이다. 선진 경제에서 생산성 증가의 전형적인 추세선은 연간 약 1%이며 신흥 경제에서는 그보다 더 높다. 신흥 경제는 선진 경제의 기술을 수입해 성장을 따라잡고 있다.

그에 따라 1%의 인구 증가와 1%의 생산성 증가를 보이는 경제는 약 2%의 경제 성장 추세를 보이게 될 것이다. 이와 같은 경제 성장 추세는 '성장 잠재력'이라고 부르기도 한다. 평상시에 그 수치는 지속 가능한 경기 확장의 상한선을 나타낸다. 만약 경제가 그 수치를 넘어 성장하면 인플레이션 압박이 생겨나기 쉽다. 그리고 성장세가 그 수치를 밑돌면 인플레이션 압박은 줄어들 가능성이 크다.

경제는 항상 여러 방해 요소들에 의해 이리저리 흔들리면서 그 추세선을 중심으로 경기 순환을 경험하게 된다. 예를 들어, 중동의 주요 원유 생산 시설이 테러 공격을 받아 갑자기 유가가 상승했다고 가정해 보자. 그렇게 되면 원유 수입국들의 경제는 성장률 추세를 밑도는 수준으로 둔화할 것이고 원유 수출국들은 성장세가 빨라질 것이다. 그러나 이 문제가 해결되고 나면 경제는 다시 인구 증가와 생산성 향상으로 상승하던 기존의 성상 추세선으로 돌아가려고 할 것이다.

문제가 지나가고 나면 경제는 자연스럽게 잠재적 경제 성장률을 회복하게 된다. 물론 어떤 경우에는 정부나 중앙은행의 정책이 상황을 더 빨리 회복시킬 수도 있다. 이렇게 경제 성장률을 회복한 경우 경제가 균형을 이루고 있는 상태이기 때문에 경제학자들은 이를 '균형' 혹은 '안정 상태'라고 부른다. 경제는 항상 여러 가지 사건의 타격을 수시로 받고 있기에 우리는 경제가 안정 상태에 놓여 있는 것을 본 적이 거의 없다. 하지만 경제는 한바탕 소동이 지나가고 나면 최종적으로 제자리를 찾으려는 경향을 보이므로 경제의 균형 개념은 유효하다. 마치 쉴새 없이 고개를 끄덕이는 버블헤드 인형의 머리가 결국은 잠잠해지는 것과도 같은 이치다. 따라서 이는 이를테면 5~10년 사이의 긴 기간 동안의 '평균적인' 경제를 설명하는 유용한 방식이라 할 수 있다.

경제의 안정 상태를 설명할 때 그 주요 기둥은 세계적인 인구 증가 현상이다. 내가 성인기를 보낸 대부분의 시기에 인구 증가 현상은 둔화되었다. 우세 집단인 베이비붐 세대의 세계 연령 분포가 이동하면서 세계의 인구는 꾸준히 노령화되어가고 있다. 이 효과에 더해 건강한 식생활과 흡연율 감소, 개선된 의료 서비스로 인해 수명 또한 연장되었다. 그 결과 세계 총 인구 중 65세 이상의 인구가 꾸준히 상승하고 있다. 유엔(the United Nations)은 이 비율이 곧 훨씬 더 빠른 속도로 상승할 것이며 현재 10% 이하에서 2050년까지 15%에 근접하게 상승할 것이라고 내다보고 있다.

인구 노령화는 전 세계적으로 나타나고 있는 현상이지만 지역에 따라 그 정도는 각기 다르다. 오늘날 일본과 서유럽의 많은 지역은 가장 노령화가 많이 진행된 지역으로, 65세 이상의 인구가 25% 이상을 차지하고 있다. 캐나다와 미국, 중유럽, 러시아, 호주, 뉴질랜드가 그 뒤를 따르고 있고 중국은 이 그룹의 국가들에 약간 뒤처지는 정도다. 반면 가장 젊은 인구를 자랑하는 지역으로는 라틴아메리카와 아프리카, 중동이 두드러진다. 그래도 어쨌든 우리 모두는 세계적인 노령화 추세의 영향을 받게 될 것이다.

　세계의 인구 성장률은 1960년대 중반에 연간 약 2%로 정점을 찍은 이후 꾸준히 하락했다. 세계 인구 성장률은 이제 연간 약 1%이며, 2050년까지 연간 약 0.5%로 둔화하고 2100년 경에는 0(제로)에 가까워질 것으로 전망되고 있다. 1950년대에 겨우 30억에 머물렀던 세계 인구는 100억에서 120억 사이가 될 것이다. 1945년~1964년 사이에 태어난 베이비붐 세대는 이제 55세~75세의 연령대에 있다. 더 나은 건강 상태와 긴 수명이 과거에는 더 오랫동안 노동 시장에 남아 있는 것을 의미했다 할지라도 앞으로 10~20년 사이에는 세계 노동력 증가율이 여전히 크게 둔화할 것으로 보인다.

　이 이야기를 듣고 놀랄 사람은 별로 없을 것이다. 사람들은 일반적으로 베이비붐 세대와 관련된 현상을 감으로 느끼고 있기 때문이다. 그러나 경제에 그것이 미칠 영향 중 일부는 아직 분명히 드러나지 않고 있다. 인구 증가가 경제 성장을 이끈 주된 요인이었던 만큼 지난 10년간 둔화했던 세계 경제의 성장 잠재력 추세는 앞으로 50년간 서서히 계속해서 둔화할 것이라는 결론에 이르게 된다. 그러다가 어느 순간 인구 성장은 완전히 멈출 것이고 세계의 유일한 성장 근원은 기술 발전이 될 것이다.

　'성장으로의 회귀' 개념은 인류의 집단적 기억 속에 깊이 새겨져 있다. 경제 성장을 이끈 2%의 인구 성장률의 세상에서 자란 우리는 인구 성장률 1% 감소라는 문제와 이미씨름을 시작하고 있다. 우리의 자녀들이 사는 세상에서는 인구 성장률이 0.5% 더 감소할 것이 분명하며 우리의 손주들은 인구 성장률이 그보다 더 감소한 세상에서 살게 될 것이다. 지난

50년만을 살아온 사람들이 이 인구 성장 둔화 추세를 예상하는 것은 어려운 일이다. 그들은 안정적으로 성장하는 경제에 익숙해져 있고 인구 부족 현상을 그저 최근 몇 년 사이의 추세로만 여길 뿐이다. 그에 따라 많은 사람들은 최근 인구 성장이 주춤한 것을 일시적인 현상이거나 개선이 가능한 문제로 여긴다. 하지만 어디까지나 일부만 맞는 생각일 뿐이다.

요약하자면 경제는 계속해서 정상 상태로 회귀할 것이다. 하지만 그 정상적인 상태는 인구 노령화로 재정의되고 있다.

대자연에게 도움의 손길 내밀기

세계의 인구 통계 자료는 어떤 한 가지 추세를 보여주고 있어도 개별 국가의 상황은 크게 다를 수 있다. 예컨대, 캐나다에서는 베이비붐 세대가 은퇴함에 따라 2020년대에는 현지인 노동 인구의 성장률이 제로에 육박할 것이다. 이로 인해 캐나다는 약 20년 전 일본의 전철을 밟게 될 가능성이 높아지고 있다. 1980년대에 일본은 경제 강국이었다. 1990년대에는 인구 노령화에다 타국에서 들어오는 이민자의 수도 적어 경제 성장은 크게 둔화되었다. 2010년대에 일본은 여성의 노동 참여를 장려하는 정책을 내놓았고, 노동력이 확대되기 시작하자 경제는 다시 살아나기 시작했다.

캐나다는 과거에 연간 약 1%의 인구 성장을 촉진하기 위해 마련한 이민 환영 정책을 통해 경기 침체를 방지했다. 그렇게 함으로써 경제를 떠받쳤던 것이다. 그래도 이민자 수에 변함이 생기지 않는다면 캐나다의 인구 노령화는 앞으로 몇 년 동안 여전히 경제 성장의 발목을 잡게 될 것이다. 캐나다는 최근 이민자 목표 수치를 높였고, 캐나다가 계속해서 이민 선호 국가의 자리를 지키는 한, 세계적인 경기 후퇴를 많은 부분 막을 수 있을 것이다. 다시 말하자면, 이민자를 더 많이 받는 것은 캐나다가 세계에 호의를 베풀고 있는 것만이 아니라 세계가 캐나다에 호의를 베풀고 있는 것이기도 하다.

세계 여러 나라의 사람들을 최적의 지역에 다시 분포시키는 것은 세계의 경제를 신장시키는 길이 될 수 있을 것이다. 근면하고 재능 있는 사람들은 후진적인 환경에서 근근이 먹고 살기보다는 더 많은 기계와 장비를 보유하고 있고, 더 나은 사회 안전망과 다양한 지원 체계, 그리고 더 많은 사회 기반 시설을 갖추고 있는 사회에서 세계 생산량에 더 크게 이바지하며 살 수 있다.

핵심은 인구 성장이 둔화한다고 해서 그것을 일종의 지구 종말론처럼 여겨서는 안 된다는 것이다. 인구 증가 둔화의 결과는 여성이나 노인을 노동 인구로 더 많이 참여시킴으로써 상쇄시키거나 늦출 수 있다. 개발도상국에서는 구조 개혁을 통해 노동 인구 참여를 효과적으로 크게 늘릴 수 있다. 그러나 그러한 정책들이 장기적인 경제 성장의 동력이 되는 인구 통계적 요인들까지 바꿀 수는 없다.

물론 단순히 사람 수가 더 많다고 해서 그것이 저절로 더 많은 부로 이어지는 것은 아니다. 국민의 수가 부족하지 않아도 가난한 국가들이 있으며 항상 그런 상황은 있었다. 경제가 노동력의 잠재성을 활용하려면 기술 개발과 기계와 기반시설 등에 대한 자본 투자가 필수적이다. 이러한 요소들이 한데 모여 각각의 노동자가 생산해 낼 수 있는 수량을 의미하는 생산성 향상이 이루어지며, 앞서 언급한 경제 발전의 또 다른 근원이 되는 것이다. 대부분의 경제에서 생산성 증가는 마치 밀물과 같이 새로운 성장의 변함없는 근원이다. 그러나 때로는 한동안 모든 분야에서 생산성을 크게 향상시키는 기술 발전의 큰 물결이 일어나기도 한다. 이 현상에 대해서는 다음 장에서 자세히 살펴볼 예정이다.

우리 삶에서 가장 놀랄만한 경제 성장의 사례는 기술 발전이 아니라 정부 정책의 변화에서 비롯된 것이었다. 지난 30년 동안 중국이 경제 기적을 맞이하게 된 근본적인 계기는 토지 개혁이었다. 각 가구가 자기 가정의 생계를 책임질 만큼만 생산하는 단일 가구 농장의 집합체에서 대규모 상업 농장으로 경제 체계가 탈바꿈한 것이다. 대기업들은 농기구 구매와 농작물 특화 사업에 투자가 가능하므로 생산성을 제고하고 경제 발전을 도모할 수 있다. 한편 시골에서 도시로 내몰린 가족들은 중국 노동력 확대에 크게 기여했다. 그렇게 노동력이 확대되자 제조업과 서비스 부문에서 생산성이 크게 증가해 중국은 세계 무역 체제에 참여가 가능해졌다. 그 후 세계가 어떻게 돌아가고 있는지는 모두가 알고 있을 것이다. 그리고 우리는 그런 정세 속에서 살아가고 있다.

그럼에도 불구하고 어떤 경제도 중국이 경제적 돌파구를 찾았던 초기에 달성한 것과 같은 걷잡을 수 없는 성장을 지속하기란 불가능하다. 지구상 어떤 국가도 성장률이 10%에 도달하는 일은 영원히 없을 것이다. 중국의 경제 성장은 이제 수년째 하락 추세에 있다. 응당 개혁 과정은 성숙해졌다. 그러나 경제 성장률과 상관없이 소득 수준은 글로벌 시장 진출을 장려하는 정부 정책이 나오기 전과 비교했을 때 항상 훨씬 더 높을 것이다. 궁극적으로 생활 수준이 다른 주요 국가들의 생활 수준에 근접하게 되면서 중국의 성장은 오늘날 주요 경제국들의 성장과 비슷한 양상을 보이게 될 것이다.

개발도상국들의 경제 성장이 한 곳을 향해 수렴하는 이와 같은 과정은 과거에도 여러 번 반복되었다. 예를 들면, 1960년~1990년 사이의 일본도 이런 과정을 거쳤다. 일본은 다른 나라들이 이룬 기술 발전에서 혜택을 볼 수 있었고, 완전히 밑바닥부터 다시 건설함으로써 경제 성장에서 커다란 도약을 이뤄낼 수 있었다. 일본이 전통적으로 북미의 보루로 여겨지던 자동차와 텔레비전 제조업으로 잠식해 들어옴에 따라 서구 사회에서는 언젠가는 일본이 이 부문을 장악하게 될지도 모른다는 두려움이 생겨나기 시작했다. 숀 코네리(Sean Connery) 주연의 1993년 작 영화 〈떠오르는 태양(Rising Sun)〉에는 이 두려움이 여실히 드러나 있다.

우리는 그 두려움이 기우였음을 알게 되었지만 일본이 그 부문을 결코 장악할 수 없었던 근본적인 이유는 잘 이해하지 못하고 있다. 첫 번째 이유는 앞서 언급한 인구 통계적 이유다. 두 번째 이유는 경제의 안정 상태 성장률 또한 개발 단계에 따라 달라진다는 것이다. 기술 발전은 신선한 공기처럼 세계 곳곳으로 퍼져 있다. 기술 아이디어는 특허를 낼 수도 있고 지정학적으로 편중될 수 있지만 여전히 기계를 분해해서 모방하기가 쉽다. 기술 선두주자들은 V자 대형으로 날아가는 캐나다 기러기들의 무리에서 뒤따르는 기러기들을 위해 역풍을 맞으며 날아가는 선두 기러기와도 같다.

시간이 흐르면서 뒤처지는 국가들은 신기술을 들여오거나 선두 국가들이 개발하고 있는 기술을 모방함으로써 1인당 국민소득을 따라잡을 수 있다. 물론 선두 기러기가 되기 위해서는 보유하기 훨씬 더 어려운 기술 및 연구개발 지도력이 필요하다. 이제는 한국이 1960년대에서 1990

년대 사이에 일본이 보여주었던 성공을 그대로 모사하고 있다. 우연치 않게도 자동차와 전자제품 등 동일한 제품군에서 말이다.

세계 무대에서 선두 캐나다 기러기가 실제로는 미국이라는 사실이 역설적이라 생각할 것이다. 하지만 나는 이 비유가 여전히 적절하다고 생각한다.(때때로 캘리포니아의 골프 코스에서 캐나다 기러기들을 보게 되는 것처럼 캐나다인들이 캐나다 기러기에 대해 독점권을 가지고 있는 것은 아니다.)

경제 성장 추세는 주로 인구 성장이 이끈다고 해도 과언이 아니다. 여기서 말하는 인구에는 현지인과 이민자가 모두 포함된다. 생산성 증가는 보통 경제 성장의 2차적 근원이지만 인구노령화가 진행될수록 그것이 첫 번째 근원이 될 것이다. 베이비붐 세대가 나이들어감에 따라 인구 증가가 서서히 둔화하고 있다는 점을 감안하면, 장기간 지속될 생산성 증가 현상이 새로이 나타나지 않는 한 세계 경제 성장은 앞으로 당분간 서서히 둔화하는 추세를 유지할 것으로 보인다.

자연 금리

인구 변동 추세 또한 금리에 영향을 미친다. 경제가 어떤 압박이나 방해 요인 없이 안정적인 단계로 접어들었을 때 경제 성장 추세와 평균 금리 사이에는 자연스러운 상관관계가 생겨난다. 인플레이션율을 고려하면 그 둘은 거의 같아진다. 따라서 세계 경제가 앞으로 몇 년 사이 표류할 것으로 예상된다면 금리 또한 그렇게 될 것임을 짐작할 수 있다.

경제 성장률과 금리의 상관관계는 복잡하지 않다. 금리는 두 가지 요소로 이루어져 있다. 인플레이션율과 인플레이션의 영향을 제거한 기준(혹은 실질) 금리이다. 인플레이션율이 2%로 고정되어 있고 금리가 3%일 때, 실질 금리, 즉 물가상승률을 제외한 금리는 1%가 될 것이다. 경제가 불안할 때 실질 금리는 등락을 거듭할 수 있으나 경제학자들이 일컫는 '자연 금리'로 되돌아오는 경향을 보인다. 버블헤드 인형처럼 말이다. 이 금리는 경제에서 예금과 대출 사이의 균형을 유지함으로써 금융 체계의 중심을 잡는 역할을 한다.

가계가 예금자이고 기업이 대출자라고 가정해 보자. 이자율이 높으면 가계는 예금을 더 많이 할 것이고 그 결과 기업들이 빌릴 수 있는 유효 자금이 더 많아진다. 그러나 이자율이 높으면 기업들은 대출을 줄일 것이다. 높은 예금률과 낮은 대출률의 조합은 금리를 떨어뜨려서 예금을 덜 하고 대출을 더 많이 받도록 유도할 것이다. 그렇게 되면 자연스럽게 더 많은 사람들이 돈을 빌리게 되고 당장 빌려줄 예금액은 줄어들게 되어 이자율은 다시 올라간다. 모든 조건이 동일해질 때 예금과 대출은 균형 상태에 이른다.

기업은 사업에 투자하기 위해 돈을 빌린다. 그렇게 해서 빠른 경제 성장에 직접적으로 기여하게 된다. 그래서 이자율이 자연 금리 아래로 떨어지면 대출과 투자가 활기를 띠게 되어 경제 성장을 촉진한다. 그러나 이자율이 낮아지면 예금이 줄고, 이는 대출해 줄 자금이 줄어드는 것을 의미한다. 그래서 이자율은 다시 올라가고 대출과 투자는 다시 움츠러든다. 그 결과 예금과 대출이 다시 균형을 이루게 되어 경제는 진정되고 다시 정상화된다. 이와 같은 균형 상태는 경제 성장과 자연이자율이 일직선을 이룬 상태다. 다시 말해서, 경제는 이런저런 이유로 항상 출렁이고 있다는 점을 고려해 볼 때, 이 균형 상태는 평균적으로 오랜 시간이 걸려서 일어나는 사건이다. 매 순간 기대할 수 있는 일이 아닌 것이다.

자연이자율은 우리가 직접적으로 알아내기 어렵다. 하지만 경제학자들은 그 가치를 추산하는 방법을 알고 있다. 우리가 시장에서 보는 이자율에는 '마크업(수익)'이 포함되어 있다. 예컨대, 주택담보대출을 받을 때 이자율은 실질 금리에 2%의 인플레이션율이 더해진다. 거기에 1년이 아니라 5년 동안 대출을 원한다면 1%의 이자율이 더 추가될 것이다. 왜냐하면 대출 기관은 금리가 오르는 경우를 대비한 보호 장치를 마련해 두기를 원하기 때문이다. 5년 만기의 회사채 발행을 원하는 기업은 이와 동일한 마크업을 지불하게 된다. 거기에 채무를 이행하지 못할 경우를 대비해 추가 마크업이 더해진다. 리스크 프리미엄(위험 할증)의 액수는 해당 기업의 신용도(BB, BBB, A 등)에 따라 달라진다.

1970년대에서 1990년대 사이 베이비붐 세대가 30대에서 50대로 나이가 들어감에 따라 그들의 노동 시장 참여는 경제를 크게 성장시켰다. 또한 그들이 자금을 빌리는 시기이기도 했기 때문에 자연이자율과 함께 실질 금리 또한 상승했다. 1970년대 후반에서 1980년대 초에는 인플레이션율도 동시에 상승하고 있었기 때문에 금리가 더 상승했다. 1980년대 초에는 금리 상승 압박을 야기한 두 가지 근원도 정점에 달했다. 이후 금리는 계속 하락 추세다.

처음에는 금리 하락 추세의 주된 원인이 인플레이션율의 하락이긴 했지만 최근 10년 사이에 금리 하락을 유지시킨 것은 베이비붐 세대의 노령화였다. 나이 든 사람들은 퇴직이 가까워지면 저축을 늘리게 된다. 따라서 인구 노령화는 예금을 증가시키고, 그로 인해 기업들은 빌릴 수 있는 투자 자금이 더 많아진다. 하지만 그와 동시에 기업들은 전반적으로 경제 성장이 둔화하는 상황을 보며 투자를 축소할 고민을 하게 된다. 경기가 둔화하면 투자 수익률이 낮아질 것이기 때문이다. 안정적인 이자율(자연 금리, 중립 금리, 혹은 'r스타'라고 불리기도 한다)은 경제 성장 추세에 맞춰 하락할 것이다.

우리가 지난 20~30년 사이에 보아온 대부분의 금리 하락은 대자연의 흐름이었다. 실제로 과거 150년의 상황을 살펴보면 낮은 실질 금리는 예외적인 현상이 아니라 정상으로 간주되었다. 장기 (물가상승률이 반영되지 않은) 명목 금리는 19세기 후반 거의 40년 동안 5%를 밑도는 수준이었고, 1차 세계대전 이후부터 1960년대 중반까지 또 한 번 금리는 하락했다. 그 당시 베이비붐 세대의 노동 시장 진입은 경제를 부양하고 실질 금리를 상승시켰다. 또한 1970년대에는 대(大)인플레이션 발생으로 명목 금리가 상승하면서 실질 금리의 급상승이 더 두드러지는 현상이 나타났다.

이는 내 나이대의 사람들이 높은 금리를 정상으로 받아들이고 있지만, 역사를 들여다보면 대부분 인구 통계와 인플레이션 때문에 금리가 상승했던 것임을 시사하고 있다. 우리의 자녀들은 낮은 금리가 훨씬 더 정상이라는 사실을 빠르게 배워가고 있다. 우리는 1950년대와 1960년대 초를 떠오르게 하는 시대로 회귀하고 있다. 우리는 '정상'으로 돌아가고 있는 것이다.

지난 20년 동안 금리를 압박한 또 다른 요인은 금융 중개, 즉 금융의 혁신과 경쟁이었다. 이자는 돈을 먼저 예금하고 나중에 뭔가를 사기보다는 현재 무언가를 사기 위해 지불하는 금액이다. 근본적으로 조급함에 대한 지불 비용인 것이다. 1960년대에서 1970년대 사이에 대출할 수 있는 능력이 인위적인 제약을 받게 되었을 때 소비자들은 돈을 예금하고 기다리기보다는 그들이 현재 원하는 것을 충족시키기 위해 더 높은 금리를 감수할 각오가 되어 있었다. 그러나 이후 은행과 그 외 금융 기관의 대출 절차가 보수적이고 가부장적이며 아주 제약이 많은 시스템에서 가계들이 기본적으로 개인의 신용으로 대출을 받을 수 있는 시스템으로 진화했다. 이와 같은 발전은 금융 중개와 기술 경쟁이 치열해지면서 금융 기관들이 과거보다 훨씬 더 효율적으로 신용 리스크를 관리할 수 있게 됨에 따라 촉진되었다. 사람들이 조급한 지출을 하는 정도는 이제 더 이상 과거에 그랬던 것처럼 실질 금리의 제약을 받지 않는 것처럼 보인다.

이 모든 개념을 관측 가능한 세상에 적용시켜 보자. 만약 경제가 인플레이션율을 감안해 이를테면 1% 성장하고 있고 인플레이션율은 2%라면, 인플레이션율을 감안하지 않고 본다면 경제는 3% 성장하고 있는 것이다. 기업들은 평균 3%의 수익 증가를 기록할 것이고 정부 또한 세수가 3% 증가할 것이다. 만약 안정 상태의 실질 금리가 1%라면 (명목 금리라고 부르는) 우리가 지불하는 금리는 3%(1%의 실질 경제 성장률 플러스 2%의 인플레이션)를 근거로 삼을 것이다. 장기 금리는 더 높아질 것이고, 신용 리스크가 큰 대출자들은 금리에 더해 리스크에 따른 프리미엄을 지불해야 할 것이다. 이것이 실제 세계에서 우리가 감안해야 하는 명목 금리의 복잡성이다.

그렇다 하더라도 그들은 모두 자연 금리라는 공통 인자에 의해 함께 묶여 있다. 금리 뒤에서는 자연 금리와 경제 성장, 인구 성장, 생산성, 인플레이션 사이의 자연스러운 연관성이 작동하고 있다. 단기적으로 그들은 여러 가지 이유에 의해 독립적으로 변동을 거듭한다. 그래서 그들 사이의 장기적 연관성은 일반 관찰자에게는 명확히 드러나 보이지 않을 수도 있다. 그러나 그들은 하나로 엮여 있다. 2m짜리 줄을 잡고 수학 여행을 가는 한 무리의 아이들처럼 말이다. 이 '아이들'에게 있어 가장 중요한 것은 인구 성장률이다. 인구 성장률이 전체 집단의 발목을 잡기 시작했고 미래에도 그렇게 될 것이기 때문이다.

세계 경제 성장 추세는 과거의 평균 수준을 회복하지 못할 것이다. 실제로 향후 10~20년 사이에는 퇴보할 것이다. 금리 체계의 중심이라 할 수 있는 자연 금리 역시 당분간 낮은 수준에 머무를 것으로 보인다. 세계의 노동력 성장은 하락 추세를 보일 것이고 노동자 수도 공급이 부족해질 것이다. 엄격한 이민 정책을 시행하는 국가에서는 특히 인력 수급 문제를 겪게 될 것이다. 노령 국가들은 부족한 노동력을 메꾸기 위해 이민자를 끌어들이려 서로 경쟁해야 할지도 모른다. 한편 노인 인구가 증가하면 급성 환자 치료와 재활 치료 분야 모두에서 건강 관리 시스템 확충에 대한 요구가 더 높아져 정부 재정의 부담이 증가한다.

개별 국가들은 이민자를 더 많이 받아들이는 정책으로 노동력 부족이라는 불가피한 상황이 도래하는 것을 늦출 수 있겠지만 전 세계적으로는 그것이 가능하지 않다. 생활 수준을 계속해서 향상시키고 세계 경제 성장을 지속하기 위한 가장 좋은 방법은 기술 발전을 지원하는 것이다.

3장

The Next Age of Uncertainty

기술 발전

회상: 공상과학의 발견

기술 발전은 항상 진행되고 있다. 공상과학을 좋아하는 사람들이 보기에는 눈에 띄지 않을 정도로 아주 조금씩 발전하고 있지만 말이다. 나는 1966년 열한 살이라는 어린 나이에 〈스타트렉(Star Trek)〉이 처음 TV에서 방영되었을 때 공상과학의 세계에 입문하게 되었다. 우리는 1961년 내 남동생이 태어난 시기에 때맞춰 오샤와에서 그 근방의 지방 커뮤니티인 미첼스 코너스(Mitchell's Corners)로 이사했다. 〈스타트렉〉은 완전히 내 마음을 사로잡기에 충분했다. 사람들을 눈 깜짝할 사이에 이곳저곳으로 순간 이동시키고, 무선 장비로 의사소통은 물론 의료 검진도 하며, 오늘날 우리가 태블릿이라고 부르는 것으로 보고서를 읽는 모습이 너무나 멋져 보였다. 거기 나왔던 장면들 중 다수가 50년이 지난 지금 보아도 여전히 꽤 신기해 보이지만 일부는 상당히 선견지명이 있었던 것이 증명되었다.

미첼스 코너스로 이사한 후 몇 년 동안 우리 가족은 전형적인 시골 생활을 하고 있었다. 그리고 1966~1967년 사이에 가을과 겨울이 찾아왔다. 그 당시는 폴로즈 가족에게는 아주 힘든 시기였다. 부모님은 우리 앞에서 내색하지 않았지만 나는 집안 형편이 어렵다는 것을 알고 있었다. 아버지의 회사에서는 1년 동안 파업이 이어지고 있었다. 자동화로 인해 일자리를 잃게 될 위기에 직면한 생산직 노동자들의 파업이었다. 그들은 거대한 프레스기 앞에 서서 강판을 집어넣고 작동 스위치를 밟는 일을 한다. 금형이 부착되어 있는 프레스기는 강판에 압력을 가해 자동차 부품을 탄생시킨다. 노동자는 새로 제작된 부품을 들어내어 그것을 운반 카트

위에 쌓아놓고 동일한 작업을 반복한다. 하루종일. 이런 일들은 분명 자동화할 작업 후보일 것이다. 특히 안전상의 이유에서도 그렇다. 퇴근 후 집에 돌아온 아버지는 동료 중 한 사람이 손가락이 잘리거나 아니면 그보다 더 심각한 부상을 당한 이야기를 수차례 전하곤 했다. 파업은 결국 그 회사를 침몰시키기에 이르렀다.

아버지는 그 시기에 인근 농장에서 사과를 따는 일을 포함해 여러 다양한 일을 전전했다. 그러던 중 결국 다른 자동차 부품 공급업체의 금형 제작자로 취직해 다시 직장 생활을 시작할 수 있었다. 하지만 누적된 경제적 압박은 너무도 컸다. 1967년 여름 부모님은 소중하게 여기던 집을 팔고 외갓집에서 함께 살기 위해 다시 오샤와로 이사 갔다.

외갓집은 오샤와 남부의 퀘벡 스트리트에 위치한 작은 집으로, 1940년대에 2차 세계대전 당시 고국으로 돌아오는 참전 용사들과 그들의 가족들을 위해 정부가 마련한 주택 공급 프로그램의 일환으로 건설된 집이었다. 외할아버지는 2차 세계대전 참전 용사였고, 집안에 전해 내려오는 이야기에 따르면 외할아버지는 유럽에서 제임스 두한(James Doohan)과 함께 포병대에서 복무했다고 한다. 그로부터 20년 후 두한은 스타트렉 시리즈에서 우주선 엔터프라이즈호의 기관장 몽고메리 "스코티" 스콧(Montgomery "Scotty" Scott)으로 분해 등장한 것이 아닌가. 내가 〈스타 트렉〉을 그토록 좋아했던 것도 우연이 아니었던 모양이다.

외갓집에는 2층에 경사진 천장의 방 두 개와 1층에 방 두 개가 있었다. 화장실이 하나 있었고 거실에 있는 석탄 난로가 유일한 열기의 원천이었다. 집 뒤편에는 석탄을 가득 쌓아 두는 창고가 하나 붙어 있었는데 뒷문으로 바로 통하게 되어 있었다. 어릴 때 나는 외할아버지와 외할머니가 1940년대와 50년대에 그 집에서 다섯 명의 자식을 키웠다는 사실이 항상 믿기지 않았다.

하지만 곧 어떻게 그게 가능했는지 이해할 수 있게 되었다. 외할아버지와 외할머니는 2층에 묵었고 아버지는 두 분을 위해 작은 화장실을 만들어드렸다. 방 하나는 부엌이자 작은 거실로 탈바꿈했고, 또 다른 방 하나는 외할머니가 사용했다. 외할아버지는 매일 밤 소파에 시트를 깔고 담요를 덮고 잤다. 우리집 식구들은 1층에서 지냈다. 만능 기술자인 우리 아버지는 집 건물 뒤편에 방 하나를 새로 만들었다. 집에 지하실이 없었으므로 석탄 난로는 가스로를 층간 배관 공간에 설치하는 것으로 교체했다. 이제 내가 부모이자 할아버지가 되고 보니 외할아버지와 외할머니가 당시 보여준 너그러운 태도가 놀라울 따름이다.

오샤와에 친구도 없었고 8학년이 시작될 때까지 기다리자니 엉덩이가 들썩거렸던 나는 맥로린 공립 도서관을 찾아갔다. 이 도서관의 이름은 후원자인 제너럴 모터스(General Motors)의 창립자 R.S. 맥로린 대령의 이름을 따서 붙여졌다. 나는 도서관에서 공상과학 도서들만을 모아놓은 서가를 발견했다. 아시모프, 브래드버리, 클라크, 하인라인, 허버트와 그밖의 많은 작가들의 책들이 빼곡히 꽂혀 있었다. 나는 그해 여름 그 책꽂이에 꽂혀 있는 책들을 몽땅 읽어버렸다. 그로부터 1년이 지난 후 우주선이 달에 착륙하는 모습을 경외심을 가지고 바라봤다. 그야말로 공상과학이 현실이 되는 순간이었다.

내가 공상과학을 좋아한 덕분에 기술 진보와 그것이 사회적으로 약속하는 모든 것에 대해 전반적으로 늘 낙관적인 시각을 견지할 수 있었다고 생각한다. 그럼에도 아버지가 일자리를 잃고 1년 간 힘든 시기를 보낸 것은(그것의 근본 원인은 자동화였다.) 우리 가족과 조부모님에게는 큰 시련이었다. 우리는 비를 피할 집이 있긴 했지만 그 집은 아주 비좁은 집이었다. 우리 가족은 꿈에 그리던 소중한 집을 잃었고 나와 남동생을 대학에 보낼 돈도 없었다. 그 기억은 지금도 지워지지 않는 쓰라린 상처로 남아 있다.

경제학과 인류의 역사

경제적 특화 과정은 인간이 수천 년 동안 다음 끼니를 마련하기 위해 하루종일 수렵과 채집을 하며 돌아다니는 생활을 하고 난 뒤부터 시작되었다. 한 장소에 머무르며 식량을 재배하고 동물을 사육할 수 있다는 발견은 역사를 뒤엎는 혁신이었다. 즉, 농업은 우리의 첫 번째 기술이었다. 처음에는 그저 한 가족이 먹고 살기 위해 농사를 지었던 반면 시간이 지남에 따라 사람들은 농사를 특화해 자신이 생산한 농산물을 다른 이들이 생산한 농산물과 맞바꾸는 것의 경제적 이점을 발견하게 되었다. 어떤 이들은 식물을 기르고, 어떤 이들은 동물을 사육하고, 또 어떤 이들은 사냥을 함으로써 각자가 한꺼번에 다양한 일들을 하려고 했을 때보다 더 많은 양을 생산해냈다. 그들은 꾸준히 다양한 식량을 얻기 위해 서로 물물 교환을 했다.

마침내 물물 교환은 농사가 완료된 후 잉여(잉여 생산물 또는 비축 생산물)가 남을 만큼 잘 정착했다. 그에 따라 인간은 현대 인류를 정의하는 문화와 정부, 군사와 그 밖의 것들을 창조해낼 수 있는 능력이 생겼다. 이와 같은 역사적 진화는 재레드 다이아몬드(Jared Diamond)의 저서 〈총, 균,

쇠(Guns, Germs, and Steel)〉에 자세히 잘 나타나 있다. 오늘날에도 상황은 다르지 않다. 모든 사람들은 자신의 전문 분야에서 일하고 있다. 그리고 우리는 우리에게 필요한 물건으로 교환하기 위해 번 돈을 사용한다.

국제 무역으로 나아가는 것은 이 발전 과정에서 그 다음 단계에 놓여 있었다. 상품과 서비스 교환은 더 이상 가까운 이웃들 사이에서만 벌어지는 일이 아니었다. 국경을 넘고 바다를 건너서도 이루어졌다. 그리고 국경을 넘고 바다를 건너 상품을 운반하기 위해서는 선박 건설과 축력의 이용과 같은 기술이 필요했다. (국제 무역은 국가 사이에 이루어지는 것이 아니라 다른 나라에 사는 사람들 사이에 이루어지는 것임을 주지하자.) 경제 활동이 세분화되면 생산성이 높아지고 사회적 잉여가 발생하며 무역(국내 무역이든 국제 무역이든)은 우리가 모든 일들을 스스로 했을 때보다 모두가 더 잘 살게 해준다. 우리가 오늘날 세계화라고 일컫는 것은 200년 전의 그것과 그 강도와 상품 및 서비스가 지리적으로 분산된 공급망으로 분화되어 있다는 측면에서만 다를 뿐이다.

기술 발전은 인류 역사를 이끌어온 특징이었다. 새로운 다용도 기술의 광범위한 도입으로 생산성이 크게 증대됨으로써 인간의 능력도 간간이 꾸준히 발전해왔다. 이와 같은 경제 급성장은 산업혁명이라는 꼬리표를 붙일 만큼 의미가 크다.

고통스러운 세 번의 산업혁명

일반적으로 1700년대 후반에서 1800년대 후반까지를 지칭하는 첫 번째 산업혁명은 증기 기관의 발명과 광범위한 활용으로 촉발되었다. 증기 기관은 인간이나 동물의 노동력을 훨씬 더 강력한 것으로 대체했다. 이 혁명으로 많은 사람들은 고된 노동에서 해방되었지만, 달리 표현하자면 그들이 일자리를 잃게 된 것이었다. 발명가들과 신기술을 초기에 도입한 사람들은 주식 시장의 호황을 주도하며 큰 이득을 얻었다. 반면 기성 기업들은 전면적인 변화를 경험해야만 했다. 특히 유럽에서는 신기술을 도입한 기업들이 도입하지 않은 기업들에 비해 상품을 아주 저렴한 가격에 제공할 수 있게 되었기 때문이다. 이런 경쟁은 북미의 신경제 기업들에게서 기인된 것이었고, 1차 산업혁명 당시에 겨우 시작되었다. 그래서 북미에서는 유럽에서보다 신기술을 받아들이기가 더 수월했다. 유럽에서는 기성 기업들이 오래된 기술을 포기하고 혁신적이고 새로운 기술에 투자해야만 했고 이는 시간이 걸리는 과정이었다.

경제 이론에 따르면 이런 조정 과정은 쉬워 보인다. 신기술은 직물 등의 상품을 이전의 기술보다 훨씬 더 저렴한 가격에 동일한 상품으로 생산할 수 있게 해준다. 직물 가격이 하락하면 직물 구입은 더 용이해진다. 또한 직물 생산 기술을 개발하고 기계를 관리하는 일을 위해 새로운 일자리들이 생겨난다. 동시에 직물 가격이 저렴해진다는 것은 모든 이들이 이전보다 높은 구매력을 가지게 되는 것을 의미한다. 그와 함께 다른 상품들에 대한 지출도 더 늘어난다. 이러한 추가 지출은 경제 전반에 걸쳐 새로운 일자리를 창출한다. 그 결과 기술 도입의 영향으로 직장을 잃게 된 사람들이 다른 분야에서 새로운 일자리를 구할 수 있게 된다. 역사적으로 봤을 때 혁신이 일어날 때마다 그로 인해 사라진 일자리보다 궁극적으로 더 많은 일자리가 창출되었다.

이것은 어디까지나 이론적인 이야기이다. 현실에서는 신기술에 적응하는 시간이 오래 걸린다. 신기술의 출현으로 직장을 잃게 된 노동자들은 지출을 줄일 수밖에 없게 되고 경제는 둔화한다. 기술 발전으로 인해 가격이 하락하는 것은 일반적으로 긍정적으로 받아들여진다. 가격이 떨어지면 상품 구매가 증가하기 때문이다. 그러나 직장에서 밀려나는 노동자가 많아질수록 지출은 크게 감소할 수 있다. 그리고 가격과 임금의 하락은 경제 전반에 걸쳐 일반화될 수 있다. 다시 말해서, 디플레이션이 도래한다는 것이다. 디플레이션은 개인과 기업 모두에게 아직 갚지 않은 부채의 부담을 가중시킨다. 부채가 많은 기업은 그들이 판매하는 상품의 가격이 하락하면 채무 이행을 하는 데 어려움을 겪게 될 것이다. 담보 대출을 받은 사람들의 경우도 마찬가지다. 디플레이션 시기에 대출금은 그대로인데 반해 임금은 하락하는 경우가 많다. 더욱이 기업이 파산하거나 사람들이 직장을 잃게 되어 가계가 대출금을 갚지 못하게 되면 은행들이 파산 위험에 직면하게 된다.

다시 말하자면, 디플레이션과 부채 사이의 상호작용이 지출을 더욱 둔화시키고 오랜 기간 근본적으로 경제를 허약해진 상태 속에 가두게 된다. 이것이 바로 경기 불황이다. 다른 부문에서 새로운 성장을 이끌어내고 신기술과 관련된 새로운 일자리를 창출해서 지출을 확산시키고 모두가 새로운 자리를 찾는 데에는 오랜 시간이 걸릴 수 있다.

1873~1896년 사이에 세계는 우리가 빅토리아 시대의 경기 불황이라

부르는 시기를 겪었다. 빅토리아 시대 경기 불황의 근원이 1차 산업혁명에 있었다는 것을 7장에서 자세히 설명할 예정이다. 당시 주식 시장의 호황과 붕괴는 불황을 불러온 중요한 요소이긴 했지만 근본적인 원인이라기보다는 부차적인 원인이었다.

2차 산업혁명은 1900년대 초 전기 사용의 확산으로 시작되었다. 다목적으로 활용되는 성격을 지닌 전기는 다른 여러 기술의 발전에도 촉매제 역할을 했다. 우리 세대의 사람들은 이 모든 것을 당연하게 받아들이기 쉽다. 영국 역사 드라마 〈다운튼 애비(Downton Abbey)〉에서는 신기술을 처음 접했을 때 당시 사람들의 반응을 여러 에피소드에 걸쳐 세밀하고도 때로는 유머러스하게 잘 보여주고 있다. 다운튼의 요리사인 팻모어 부인과 그녀와 함께 일하는 하녀 데이지가 전기 냉장고가 전통적인 아이스박스에 비해 무엇이 더 나은지 그 장점에 대해 논하는 장면이 그 좋은 예이다.

신기술 도입에 따른 경제 조정 과정은 1차 세계대전으로 인해 중단되었다. 전시에는 정상적인 생산 활동과 노동 관계가 부차적인 일이 되어버리기 때문이다. 심지어 전쟁의 공포보다 더 치명적인 것은 세계적으로 스페인 독감이 발병한 것이었다. 경제학자들은 또 한 번의 불황이 뒤따를 것이라 경고했다. 하지만 전후와 팬데믹 후의 기간에 나타난 것은 광란의 20년대였다. 이 시기에는 살아남았다는 안도감에 빠른 산업 혁신이 더해져 낙관주의가 사회에 팽배해지면서 주식 시장 또한 과열되었다.

낙관주의의 뒤에는 진정한 실체가 숨어 있었다. 자동차와 영화, 소비재의 완전히 새로운 세계가 선진 경제국들, 그중에서도 특히 미국에게 문을 열어주고 있었던 것이다. 주가는 치솟았고 투자자들은 번창하는 새로운 부문에 더 많은 투자를 하기 위해 대출을 받았다. 주가는 급등했다. 모든 주식 시장의 거품은 결국 신선한 공기가 부족해지면 붕괴되며 의심스러운 조짐만으로도 상황은 반전될 수 있다. 1929년 가을 런던과 뉴욕에서 잇따라 주식 시장의 거품이 꺼지면서 글로벌 경제는 이후 10년 동안 대공황 상태에 빠졌다. 경제는 수년 간 위축되었고 디플레이션은 경제 전반으로 확산되었다. 수십 년간 이어져온 발전의 최종 결과는 실업자들이 최저 생계비에 의존하는 생활이었다.

오늘날 그와 같은 상황이 발생한다면 중앙은행과 정부는 경제를 안정시키고 디플레이션의 전면적인 확산을 막기 위해 조치를 취했을 것이다. 당시 미국에 중앙은행이 존재했다 해도(캐나다 중앙은행은 1935년에 설립되었다) 거시경제 상황은 제대로 파악하지 못했을 것이다. 1936년 존 메이너드 케인스는 경기 불황에 대응하기 위한 정책 결정에 도움을 주는 최초의 지침을 제시했다. 그는 경기 위축과 가격 하락을 막기 위해 정부는 차관을 통해 재원을 마련해 지출을 크게 늘려야 한다고 주장했다. 1930년대 후반에는 이같은 조언이 어느 정도 받아들여졌다. 유감스럽게도 정부지출이 실체화되었을 때 그것은 대공황으로 초래된 피해를 복구하려는 목적에서 이루어진 것이 아니었다. 그보다는 2차 세계대전에 참전하기 위해 필요한 것들을 구입하기 위한 것이었다. 케인스의 생각은 전후 시기에 주류로 떠올랐고 그 후 30년 간 폭넓게 적용되었다.

3차 산업혁명은 컴퓨터 칩이 그 원동력이 되었다. 전자 기술과 정보통신 기술이 만나 생산과 조립, 원거리 운송의 자동화를 가능하게 했다. 신기술의 도움으로 물류 공급망을 강화해 공정을 더욱 전문화하고 생산체인을 세계화할 수 있게 되었다. 1970년대 중반부터 1980년대에 이르기까지 과거에는 그 누구도 상상하지 못했던 상품과 서비스가 등장하면서 노동자들은 이 신기술로부터 직격탄을 맞고 일자리를 잃게 되었다. 기업 내의 타자 인력들을 사라지게 만든 퍼스널 컴퓨터에서부터 길거리의 공중전화 박스를 사라지게 만든 휴대전화와 인터넷까지 모두 그 신기술에 해당한다.

컴퓨터는 산업 자동화에 큰 발전을 가져왔고, 컴퓨터 칩은 자동차에서부터 온도조절장치와 냉장고에 이르기까지 아주 다양한 분야에 발전을 가져왔다. 그리고 알고 보면 하드웨어 관리, 코드 개발, 중앙집중적인 서비스 제공 등 정보통신 서비스는 모든 분야에 퍼져 있다. 전 세계 주식 시장의 거품은 한편으로는 이 신기술 물결의 근거 있는 영향력으로 인해 발생한 것이었고 또 한편으로는 만연해 있는 차입 투자와 순전한 억측으로 야기된 것이었다.

앞서 두 차례의 산업혁명과는 달리 세 번째 산업혁명은 세계적인 불황을 불러오지는 않았다. 그보다는 다른 결과를 가져왔다. 1990년대 초에 선진 경제국의 노동자들은 '고용 없는 경기 회복'이라는 현상을 경험했고, 2000년대 초반에는 모두가 아닌 일부 사람들에게만 이득이 되는 경기 회복을 경험했다. 제조업 부문에서의 성장은 대부분 아시아와 라틴아메리카의 개발도상국에서 이루어졌다. 일본의 경우는 1989년 주식 시장과 부동산 붕괴 이후 1990년대 대부분의 기간 동안 경제 불황과 비슷한 양상이 나타나는 예외적인 사례를 보여주었다.

그렇지만 상황은 세계적인 불황보다는 훨씬 더 나았다. 나는 3차 산업혁명 이후의 거시경제적 성과가 더 나은 것은 이전의 산업혁명들과 비교했을 때 더 똑똑한 정책 결정을 한 덕분이라 본다. 1990년대까지만 해도 많은 중앙은행들은 인플레이션 목표치를 맞추기 위해 노력했다. 1930년대에 존 메이너드 케인스가 내놓은 조언은 2차 세계대전이 끝난 후 상대적으로 경제를 안정화하는 데에는 기여했지만 1960년대 후반에 세계적으로 인플레이션 현상이 문제가 되자 그의 이론에 대해 의문이 제기되기 시작했다. 밀턴 프리드먼(Milton Friedman)은 더 단순한 통화 정책 체계를 옹호했다. 중앙은행이 물가상승률을 낮게 유지하기 위해 늘어난 통화 공급을 통제해야 한다는 입장이었던 것이다.

거시 경제 이론은 존 케네스 갤브레이스가 〈불확실성의 시대〉를 집필하고 있었던 1970년대에 진정한 격변기를 맞이했다. 당시 대두되었던 것은 거시경제적 정책 결정을 위해서는 인플레이션을 통제하는 데 방점을 두어야 한다는 입장이었다. 이 정책 체계 내에서는 산업혁명 중의 가격 하락 경향은 과거에 관측되었듯이 지속적인 저금리 정책에 의해 자동으로 진압될 것이었다. 이로 인해 과거의 산업혁명에서와 같이 디플레이션을 겪지 않고도 경제가 새로운 단계로 올라서게 된 것이다. 하지만 2008년에 레버리지의 증가와 주택 시장 붕괴, 세계의 수많은 금융 기관들의 도산 등을 바라보며 느꼈듯이 이제는 이 정책의 부작용이 엄청날 수 있음을 잘 인식하고 있다. 당시 세계 금융 위기는 결국 대침체(Great Recession)로 이어졌다.

그럼에도 불구하고 1930년대 대공황이 빅토리아 시대의 경기 불황보다 심각하거나 오래 가지 않았고 세계가 3차 산업혁명에 적응하는 과정에서의 타격도 크지 않았다는 점에서 희망을 찾아볼 수 있다. 이러한 경험을 통해 통화 및 금융 정책이 점차 효과적으로 발전해 나가고 있는 것이다. 그와 동시에 각각의 산업혁명이 진행되는 동안 변화 속도는 점차 빨라졌으며, 그것은 곧 다음 산업혁명이 전개될 때는 그보다 더 큰 리스크가 발생할 수 있음을 암시한다.

4차 산업혁명

4차 산업혁명이 시작되는 초입에서 살고 있는 우리는 과거 세 번의 산업혁명을 완전히 이해할 필요가 있다. 4차 산업혁명이라는 말은 세계경제포럼(World Economic Forum) 회장인 클라우스 슈밥(Klaus Schwab)이 처음으로 사용하면서 널리 사용되고 있다. 4차 산업혁명은 세계 경제의 디지털화를 일컫는 것으로, 머신러닝, 인공지능, 생명공학 분야에서 눈부신 발전을 가져오고 있다. 이들은 모두 사회 전반에 광범위하게 영향을 미치는 분야다. 반복적인 업무를 하는 다양한 분야의 전통적인 직업들은 앞선 세 번의 산업혁명에서 개인이 직면했던 것과 동일한 두려움에 또 다시 직면해 있다. 상품 조립, 운전, 농기구 운전, 금융 상담, 콜센터, 판매직과 같은 다양한 형태의 고객 서비스 직군들이 위험에 처하게 된 것이다.

1942년 조지프 슘페터(Joseph Schumpeter)는 그의 저서 〈자본주의 사회주의 민주주의(Capitalism, Socialism, and Democracy)〉에서 경제사는 창조적 파괴의 과정이라고 적확하게 기술하고 있다. 기술 혁신은 경제 성장을 가져온다. 그러나 그것은 과거의 기술에 기반을 두고 있는 인간관계와 생활방식, 자본 투자를 파괴하기도 한다. 기술 발전으로 인해 야기되는 실업에만 집중하는 것은 전체 그림의 절반 이상을 놓치는 것이다. 수백 년간의 실증적 경험이 그 주장을 뒷받침하고 있다.

농업의 기계화를 예로 생각해 보자. 1867년에 탄생한 캐나다는 인구의 약 50%가 농업 종사자였다. 하지만 오늘날 농업 인구는 2%를 밑도는 수준이며 1인당 농업 생산량은 아주 크게 늘어났다. 농업에서 밀려난 48%의 인구는 다른 분야에서 돈벌이가 가능한 일자리를 찾았다. 5% 이상의 경제 인구가 IT 업종의 노동자들이며, 그 분야의 고용은 해마다 7~8%씩 증가하고 있다. 그 직업들은 3차 산업혁명 전에는 존재하지 않았던 직업들이다. 코로나19 팬데믹 전에만 해도 캐나다의 실업률은 40년 만에 최저치를 기록했다. 앞서 40년 동안 3차 산업혁명으로 인해 실업이 발생했음에도 불구하고 말이다.

이와 같은 역사적 경험은 고무적이긴 하지만, 세 차례의 앞선 산업혁명에서 나타났던 특징들(두 번의 불황, 다양한 형태의 금융 위기들, 고용 없는 경기 회복, 대침체)이 4차 산업혁명에서도 두드러지게 나타날 가능성은 여전히 남아 있다. 상품 및 서비스 가격 하락과 전반적인 디플레이션, 실업 등과 같은 현상들은 경제가 조정되는 과정에서 또 다시 불황과 비슷한 징후들을 나타낼 수 있다. 그리고 이러한 압박이 정치 영역에까지 영향을 뻗칠 것임은 자명하다.

그럼에도 불구하고, 우리는 세 차례의 산업혁명 경험을 통해 정책담당자들이 많은 것을 배워 4차 산업혁명에 대처할 준비가 3차 산업혁명 때보다 더 잘 되어 있음을 짐작할 수 있다.

꾸준한 기술 발전은 모든 선진 경제가 투트랙으로 움직이는 것을 의미한다. 신기술이 도입되고 새로운 고용 채널이 생겨나는 평균 이상의 성장을 이루는 상위 트랙이 있고, 일자리가 파괴되는 하위 트랙이 존재한다.

부분적인 일자리 파괴는 기술 발전의 본질이다.

국가와 정책담당자들에게는 수년 혹은 수십 년 동안 지속된 과거의 산업혁명 때와는 달리 이 두 경제 트랙이 다시 만나도록 만드는 것이 어려운 과제일 것이다. 시간이 흐름에 따라 어떤 사람들은 부자로 만들고 또 어떤 사람들은 곤란을 겪게 만드는 그 동일한 기술은 점점 더 많은 사람들이 하위 트랙에서 상위 트랙으로 이동해갈 수 있게 해준다. 근대사가 그것을 증명해주고 있다. 그것이 1차 산업혁명이 시작되었을 때보다 소득 증가와 구매력 확대로 경제 전반에 걸쳐 일자리가 늘어나면서 오늘날 우리가 더 잘 살게 된 이유이다.

그러나 신기술에 적응하는 과정은 일부 사람들에게는 아주 커다란 피해가 될 수 있다. 어떤 이들은 뒤처질 수 있다. 4차 산업혁명은 앞선 세 번의 산업혁명보다 잠재적으로 훨씬 더 큰 파괴력을 지닐지도 모른다. 인간의 노동을 증강할 수 있을 뿐만 아니라 폭넓은 경제 분야에 걸쳐 인간의 노동을 완전히 대체하는 능력도 가지고 있기 때문이다. 역사상 모든 기술 진보는 상위 트랙에 속해 있는 이들과 하위 트랙에 속해 있는 이들 사이의 소득 격차를 심화시켰고, 이는 곧바로 소득 불평등의 증가로 이어진다.

제2의 불확실성의 시대
The Next Age of Uncertainty

| 4장 |

The Next Age of Uncertainty

불평등의 심화

회상: 아래에서 보는 시각

소득 불평등은 인류의 생활 방식이 농사를 지으며 생계를 꾸려나가던 생활에서 조직 경제로 전환되면서 경제 문제로 대두되었다. 나는 개인적인 경험에서 소득 불평등 문제가 아래에서 바라볼 때 가장 잘 보인다는 점을 분명히 말할 수 있다. 오샤와에서 성장하며 육체 노동자 집안의 아이들과 어울리면서 나는 사회가 단순히 가진 자와 가지지 못한 자로 나뉘어져 있지 않다는 사실을 알게 되었다. 사무직 노동자 집안과 육체 노동자 집안으로 대별되는 것보다 훨씬 더 여러 계층의 가진 자와 가지지 못한 자가 있었다. 나의 아버지는 자동차 부문의 기술직 노동자였지만 국내 최대 자동차 기업인 제너럴모터스에는 취직하지 못했다. 작은 자동차 부품 공급업체에서 일하면 제너럴모터스의 부품 파트에서 일하는 것에 비해 훨씬 낮은 임금을 받아야 했다. 육체 노동자는 어디에나 존재하지만 오샤와의 육체 노동자들은 더 그늘진 곳에 있었다.

실제로 우리 동네에서 GM(제너럴모터스)은 '너그러운 자동차 회사(Generous Motors)'로 통했다. GM에서 근무하는 부모를 둔 아이들은 확실히 우리와는 달랐다. 그 애들은 청바지도 두 벌 이상 가지고 있었고 치과 보험도 가입되어 있었으며 집도 있었다. GM의 급여 체계에는 노동조합의 입김이 강력하게 작용했다. 따라서 회사에서 아주 높은 야근 수당을 받아낼 수 있었다. 고등학교 때 우리반 친구들 중에는 대학 진학을 원하는 사람이 별로 없었다. 내가 경제학 박사학위를 따는 데 걸린 7년이라는 시간 동안 GM의 조립라인 노동자는 높은 임금을 받아 물가지수 연동 확정 급여형 퇴직 연금 제도에서 15점을 적립하고, 결혼해서 집을 장만해 가정을 꾸리고 있었다. 또한 1981년에 경제학 박사 학위 소지자가 캐나다 중앙은행에서 받는 초봉은 GM의 조립라인 노동자의 초봉보다 낮았다.

상대 소득과 관련된 이 이야기는 과거 1960년대와 1970년대에 GM 의 급여 정책이 오늘날 이른바 '이해관계자 자본주의'의 초기 형태를 띠고 있었다는 것을 짐작하게 해준다. 노동조합은 처음에 소득 불평등과 극악한 작업장 관행에 대항하기 위한 무기로 등장했고, 북미의 자동차 부문은 그런 관점에서 보자면 커다란 승리임에는 틀림없다.

그러나 GM이 높은 임금을 지급한 것은 힘 있는 노동조합이 반박할 의지가 별로 없는 회사를 압박한 결과였던 것 또한 사실이다. 무사 안일주의, 혹은 경제학자들이 '도덕적 해이'라고 부르는 것은 대기업에서는 쉽게 일어날 수 있는 현상이다. 기업의 규모가 크기 때문에 실패할 리 없다고 믿게 되기 때문이다. 그런 기업은 노동조합의 요구에 쉽게 응해 파업의 경제적 손실을 방지하려 할 것이다. 또한 문제 발생 시 정부가 나서서 도와줄 것이라는 믿음에 기대고 있기도 하다. 따지고 보면 노동조합이나 경영주를 탓할 필요는 없는 것이다. 중요한 것은 결과다.

GM이 노동자의 행복을 고려하려는 정책이 너무 지나쳤다는 증거는 2008년에 드러났다. 세계 금융 위기의 여파로 자동차 매출이 급감하자 일부 주요 자동차 기업들이 파산 위기에 직면하게 된 것이다. GM은 규모가 크기에 실패할 리 없다고 여겨졌지만 당시 이미 경제적 자신감이 취약해져 있었다. 캐나다에서는 연방정부와 온타리오주 정부에서 구제금융을 제공했다. 구제금융 합의안의 계획 및 시행은 캐나다수출개발공사 대출 그룹의 수장으로서 필자를 포함해 정부의 대책위원회에서 맡고 있었다. 이것은 자동차 산업 도시인 오샤와에게 있어서는 아주 실망스러

제2의 불확실성의 시대

운 부분이었고, 나도 그 결의안에 동참했었다는 데 그다지 자부심을 느끼지 못했다.

오늘날의 산업 도시 오샤와는 과거 오샤와의 그림자에 지나지 않는다. 비록 일부 자동차 조립 시설과 부품 공급업체들이 남아 있기는 하지만 말이다. 최근의 발전은 가까운 미래의 조용한 르네상스를 암시하고 있다. 경제는 변화에 적응하고 삶은 계속되는 것이다.

불평등에는 정치가 개입될 수밖에 없다

현실 세계에서 경제와 정치는 종종 충돌한다. 경제학은 사람들과 선거에 중요한 영향을 미친다. 오늘날 우리가 '경제학'이라 부르는 것은 '정치경제'로 불리었고 정치과학의 핵심적인 부분으로 여겨졌다. 경제학과 정치과학이 분리된 것은 경제학자들이 연구 논리를 발전시키는 방식을 구전에서 수학적 도구를 이용하는 것으로 옮겨가면서다. 그러나 최근에는 정치적 고려가 경제 전망에 관한 논의에서 지배적인 부분을 차지하게 되었고, 경제학자들은 위험을 감수할 각오로 정치적 고려를 무시하려 한다. 내가 가장 좋아하는 말 중에 이런 말이 있다. '정치적 고려가 조금만 끼어들어도 훌륭한 경제 예측을 망칠 수 있다.'

현재에는 왜 정치가 경제 분석에 그토록 강력하게 개입되는지 궁금해할 만도 하다. 일생 동안 우리가 누려온 세계 질서는 두 차례의 세계대전의 산물이었고 지금까지 75년 간 우리를 지탱해주었다. 이 세계 질서 아래 국제 무역은 항상 생산성과 경제 성장, 생활 수준 향상에 필수적인 것으로 간주되었다. 기반 시설과 교육, 의료 서비스 제공에 중점을 두고 있는 정부는 경제 변동성을 최소화하고 사회적 약자가 보호받을 수 있도록 소득을 재분배하는 데 정책을 이용했다. 중앙은행은 주로 올바른 경제적 의사결정을 유도하기 위해 예측 가능한 낮은 물가상승률을 유지시키고 경제 변동을 최소화할 책임을 떠안고 있었다. 완벽한 경제 질서는 아니었지만 제대로 작동했고 시간이 흐르면서 발전한 측면도 있었다.

세계 금융 위기와 뒤이어 발생한 대침체는 이 패러다임에 심각한 의문을 제기했다. 2008년에는 또 한 번의 대공황이 발생할 수 있는 모든 요소들이 존재하고 있었다. 공황의 발생을 막기 위해서는 정책적인 승리가 필요하지만 위기의 전제 조건들이 하나씩 쌓여왔다는 사실은 많은 이들에게 용서받을 수 없는 사실이었다. 더욱이 경제 불황을 피하기 위한 재원이 투입되자 월가(Wall Street)가 구제금융을 제공받고 납세자들이 (여전히 대침체의 여파로 고통 받으면서도) 그 자금을 댔다는 인식이 광범위하게 퍼졌다. 궁극적으로 글로벌 금융 위기로부터의 회복은 매우 서서히 일어났으며 경제가 3차 산업혁명의 지속적인 영향에 적응하기 위해 진통을 겪게 되면서 고용이 발생하지 않은 특징을 보였다. 경기 불황의 일반적인 특성들 중 많은 부분, 즉 여러 부문에서 노동자들이 일자리에서 밀려나는 현상, 전반적으로 느린 경제 성장을 보이는 투트랙 경제, 소득 불평등의 증가는 오랜 기간 남아 있었다. 한마디로, 사람들의 불만은 커져만 갔고, 이는 정치에도 영향을 끼쳤다.

유엔(United Nations)에서 발표한 자료에 따르면 국가별로 측정했을 때 지난 30년 동안 소득 불평등이 세계적으로 감소한 것으로 나타났다. 다시 말해서, 국가 간 소득 격차가 시간이 지날수록 줄어들었다는 것이

제2의 불확실성의 시대

다. 하지만 한 국가 내에서의 소득 불평등은 세계 70%가 넘는 인구에게서 상승한 것으로 나타났다. 그 이유는 나라마다 다를지라도 기술 발전과 소수 기업들의 시장 지배 증가, 노조의 교섭력 약화, 세계화 등은 공통적으로 나타나는 특징이라 할 수 있겠다. 각각의 요소는 다른 요소들의 영향을 받을 수 있는 반면, 일반적으로 가장 중요한 동인은 기술 발전이다.

미국의 유명 경제학자 아놀드 하버거(Arnold Harberger)는 1998년 소득 불평등에 관한 중요한 통찰을 제시했다. 그는 기술 주도의 경제 성장이 종종 자라면서 모든 곳으로 확산되어 결국은 모든 이들이 조금씩 얻을 수 있게 되는 효모처럼 작용한다고 보았다. 그러나 기술 주도의 경제 성장은 버섯처럼 작용하는 경우가 더 많다. 여기저기에 자라나서 때마침 그 자리에 있는 사람들이 뽑아 먹을 수 있는 버섯 말이다. 그 결과 대다수의 개인들은 이 경제 성장에서 소외되고 만다.

기술과 세계화는 소득의 양극화를 가속화한다

경제학자들이 진행한 상당수의 연구는 기술 진보가 우리 시대의 경제 구조조정, 혹은 일자리 전환의 핵심 동인이라는 시각을 지지한다. 즉 기술에 적응할 필요가 있는 기업들은 구조조정을 통해 기존의 노동자들을 대량 해고하고 다른 기술이 요구되는 새로운 일자리를 창출하는 것이다. 현대 경제에서 기술 변화는 항상 존재하며, 끊임없이 생산성을 점진적으로 향상시키면서 지속적으로 노동자의 이직을 유발한다. 그러나 세 차례에 걸친 산업혁명에서 경험한 것처럼 주기적인 기술 진보의 변화 흐름은 고통스러운 적응 과정을 낳는다. 초기에는 수익의 대부분이 자본가에게로 돌아가고 일자리에서 밀려난 노동자들은 삶이 송두리째 흔들리는 경험을 하게 된다. 사람들이 일반적으로 기술 변화에 저항하는 이유는 쉽게 이해할 수 있다.

역사적으로 대부분의 경우 실업에 대한 책임이 기술 변화에 있었다는 다양한 증거에도 불구하고 사람들은 세계화에 책임을 돌리는 것을 훨씬 더 좋아한다. 가장 기본적인 단계에서 세계화의 효과는 산업 자동화의 효과와 유사해 보인다. 기업들은 국제 경쟁의 영향력에 적응해야만 한다. 적응하지 못하면 사업에 실패하게 될 것이다. 기업은 생산 비용을 절감하기 위해 국내 노동자들을 대량 해고하고 저임금 국가에서 일부 부품을 생산한다. 노동자의 입장에서는 국제 경쟁으로 인해 해고당하는 것과 신기술 보급으로 해고당하는 것은 그 의미가 다르다. 1990년대의 세계화 물결이 3차 산업혁명과 거의 동시에 일어났고, 3차 산업혁명으로 인해 세계화가 촉진되었다는 사실을 감안하면 그 둘을 따로 떼어놓고 생각하기는 더 어려워진다.

이것이 국제 무역이 작동하는 방식이라는 점을 짚고 넘어가야 할 필요가 있다. 이는 오류가 아니라 특징일 뿐이다. 두 국가 사이에 국제 무역이 없는 상황을 한번 생각해 보라. 아무리 비효율적이더라도 모든 것이 국내에서 생산된다고 상상해 보라. 예를 들면, 모든 국가는 스스로 자동차를 생산해야만 할 것이다. 그리고 음식은 국내에서 재배되는 식재료로 만들 수 있는 종류의 음식만 먹게 될 것이다.

여러 국가들은 모두 다른 상황에 처해 있다. 저마다 다른 천연자원과 다른 노동력 등을 보유하고 있다. 그에 따라 그들 사이의 무역 가능성을

제2의 불확실성의 시대

타진할 때 각국은 그들이 가장 잘하는 분야를 특화하고 상대 무역국의 소비자들이 구입하기를 원하는 것을 공급하기 위해 무역을 결정할 수 있다. 예컨대, 한 국가가 자동차 생산에 필요한 모든 원자재를 보유하고 있어 자동차 생산을 특화한다면, 다른 국가는 완벽한 토질과 기후를 감안해 와인 생산을 특화해 서로 무역을 하는 것이다.

무역이 시작되면 현장에서 벌어지는 일은 비효율적인 고비용의 국내 기업이 외국 기업 때문에 업계에서 퇴출되는 위험에 처하게 된다. 예를 들어, 자동차와 와인을 둘 다 생산하는 두 국가가 무역을 시작하게 되면 한쪽 국가는 자동차 업계 노동자들이 일자리를 잃게 되고 또 상대 국가에서는 와인 업계 노동자들이 일자리를 잃게 되는 것이다. 일자리에서 밀려난 국내 노동자들은 새 직장을 구하면서 당분간은 실업 상태에 놓이게 될 것이며, 그 결과 소득 불평등은 증가하게 된다. 같은 이유로 자동차나 와인의 수출을 따내는 국내 기업은 성장하게 된다.

이론적으로는 효율성이 떨어지는 국내 기업에서 밀려난 노동자들은 그들의 기술이 이전 가능하다는 것을 전제로 효율이 높은 성장하는 국내 기업에 취직할 수 있다. 하지만 이런 일은 실제로는 쉽게 일어나지 않는다. 그보다는 효율성이 떨어지는 국내 기업이 외국 기업과 경쟁하려고 함에 따라 그 과정에서 해당 부문의 국내 임금이 낮아져 정부가 압박 받고 있는 생산업체들을 구제하려고 하는 기간이 길어질 수 있을 것이다. 새로운 균형점을 찾기까지는 오랫동안 모든 것이 정리되지 않은 고통스러운 과정을 거쳐야 할 수 있다. 소득 불평등의 최종 결과는 와인 노동자 대비 자동차 노동자의 상대적 임금에 따라 달라질 것이다.

무역협상가들은 분야별로 이와 같은 조정 과정에서 복잡한 사항들을 논의하는 데 많은 시간을 쏟는다. 그래서 양국 사이의 협상이 그토록 오랜 시간이 걸리고 무역 협정이 성사되는 경우가 드문 것이다. 무역 협정이 성사되면 기업들에게는 협정을 시행하기까지 몇 년간의 조정 기간이 주어진다. 그러니 세계 무역 기구(World Trade Organization)의 모든 회원국들이 회의 석상에서 공유된 사안에 대해 합의점을 찾으려 할 때 그 과정이 얼마나 복잡할지 한번 상상해 보라.

무역을 하는 양국의 소비자들이 모든 상품에 대해 더 낮은 가격을 지불하게 될 것이라는 해석은 국제 무역의 가장 중요한 이점을 놓치고 있는 것이다. 양국의 사례로 돌아가서 살펴보면, 무역이 허용되기 전에는 양국의 소비자들이 구입한 모든 상품이 비쌌다. 국내의 효율적인 기업들조차 규모가 더 컸더라면 생산 비용을 절감하여 소비자 가격 또한 더 낮출 수 있었겠지만 그렇지 못했다. 비효율적인 기업들은 가격이 비싼 상품을 생산하고 있었다. 그리고 많은 상품들은 다른 나라에서 생산이 되고는 있었지만 무역이 없었기 때문에 구할 수가 없었다.

무역 자유화가 대중에게 어떤 의미를 가지는지 이해하기 위해서는 이와 같은 가격 효과를 알아야 할 필요가 있다. 국제 무역이 시작되면 국내의 효율적인 기업은 규모가 커지고 그 결과 훨씬 더 효율성이 높아진다. 이는 곧 소비자 가격의 하락으로 이어진다. 효율성이 낮은 기업은 퇴출되고 그들이 생산했던 상품은 효율성이 높은 외국 기업으로부터 수입한 가격이 저렴한 상품으로 대체된다. 그 외국 기업은 무역으로 인해 성장하고 결과적으로 효율성은 더 높아진다. 양국의 소비자들은 모든 상품을 더 낮은 가격에 살 수 있게 되고 그렇게 해서 실질적으로 더 부유해진다. 국내 상품이든 수입 상품이든 소비자가 구입하는 상품의 가격이 하락하면 그들은 지출할 돈이 남는다. 그래서 그 돈을 여러 다양한 곳에 지출할 수 있게 된다. 따라서 양국 경제의 전 부문이 확대되고 새로운 일자리가 창출된다.

무역 자유화는 양국 모두의 노동자와 소득 불평등에 확실한 영향력을 행사하며 떠오르는 기업과 퇴출되는 기업을 만들어낸다. 경제학 용어로는 이를 '대체 효과(substitution effect)'라고 부르며, 그것의 복잡성으로 인해 무역 협상이 난항을 겪게 되기도 한다. 이것이 바로 국제 무역 개방으로 피해를 입게 될 당사자들을 위해 일각에서 무역 자유화에 대해 반대 입장을 펼치는 이유이기도 하다. 국제 무역으로 인해 영향받는 개인들이 어려움을 겪게 될 것은 분명하지만 사회적으로 널리 알려져 있는 무역 자유화의 거시경제적 이점이 그 사실을 축소시키고 있다. 두 국가의 상품 조달 능력이 확대되고 구매력이 향상되는, 경제학에서 말하는 '소득 효과(income effect)'가 나타나기 때문이다. 소득 효과가 무역 협상이나 식사 자리에서의 토론에 거의 등장하지 않는다는 사실이 한탄스럽다. 소득 효과는 더 중요한 채널임에도 불구하고 추적이 훨씬 더 어렵고 그것이 국제 무역의 결과라는 사실을 증명하기가 어렵다.

한 국가는 자동차를 수출하고 또 다른 국가는 와인을 수출하는 두 국가의 사례로 다시 돌아가 보자. 양국에서 자동차와 와인의 가격이 둘 다 떨어지면 소비자들은 더 많은 구매력을 가지고 남은 돈을 주택 구입 및 개조, 외식, 의류 쇼핑, 여행 등 다양한 분야에 지출할 수 있게 된다. 유감스럽게도 새로운 일자리(주택 건설과 관리, 그리고 식당 등에서 창출된)가 실제로 늘어난 자동차와 와인 무역에서 발생했다는 주장을 받아들이는 사람은 별로 없지만 그것은 사실이다. 무역으로 촉진된 구매력 증가가 일자리 창출의 원인으로 작용하는 것이다. 그러나 무역에 관해 공공연하게 벌어지는 논쟁의 초점은 한 국가에서 자동차 제조업에서 밀려난 사람들과 상대 국가에서 와인 제조업에서 밀려난 사람들이 되기가 쉽다.

그렇다면 무역이 어떻게 소득 불평등에 영향을 미치는 것일까? 이는 매우 복잡한 문제다. 자동차 부문의 일자리에서 밀려난 노동자는 그 일자리에 다시 취직할 수는 없을 것이다. 그 경우 소득 불평등은 분명히 커진다. 혹은 직장을 잃은 자동차 제조업의 노동자가 어쩌면 더 높은 임금을 받고 주택건설업에서 전기 기술자로 일하게 될 수도 있을 것이다. 그렇다 하더라도 그 전기 기술직 일자리가 생겨난 것이 새로 시작된 국제 무역에서 비롯된 전반적인 소득 증가 덕분이라고 인정하는 이는 거의 없을 것이다. 사실 무역에 반대하며 모든 국가가 자국의 자동차를 직접 만들어야 한다고 주장하는 것은 마치 자신이 먹을 채소를 각자 재배하고 머리도 직접 자르고 옷도 직접 드라이클리닝해야 한다고 주장하는 것과 마찬가지이다. 이러한 일들을 모두 스스로 한다면 정작 내가 전문으로 하는 일을 할 시간이 없을 것이다. 따라서 경제적 가치를 창출하는 우리의 능력을 개발하지 못하게 될 것이다.

오늘날 우리가 누리고 있는 높은 구매력이 일반적으로 국제 무역 협정에 따라 결정된다는 사실은 잘 알려져 있지 않다. 사람들은 국제 무역을 통해 벌어들이고 있는 소득에 타격을 입힐 무역 제한 조치가 시행된다 할지라도 이러한 번영이 당연히 지속될 것이라 생각한다. 무역 제한 조치가 시행될 경우 (결국에는 훨씬 더 중요한 문제가 될 수밖에 없는) 과거의 소득 효과가 사라지는 문제는 간과한 채 여느 때와 마찬가지로 모든 관심은 대체 효과로 쏠린다. (많은 이들은 무역 제한 조치가 고전하는 자국 기업의 회생을 돕기 위한 것이라 믿고 있다.)

구체적인 예를 통해 생각해 보자. 해외에서 제조되는 가전제품에 관세를 부과해 기업들이 해당 제품의 생산 시설을 국내로 들여오게 한다면 국내에 어느 정도 일자리가 창출되는 효과를 가져올 수는 있을 것이다. 하지만 그렇게 되면 모든 가정의 가전제품 가격 또한 상승하게 될 것이다. 그에 따라 모든 이들의 구매력은 감소하고 다른 여러 경제 부문에서 실업이 발생하게 될 것이다.

이 사례는 지극히 단순화한 이야기다. 실제 세계에서 문제는 더욱 복잡하다. 기업들은 세계화 추세 속에서 전문성을 키우고 모든 제품의 생산 비용을 절감할 수 있게 되었다. 심지어 우리가 구매하는 상품의 아주 작은 부품 하나에 이르기까지 말이다. 이는 생산성과 수익성 증대로 직접 이어진다. 상품과 부품은 전문가가 있는 곳이라면 어디에서든 만들어지며 국제 무역, 즉 우리가 글로벌 공급망이라 부르는 시스템에 의해 연결된다.

세계화는 종종 양자택일의 문제가 된다. 이를테면 기업이 상품을 국내에서 생산할 것인지, 아니면 해외에서 생산할 것인지 선택하는 문제와도 같다. 실제로 상황은 이보다 훨씬 더 복잡하다. 하나의 상품은 수많은 부품들로 이루어져 있다. 그들 중 일부는 제조하기가 쉽다. 그것들은 기본적인 부품들로서 저임금 국가에서 훨씬 더 낮은 비용으로 생산하는 것이 가능할 것이다. 아주 단순한 부품이어서 적합한 품질을 얻어내기도 쉽고 그와 동일한 제품을 만들기 위해 국내에서 높은 임금을 지불해야 할 필요는 없는 것이다.

상품의 또 다른 부품들은 고숙련 노동자들이 특화된 자본 설비를 이용해 생산할 필요가 있을 것이다. 따라서 자연스럽게 국내에서 더 고임금 노동자들을 고용해 생산한다. 각각의 부품에 대한 자본집약도도 영향을 미친다. 어떤 부품이 아주 소수의 노동자들이 기계로 만든 것이라면 공장이 세계 어디에 위치해 있든 그 비용은 거의 동일할 것이다. 정부가 노동 집약적인 작업을 임금이 더 높은 자국으로 불러들이도록 만든다면 기업은 높아진 노동 비용을 노동 생산성으로 정당화할 수 있도록 더 자본집약도를 높이려 할 것이다. 다시 말해서 그런 행보를 강제함으로써 대다수의 사람들이 기대하는 것보다 더 적은 일자리가 창출될 것이다.

공급망을 최적의 조건으로 할당하는 것은 복잡한 문제이며, 최적의 국가에서 최적의 임금 수준으로 필요 생산성과 기술 수준을 충족시켜야 한다. 하지만 어떤 공급망도 이러한 조건을 모두 충족하기에는 취약하다. 저임금 국가가 무역에 성공해 생활 수준이 향상되면 저임금 국가에 계속 머물러 있지 않을 수도 있다. 즉, 그 국가의 가치 사슬이 상승할 수도 있다. 그렇게 되면 국내 기업들은 그들의 공급망에서 노동집약적인 부분을 담당할 더 임금이 낮은 국가를 물색할 것이다. 또한 그것을 계기로 공급망의 일부를 해외에 두는 것의 비용적 이점이 크게 감소했다는 사실을 깨닫게 되어 그 부분을 다시 국내로 들여오는 방안을 검토하게 될 수도 있다. 이를 제조업의 본국 회귀, 즉 '리쇼어링(reshoring)'이라 한다.

글로벌 공급망은 실제로 어떻게 작동하는가

여러 부품들이 아주 복잡하게 조합되어 있는 스마트폰을 생각해 보자. 어떤 부품들은 다른 부품들보다 제조가 더 쉽다. 그중 가장 복잡한 것은 소프트웨어다. 편의상 단순화해서 일부 부품들은 고등학교를 졸업한 노동자들이 생산할 수 있고 또 다른 부품들은 대학을 졸업한 노동자들, 그리고 몇 개 부품은 그보다 더 전문적인 노동자가 생산할 수 있다고 가정해 보자. 기업 입장에서는 모든 부품을 빠짐없이 고임금 노동자들에게 생산하도록 하는 것은 말이 안 되는 일일 것이다. 그보다는 각각의 부품을 가장 잘 생산할 수 있는 기업을 해외에서 물색할 것이다. 가장 저렴한 가격과 높은 품질을 제공하는 업체를 선택해 각각의 부품 생산을 위탁할 것이다. 기술력과 임금, 구성 부품 등 모든 조건이 맞아떨어지는 방향으로 상품 생산을 분화하는 것이다. 그렇게 공급망이 제대로 갖추어졌을 때 기업은 최종 조립 공장에 부품 공급이 차질없이 이루어지도록 할 수 있게 된다. 이는 간단한 일이 아니다. 예컨대, 애플의 글로벌 공급망은 40개국 이상에 걸쳐 있다.

선진국에서는 고등학교를 졸업한 노동자가 저가 부품 생산 부문에서 경쟁력을 지니기가 어려울 것이다. 시간이 흐르면서 사회적 압박과 최저임금제, 또는 그 밖의 제약들로 인해 다른 나라의 고졸 노동자들보다 더 임금이 높아졌기 때문이다. 이 국내 노동자들은 대형 스마트폰 기업이 많은 공정(비록 더 많은 비용이 들지만 국내에서도 할 수 있는 작업들)을 해외에서 진행하고 있는 것에 항변한다.

해외 위탁 생산은 500달러짜리 스마트폰과 1,000달러짜리 스마트폰 사이의 차이를 만들어내며 그 결과 그 기업이 판매할 수 있는 스마트폰의 판매 가능 수량과 창출할 수 있는 일자리의 수에 지대한 영향을 미치게 된다. 실제로, 그 기업이 만약 국내 노동력을 사용해 1,000달러짜리 스마트폰을 생산할 것을 고집한다면 해외의 경쟁 기업은 글로벌 공급망을 구축해 500달러짜리 스마트폰을 생산해 국내 기업을 파산하게 만들 수도 있을 것이다. 일부 소비자들은 국내 생산 제품을 구입할 것을 권유받기도 한다. 특히 정부가 관세를 부과해 해외 생산 스마트폰의 가격이 1,000달러가 되는 경우 더욱 국내 생산 제품의 구입을 고려하게 된다. 그런 경우라 하더라도 국내 기업은 스마트폰이 500달러일 때 판매할 수 있는 수량보다 1,000달러일 때 훨씬 더 적은 수량을 판매하게 되어 일자리 창출도 그만큼 적어질 것이다. 이는 또한 1,000달러짜리 스마트폰을 구입한 국내 소비자들은 다른 부문에서 500달러만큼 덜 지출하게 된다는 의미이기도 하다. 이와 같은 맥락에서 기업들에게 제품의 자국 생산을 늘릴 것을 권고하는 정책들이 일반적으로 모든 경제 부문에서 일자리를 감소시키는 역효과를 낳게 되는 것이다.

해외에서 위탁 생산을 하는 사례에서도 고임금을 지불해야 하는 많은 작업들은 국내에서 이루어진다. 관리, 디자인, 기술, 마케팅, 소프트웨어 개발, 그리고 고급 기술이나 특수한 자본 설비가 필요한 가장 복잡한 부품의 생산 등이 그에 해당한다. 이는 설사 많은 저임금 일자리가 해외에서 창출된다 할지라도 그 기업에 의해서 발생하는 소득의 가장 큰 부분이 지역 경제를 활성화하는 데 쓰이게 된다는 의미이므로 긍정적인 일이라 할 수 있다. 그 고소득은 대부분 국내에서 소비되며 모든 부문의 일자리 창출에 도움이 된다.

그럼에도 불구하고 수익성 높은 그 기업이 가장 눈에 띄게 영향을 미치는 부분은 국내의 저숙련 노동자들이 외국의 저임금 노동자들에게 일을 빼앗기고 있다는 점일 것이다. 이 노동자들은 다른 분야로 밀려난다. 어떻게 해서든 저성장 트랙에서 고성장 트랙으로 이동할 수 있는 길을 찾으려 노력한다. 경제에 작용하는 영향력이 지속적일 경우(약 30년 동안 지속적으로 진행 중인 세계화가 이에 해당할 것이다), 밀려난 노동자들이 저성장 트랙으로 흘러들어가는 흐름은 꾸준히 있을 것이며, 그들이 고성장 트랙으로 이동하기 위해 노력함에 따라 노동 시장에는 끊임없이 이직이 발생할 것이다. 그리고 저성장 트랙에서 벗어나지 못하는 사람들은 항상 존재할 것이다. 그들은 고성장 트랙으로 이동할 수 없으므로 생존을 위해 다양한 저임금의 일자리를 전전한다. 그에 따라 많은 사람들이 가장 높은 상위 트랙으로 이동한다 할지라도 조정 과정 중 소득 불평등은 증가할 가능성이 매우 높다. 조정이 이루어지는 데에는 오랜 시간이 걸릴 수 있다. 크게 성공한 국내 기업이 소득 불평등을 심화시키는 데 기여했다는 사실을 보여줄 뚜렷한 근거는 존재한다. 그러나 국내 총수입과 지출, 일자리 창출에 기업이 전반적으로 영향을 미쳤다는 점을 인정받은 적은 거의 없었다.

그럼에도 불구하고 기술 진보와 세계화가 개인에게 중요한 의미를 가지는 소득 불평등 증가에 기여했다는 점에 대해서는 의심의 여지가 없다. 공격적인 해외 위탁 생산을 행하고 있는 많은 다국적 기업들을 거느리고 있는 선두 경제국은 미국이다. 경제협력개발기구(Organization for Economic Co-operation and Development(OECD))에서 발표한 자료에 따르면 미국은 선진 OECD 국가들 중 소득 불평등이 가장 심각한 국가들 중 하나이기도 하다. 이것을 측정하는 방법은 지니계수이다. 지니계수는 완전한 평등에서 벗어나는 편차를 0에서 1 사이의 척도로 나타내준다. 0은 소득 분배가 완전히 평등한 상태를 나타내며 1은 완전히 불평등한 상태를 나타낸다.(이론적으로 한 개인이 모든 소득을 받는 것으로 가정한다.) 북유럽 국가들은 평등한 소득 분배 측면에서 세계 최고라 할 수 있다. 그들은 지니계수로 평균 0.26-0.28로 측정되고 있으며, 미국의 경우 0.40을 약간 밑도는 수준이다. 터키, 칠레, 멕시코, 남아프리카는 지니계수가 0.40보다 더 높아 미국보다 소득 불평등 정도가 훨씬 더 높은 것으로 나타났다. 남아프리카의 경우는 0.60을 넘어섰다. 미국의 지니계수는 북유럽 국가들에 비하면 약 40% 더 높으며, 독일, 프랑스, 캐나다에 비하면 30%가량 더 높은 수치다. 영국의 지니계수는 미국보다 약 10% 낮았고, 일본의 지니계수는 미국보다 약 15% 낮았다. 어느 한 시점에 다른 국가들보다 진보적이지 못한 소득 분배 수준을 보인다는 것과 소득 불평등이 시간이 지남에 따라 점점 더 심각해진다는 것은 별개의 문제다. 미국의 지니계수는 과거 10~15년 사이에 약 8% 상승했다.

정부 정책들은 기술 발전과 세계화에도 불구하고 소득 불평등의 심화를 꽤 잘 막아낼 수 있다. 그 원리는 로빈후드의 전설만큼이나 오래된 것이다. 미국의 지니계수가 상승해온 반면 캐나다의 지니계수는 동일한 시기에 약 5% 하락했다는 점은 주목해야 할 부분이다. 이 부분만 관측해 보더라도 두 국가가 처해 있는 다른 정치적 상황을 설명하는 데 도움이 될 수 있다. 캐나다는 주요 경제국들 중 가장 진보적인 조세제도를 시행하는 국가 중 하나다. OECD의 보고서에 따르면, 캐나다에서는 자녀가 두 명인 외벌이 가정의 평균 임금과 양도소득세를 포함해 모든 소득을 포함한 소득세율은 2.4%에 불과하다. 이에 비해 미국은 소득세율이 12.2%이다. 매우 평등주의적인 스웨덴은 17.8%이며, 덴마크는 25.2%인 것으로 나타났다. 캐나다에서는 소득 수준이 가장 낮은 이들을 위해 소비세 환급과 가족 수당 제도를 통해 사실상 마이너스 소득세를 부과한 셈이었다. 하지만 이 상황은 지난 10년 사이에 크게 달라졌다. 2010년 캐나다는 소득세율이 8.1%였고, 그에 비해 미국은 11.2%였다. 다시 말하자면, 캐나다는 소득 수준이 가장 낮은 이들의 순소득 상황이 크게 개선되었고, 미국에서는 아주 조금 악화되었다는 뜻이다.

그렇다 하더라도 지역과 상관없이 사람들은 소득 수준이 가장 높은 이들의 소득 증가율이 가장 두드러지며 그에 비해 자신들의 임금은 항상 정체되어 있다고 인식하고 있다. 금융 분야만큼 이를 분명히 보여주는 분야는 없을 것이다. 그래서 이것이 아마도 미국과 영국이 가장 편향된 소득 분배를 보이는 이유 중 하나일 것이다. 기본적인 국제 경제 모델에 따르면, 정체된, 혹은 하락하는 임금은 저숙련 노동자들이 해외 노동자들과의 경쟁에 새롭게 노출되면서 나타난 결과라 볼 수 있다.

이와 같은 상황을 해석하는 또 다른 방법은 기업 내에서 소득 수준이 어떻게 갈리고 있는지 살펴보는 것이다. 과거 1960년대에는 최고경영자가 회사 내에서 가장 연봉이 낮은 노동자보다 10~15배 높은 연봉을 받는 급여 체계를 가지고 있는 기업을 흔히 찾아볼 수 있었다. 특히 스톡옵션이 고위 관리들에게 주어지는 인기 있는 보상 수단으로 떠오르면서 기업 내에서의 소득 격차는 꾸준히 상승하는 추세를 보였다. 그 결과, 1980년대 후반에 그 격차는 40배에 도달했고 현재는 200배 이상에 날한다.

정치는 변동성을 증가시킨다

당연하게도 끈질기게 작동하는 경제 요인들은 선진 경제국에서 불만을 낳게 되고 이는 정치인들의 관심을 사로잡기 마련이다. 오늘날에는 소셜미디어의 증폭 효과가 이러한 사안들을 정치 문제로까지 확대시켜 준다. 시장 원리가 궁극적으로 모두에게 이롭게 작용한다는 전형적인 경제학 자들의 말은 그것의 직접적인 영향을 받고 있는 사람들에게는 일종의 사이비 종교의 교리처럼 들릴 수 있다. 캐나다 전 총리 스티븐 하퍼(Stephen harper)는 2018년에 출간한 그의 책 〈바로 여기, 바로 지금(Right Here Right Now)〉에서 '글로벌주의자'와 '지역주의자'로 나뉘는 정치적 양극화 속에서 긴장이 고조되고 있다고 썼다. 이른바 '이동자(글로벌주의자)'와 '고착자(지역주의자)'로 양분되고 있다는 것이다. '고착자들'은 기술 진보와 무역의 피해를 가장 많이 입고 그들의 지역사회에 의존하고 있으므로 '이동자들'처럼 그렇게 큰 변화에 적응할 수가 없다. 비슷한 맥락에서 경제학자이자 작가인 제프 루빈(Jeff Rubin)은 2020년 동명의 저서에서 이 지역주의자들을 '소모 계층'이라고 지칭했다. 이 책의 핵심은 불평등 심화의 책임을 누군가에게 돌리려는 것이 아니라 그것이 정치 양극화를 불러올 가능성이 매우 높다는 사실을 지적하고자 함이다. 실제로 민주적 절충의 개념은 거의 사라져가고 있는 듯 보인다.

재분배 정책에 방점을 두지 않는 국가들에서 가장 먼저 심각한 정치 양극화와 포퓰리즘이 등장했지만 세계적인 추세가 그런 방향으로 바뀌고 있는 듯하다. 몇 가지 실례를 들자면, 2016년 도널드 트럼프의 미국 대통령 당선, 유럽 의회에서 포퓰리스트와 반이민 주의 정당들이 점차 우세해진 것, 그리고 브렉시트 운동까지도 모두 이에 해당한다. 모든 요인들을 고려해볼 때, 세계화에 대항해 지역 중심적인 입장을 취하는 방향으로의 전환은 설사 의도치 않은 결과를 불러올 가능성이 있다 해도 해명이 가능한 부분이다. 단순히 트럼프가 대통령직에서 물러났다고 해서 이와 같은 변화를 불러온 경제적 토대가 사라지지는 않을 것이다. 지각 변동 요인들이 더 중요해짐에 따라 정치 양극화는 더욱 심각해질 것이다.

유라시아 그룹(Erurasia Group)의 설립자인 이안 브레머(Ian Bremmer)는 다가올 미래를 'G 제로 세상'이라고 부른다. 이는 글로벌 리더십이 줄어들고 나라들은 저마다 자국의 주요 관심사에 더 집중하며 국제 관계는 더 경쟁적으로 흐르는 세상이다. 그 결과 중 하나로, 세계의 미래에 대해 통찰력 있는 판단을 내리기 위해 기획된 G7과 G20과 같은 협력적 국제 포럼이 그 중요성을 잃어버리게 될 것이다. 한편 소셜미디어가 의견을 확산시키고 반향을 불러일으키고 정치 양극화를 부채질함에 따라 국내 정치에서 합일점을 찾기가 더욱 어려워지고 있다. 좋은 정책들은 발전시켜 시행하기가 극도로 어려워질 것이다. 특히 단기적으로 일부 개인들에게 부정적인 결과를 가져올 수 있는 성장을 강화하는 구조 개혁인 경우 더욱 그럴 것이다.

더 자국 중심적으로 정책의 방향이 바뀌고 있는 세계적 추세는 과거에 누렸던 세계화의 혜택을 뒤집게 될 위험성을 가지고 있다. 무역 제한 조치는 생산성 향상에 크게 기여한 생산 전문화에 직접적인 피해를 입히게 될 것이다. 무역이 제한된 세계에서 경제 성상은 특성한 인구 성상률을 보일 때 더욱 둔화할 것이다. 반세계화로 인한 손실은 국가마다 다른 형태로 나타날 것이다. 무역과 공급망 의존도가 가장 높은 국가들이 가장 큰 피해를 입게 될 것이다. 상대적으로 폐쇄적인 경제를 꾸렸던 국가들은(그중에서도 큰 국가들) 피해를 덜 받을 것이다.

아주 취약한 경제국들은 반세계화로 인해 즉각적인 생산성 상실과 국가 소득 수준의 감소를 경험하게 될 것이다. 경제의 여러 부문에서 효율성이 떨어지게 되면 결국 전반적으로 경제 성장은 둔화할 것이다. 반세계화는 경제를 끌고 가는 기계에 모래를 던지는 행위와도 같다. 더 크고 무역 의존도가 낮은 국가에서도 동일한 효과가 나타나겠지만 순수 국내 경제의 규모가 훨씬 더 크기 때문에 아마도 반세계화의 영향이 두드러지게 나타나지는 않을 것이다. 낮은 경제 성장률의 경제로 이행한다는 것은 기업들이 글로벌 공급망을 해체하고 공급망을 재구축해야 하며, 기존의 주식 자본을 파기하고 새로운 주식 자본을 축적함으로써 이전보다 더 적은 수익을 창출하는 것을 의미한다. 우리는 느린 성장 추세의 더 낮은 글로벌 소득 수준에 적응하기까지 느린 경제 성장에 적응하는 기간을 연장할 수도 있을 것이다. 즉, 창조적 파괴가 아닌 비창조적 파괴를 경험하게 되는 것이다.

그러나 반세계화의 가장 큰 영향은 소비자들에게 돌아가게 될 것이다. 소비자는 무역을 통해 저렴한 가격에 더 다양한 상품들을 선택할 수 있었고, 그로 인해 실질 구매력이 증가했다. 이것이 국제 무역을 통해 얻어지는 대부분의 이득이 전달되는 경로다. 그러나 무역 제한이나 관세 부과를 통한 반세계화는 그와 정반대의 효과를 가져온다. 소비자들의 구매력을 크게 감소시키는 결과를 가져온다. 가장 직접적인 영향은 국내 소비자들이 항상 지불해야 하는 관세이다. 소비자들은 관세가 얼마나 붙는지 직접 확인하기 어렵겠지만 말이다. 이런 이유로 무역 개방에 반대하는 입장을 취하는 정치인들의 말이 설득력을 얻게 되는 경우가 많다. 그들이 국내의 일자리를 보호하는 주장을 펼치기 때문이다. 그러나 그들은 모두가 더 높은 대가를 치러야 한다는 언급은 항상 빠뜨린다.

지속적인 소득 불평등의 증가는 우리의 경제 체제에서 기인한 것이다.

거기에 기술 발전과 세계화가 더해져 촉진된 것이다. 이 추세로 인해 정치 양극화 현상이 자연스럽게 나타나면서 소득 불평등 문제를 해결할 합의점에 도달하는 것이 더 어려워지고 있다. 코로나19 팬데믹은 이 지각 변동에 대한 해결책을 찾는 일이 시급하다는 점을 다시 한번 상기시켰다.

오랜 역사에 걸쳐 소득 불평등은 증가와 감소를 거듭하며 변동을 겪었다. 과거에는 소득 불평등이 최고조에 다다르면 그것은 경기 불황으로 인한 것이었다. 그래서 고용주에 의해 자발적으로 시작되든 정부 정책이나 노동조합의 압력에 의해서든 소득 불평등이 감소할 수 있는 조건이 조성되었다. 그러한 전환점들은 지각 변동 작용에 의해 나타날 수 있는 일종의 경제 및 금융 불안정의 사례이다. 소득 불평등 문제를 해결하고자 하는 정치적 압박이 심화함에 따라 세계는 이제 변곡점에 거의 도달해 있는 듯하다. 그렇지만 이 문제에 대한 합의에는 도달하기 어려울 것이며, 분배 문제를 개선하기 위한 타협안들은 총 국민소득이 감소하는 위험을 감수하는 정책들이다. 더욱이 정치인들이 소득 격차를 줄이기 위해 즉시 행동에 나선다 하더라도 4차 산업혁명의 전개는 앞으로 몇 년 동안 소득 불평등 추세를 다시 악화시킬 것이라는 점을 이해하는 것이 중요하다.

소득 불평등이 심화할 때면 예외 없이 부채도 함께 증가했고, 그래서 이제 네 번째 지각 변동 요인으로 그 문제를 다뤄보려 한다.

5장

The Next Age of Uncertainty

늘어나는 부채

회상: 소박했던 어린 시절

어린 시절 나는 학교생활을 곧잘 했다. 학업 성적도 좋았고 우등상을 받기도 했다. 나는 영리해서 내게 부족한 여러 재능을 벌충하기 위해 열심히 공부했다. 물론 운동 면에서는 축구를 조금 했고 비록 실수투성이이긴 했지만 소프트볼을 조금 할 줄 아는 것 외에는 활동 기록표에 적을 것이 거의 없었다. 부모님은 내가 학업상 부족한 점들을 특히 까다롭게 지적했고 성적이 잘 나왔을 때 지나치게 칭찬을 많이 해주지 않으려고 각별히 신경 썼다. 다시 말해서 부모님은 탁월함을 추구하고 겸손한 태도를 견지하도록 나를 양육한 것이다.

자연스레 나는 학업에 열중하게 되었다. 우리 가족들이 살았던 것보다 더 부유한 삶을 영위하고자 하는 열망 때문이었다. 솔직히 나는 공부만 하는 샌님이었다. 그리고 그 역할이 썩 잘 어울렸다. 친구들이 모두 머리를 기르는 사회적 분위기 속에서 몇 년이 흐르고 난 뒤인 1969년이 되어서야 군인들이 하는 짧은 헤어스타일에서 벗어났다. 내가 사회를 바라보는 시각은 부모님의 영향을 받아 형성되었다. 부모님은 우리 가족의 주치의와 치과의사를 경제 피라미드의 최상단에 올려놓았다. 나는 충분히 똑똑하고 아주 열심히 공부하고 학교를 오래 다니면 가정의나 치과의사가 되어 큰 수입을 벌 수 있을 것이라 추측했다. 오샤와 북쪽 끝에서 살 수 있을 만큼 충분히 많은 수입 말이다.

나는 친가와 외가를 통틀어 최초로 대학에 진학한 인물이 되었다. 퀸스 대학교에서 장학금을 받으며 공부했고 고등학교 시절 세 개의 아르바이트를 견뎌내며 모아둔 수입으로 생활했다. 나는 방과 후와 토요일이면

삼촌의 수영장 공사 회사와 건설 현장, 그리고 오샤와 센터에 있는 이튼 백화점 음반(오늘날에는 레코드판이라고 부르는 것) 파트의 종업원으로 일했다. 그리고 토요일 밤에는 결혼 피로연과 컬링 시합 등의 여러 모임에서 디스크자키로 일하는 나만의 아르바이트가 있었다. 토요일 밤에는 디스크자키를 하기 위해 사실상 주말마다 킹스턴에서 오샤와까지 차를 몰고 가서 이 일을 열다섯 살 때부터 퀸스 대학을 다니는 내내 계속했다.

1974년에 퀸스 대학에 들어갔을 때 나는 오로지 의사가 되겠다는 일념으로 공부했다. 첫 번째 단계는 이후 진로가 확실한 생명과학 수업을 최소 2년 동안 수강하는 것이었다. 1학년 때 생물학, 화학, 물리학, 수학을 수강하고 한 과목은 원하는 과목을 선택해서 수강할 수 있었다. 하지만 내 마음속에는 오직 한 길밖에 없었기 때문에 도무지 어느 과목을 선택해야 할지 몰랐다. 나는 수학 수업을 하나 더 신청하는 것을 고려하고 있었는데 개강 후 첫 주에 한 친구가 재미 삼아 경제학 수업을 들어볼 것을 권했다.

그것은 아마도 내가 지금껏 받아들인 조언 중 가장 훌륭한 조언이었다. 나는 경제학과 사랑에 빠져버렸다. 경제학은 세상이 어떻게 작동하는지 이해할 수 있게 해주고 모든 사람들이 더 잘 살 수 있도록 만드는 정책을 고안할 수 있게 도와주는 힘을 가지고 있었다. 의사처럼 한 번에 한 명씩이 아니라 모든 이들을 한꺼번에 더 풍요롭게 만들 수 있다고 상상해 보라. 나는 캐나다 중앙은행의 역할이 무엇인지 알게 되었고 그 즉시 그 일에 매료되었다. 나는 은행에서 일하고 싶었고 언젠가는 은행을 직접 운영해보고 싶었다. 어린 나이에 그렇게 구체적인 비전을 가지고 그 비전을 거의 40년 후에 실현해내는 젊은이는 드물다. 물론 내가 걸어온 길이 직선

로였던 것은 아니었다.

　매사에 조심스러웠던 나는 퀸스 대학 2학년 시절 여전히 의대에 지원하기 위해 필요한 과목들을 수강했다. 그러나 전공은 생명과학에서 경제학으로 바꾸었다. 3학년이 되면서 나는 경제학자가 되어야겠다는 생각에 완전히 마음이 쏠렸다. 그리고 의대에는 지원하지 않았다. 의대 포기로 나는 부모님에게 엄청난 실망을 안겨주었다.

　나는 1971년 10학년 지리 수업에서 나의 바로 앞 자리에 앉아 있었던 한 젊은 여성과도 사랑에 빠졌다. 발레리와 나는 내가 퀸스 대학에 재학 중이었던 1976년에 결혼했다. 발레리는 한 은행의 고객 서비스 부서에서 근무하고 있었고 (내가 거의 매주 토요일마다 했던 DJ 아르바이트와 여름방학 동안 했던 아르바이트를 통해 번 수입과 장학금을 포함해) 그 덕분에 내가 퀸스에서 남은 학년을 마치고 웨스턴 온타리오 대학교에서 석사 학위 과정을 밟을 수 있었다.

　퀸스 대학교 4학년 시절 발레리와 내가 TV에서 드라마 〈댈러스(Dallas)〉를 보고 있을 때 전화 벨이 울렸다. 학부 논문 지도 교수였다.

　그는 매력적인 영국 액센트로 빽 내지르듯이 말했다. "스티브, 도널드 고든 센터에서 지금 당장 만나야겠네."

　"무슨 일이세요, 교수님?" 나는 TV 속에서 허튼소리를 해대는 J.R. 유잉에게서 눈을 떼지 못한 채 대답했다.

　"캐나다 중앙은행 사람들이 여기서 진행 중인 콘퍼런스에 참석차 와 있네. 그들에게 자네의 연구 주제에 대해 말해주었지. 자네의 연구 내용은 은행에서 하고 있는 대부분의 일이 쓰레기라는 걸 보여주고 있지 않나. 그랬더니 그 사람들이 당장 자네와 이야기를 하고 싶다고 하지 뭔가."

나는 그 말을 듣고 뜨끔했다. 내 연구는 사람들이 은행 계좌에 얼마나 많은 돈을 넣어두고 있는지 그 부조리함에 대한 것이었다. 예금 규모는 당시 캐나다 중앙은행이 정책을 설계할 때 고려하는 가장 중요한 판단 척도라 할 수 있었다. 하지만 나는 결코 캐나다 중앙은행의 연구원들이 한 일을 '쓰레기'라고 표현하지는 않았다. 나의 인자하신 교수님께서 약간 과장해서 표현했을 것임이 분명했다. 그 순간 어떻게 하는 것이 좋을지 망설여졌고 아마 교수님 눈에는 내가 충분히 열의를 보이지 않는 것처럼 보였으리라.

"뭘 망설이고 있는 건가? 빨리 양복으로 갈아입고 튀어 내려오지 않고!"

나는 재빨리 양복을 걸치고 넥타이를 맨 후 콘퍼런스 장소로 달려갔다. 그곳에서 캐나다 중앙은행 관계자 몇 사람을 만날 수 있었다. 그들 중 한 명은 익히 이름을 많이 들어봐서 알고 있는 사람이었다. 그는 아마도 내가 형편없는 것처럼 만들어버린 그 연구를 담당한 연구원 중 한 사람이었다. 나는 그들을 만나자마자 그들의 연구를 쓰레기로 만들었다는 인상을 지우기 위해 노력했다. 그들은 나를 앉혀놓고 30분 동안 질문 공세를 퍼붓고 나서 따로 연락을 주겠다고 말했다. 그리고 그 다음 주 월요일에 나는 일생일대의 여름방학 인턴 자리를 제안받았다. 훌륭한 멘토가 있는 굉장한 배움의 기회였다. 여름이 끝나갈 때 즈음 나는 대학원을 졸업한 후 캐나다 중앙은행에 일자리를 보장받았다. 캐나다 중앙은행과의 평생 이어질 인연이 시작된 것이다.

당시 캐나다 은행은 높은 인플레이션율을 안정화시키는 데 집중하고 있었다. 오늘날 대부분의 중앙은행들은 낮은 인플레이션율을 유지하는 것을 통화 정책의 핵심으로 여기고 있다. 인플레이션을 통제한다는 것은 경제 상황의 큰 변동에 맞추어 금리를 조정한다는 의미이다. 한 가지 긍정적인 부작용이라면 이러한 금리 조정이 경제 성장과 고용의 변동성을 줄여준다는 것이다. 그러나 예상치 못한 부작용도 있다. 부채 비율이 상승한다는 것이다.

지속적인 부채 누적

부채 누적은 우리 시대에 가장 많은 관심이 쏠리는 거시경제 주제 중 하나가 되었다. 모든 형태의 부채가 자업자득의 결과로 큰 불안을 낳으며 사상 최고치의 누적 기록을 갈아치우고 있다. 대다수의 관측자들은 부채 상승의 원인을 저금리에 돌린다. 이 말은 곧 중앙은행에 책임이 있다는 뜻이다. 그러나 2장에서 설명했듯이 그것은 잘못된 인식이다.

그렇다면 가계 부채부터 살펴보자. 가장 많이 인용되는 부채의 척도는 실질 가처분 소득 대비 부채 비율이다. 편리한 측정 기준이긴 하지만 이는 전체 경제에 대한 평균적인 부채 수준을 나타내며 전체 그림과는 거리가 멀다. 예컨대, 캐나다에서는 그 비율이 지난 20년 동안 지속적으로 상승해왔다. 2000년도에 117%였던 것이 거의 180%로 상승했다. 평균적으로 가계 실소득의 거의 2배에 해당하는 빚이 있다는 뜻이다. 가계의 절반 가량이 부채가 하나도 없다는 점을 감안해 부채가 있는 가계만 놓고 본다면 이 비율은 훨씬 더 높아진다. 게다가 이는 평균 수치이므로 부동산 가격이 특별히 상승한 밴쿠버나 토론토와 같은 도시에서는 훨씬 더 부채 비율이 높은 가구들도 많다.

OECD의 통계에 따르면 부채 비율이 상승하는 것은 캐나다만의 상황이 아니다. 호주는 200% 이상, 영국은 140% 이상 상승했고, 프랑스와 이탈리아, 스웨덴과 같은 국가들에서도 부채 비율이 크게 상승했다. 그러나 예외 역시 존재한다. 미국의 경우, 2000년대 초에 104%에서 144%로 상승했고, 그리고 난 뒤 세계 금융 위기 이후 약 105%로 크게 감소해 20년 전의 가계 부채 비율을 거의 동일하게 유지하고 있다. 이와 같은 반전은 캐나다와 호주처럼 부채 비율이 높은 국가들에게는 하나의 경종으로 받아들여질 수 있을 것이다. 독일은 2000년대 들어 한동안 부채 비율이 일정하게 유지되다가 2010~2020년 사이에 하락 추세를 보였다. 부채 비율 추이는 각 국가별로 나타나는 경제순환 주기에 달려 있으며, 국내 주택 시장 상황이 중요한 변수로 작용하고 있음이 분명하다.

두드러진 점은 소위 부채 비율이 높은 국가들은 모두 가계 순자산이 가처분 소득의 400%를 훨씬 웃돈다(많은 이들은 500%를 넘기도 한다)는 사실이다. 이것이 바로 단순히 부채 비율만을 가지고 판단해서는 안 된다는 것을 보여주는 증거라 할 수 있다. 지나치게 단순화하는 것일 수도 있지만 주택 가격이 높은 국가들이 가계 부채 비율이 높다고 볼 수 있다. 가계가 주택과 함께 담보 대출을 안고 있으므로 순자산 데이터에서는 높은 주택 가격이 상쇄되어 눈에 잘 띄지 않게 되는 것이다.

어찌되었든 가계 부채는 사람들의 삶 속에 깊숙이 자리잡고 지속적인 영향을 끼친다. 캐나다 연방 통계청에서 발표한 가장 최근의 자료에 따르면 65세 이상의 캐나다인들 중 약 57%만이 부채가 없는 것으로 나타났다. 10년 전에 그 수치는 70%가 넘었었다.

자동차 구입 자금 또한 부채 비율 상승에 크게 기여했다. 캐나다에서 자동차 대출은 7년 상환이 꽤 일반적인 것으로 여겨질 만큼 기간이 아주 길어졌다. 지불금은 정해져 있기 때문에 대리점에서 자동차를 구입하자 마자 자동차의 가치가 갑자기 절하되었다면 남아 있는 미지불 금액보다 가치가 떨어졌다는 것을 의미한다. 개인들은 대출 상환 기간이 만료되기 전에 새 차로 바꾸기를 원하는 경우가 많아 상환해야 할 잔금을 다음 대 출로 이월시키게 된다. 지난 20년 동안 모든 자동차에 대한 평균 주택 담 보 인정 비율은 23%에서 33%로 상승했고, 자동차 대출을 받은 가계가 차지하는 비중은 약 20%에서 30% 이상으로 상승했다.

OECD의 보고에 따르면 일반적으로 연간 수익 대비 미지불 부채 비 율로 측정되는 기업 부채도 우려되기는 마찬가지다. 이와 같은 방식으로 측정된 기업 부채 비율에서도 캐나다는 지난 몇 년 동안 8을 넘어 상위 순위에 올랐다. 미국의 기업 부채 비율은 그보다 훨씬 더 높다. 일본과 프 랑스는 6, 영국은 5, 그리고 그 밖의 대다수의 OECD 국가들은 4 정도 로 나타났다. 기업 부채의 상승 정도는 전반적으로 가계 부채 상승 정도 보다는 심각하지 않다.

정책이 부채 상승을 유도한다

비록 일반 대중은 그다지 신뢰하려 하지 않겠지만 과거 50년이 넘는 기간 동안 거시경제 안정화 정책이 점점 더 효율적으로 작동해왔다는 확실한 실증적 증거는 존재한다. 분명 중앙은행이 인플레이션을 통제하는 것은 경제를 안정시키는 가치를 지니고 있다. 이는 논란의 여지가 없는 부분이다. 인플레이션율이 하락하고 더 예측 가능해지면 고용과 실업, 국민소득에서의 변동성 또한 그만큼 줄어든다.

그러나 이런 효과적인 통화 재정 정책이 없었더라면 어떻게 되었을지 상상하기 어렵다. 경제학자들은 모델을 활용해 실제 결과를 분석함으로써 정책을 시행하지 않았다면 무슨 일이 벌어졌을지 보여준다. 이것이 그들이 행동 방침의 유효성을 측정하는 방법이다. 인플레이션 목표율을 달성한다는 것은 경제 성장과 실업률 변동으로 인해 앞으로 인플레이션에 가해질 압박을 예상하고 그 결과를 완화하기 위해 금리를 조정하는 것을 의미한다. 이는 파도가 배를 오른쪽으로 떠미는 걸 상쇄시키기 위해 배를 몇 도 왼쪽으로 조종하는 것과 흡사한 상황이다. 중앙은행은 물가를 안정적으로 유지하기 위해 노력함으로써 경제 성장과 고용 안정화를 돕는다. 경제는 여전히 성장과 고용에서 큰 변동을 겪을 수 있지만 물가안정목표제가 없었다면 경험하게 되었을 변동보다는 작은 변동이라는 사실을 알게 될 것이다.

하지만 모든 부작용이 그렇게 가벼운 것은 아니다. 과거처럼 심각한 불황을 겪는 일이 드물어지면서 경제는 경기 불황과 관계된 '정화 조치'의 효과를 놓치고 있다. 정화 조치는 경기 침체기에 부실 기업이 파산 위기에 처하면 그들의 부채를 은행에서 변제해 줌으로써 경제 전반의 부채율을 낮추는 것을 말한다. 경제 회복이 가속화되기 시작하면 상대적으로 부채 비율이 낮은 신생 기업들이 기존 기업들의 자리를 차지하기 위해 등장한다. 많은 이들은 이 경기 침체기의 정화 조치가 평균 생산성을 신장시키는 데에도 도움이 된다고 믿고 있다. 신생 기업들이 최신 기술을 활용하면서 오래된 기업들보다 더 높은 효율성을 보일 가능성이 높기 때문이다. 하지만 불황을 방지하거나 최소한 불황의 정도를 누그러뜨리려는 조치는 생산성이 낮은 부실 '좀비' 기업들의 양산으로 이어져 경제 전반에 생산성 저하 추세를 만들어낼 수 있다.

이는 또한 시간이 지남에 따라 경제가 점차 부채율이 증가하고 있음을 의미하기도 한다. 경제가 둔화되면 중앙은행은 가계와 기업이 낮은 이자율로 더 많은 돈을 빌려 지출을 늘리게 하기 위한 유인책으로 금리 인하를 단행한다. 이와 같은 정책을 시행한 결과 실업 증가는 줄어들고 결국 상황은 반전된다. 정책 시행에 수반되는 부채 증가를 중앙은행의 탓으로 돌리는 사람들은 경제 안정화 정책이 시행되지 않았다면 어떤 일이 벌어졌을지에 대해 전혀 이해를 못하고 있는 것이다. 저금리로 인해 부채가 증가하지 않았다면 실업률은 훨씬 더 높고 그 상황은 더 오래갔을 것이다. 그 결과 모두가 더 궁핍해졌을 것이다.

경제가 작동하는 데 부채가 필수적이라는 말이다. 시간이 흐르면서 가계와 기업, 정부가 계속 운영될 수 있는 유일한 길은 대출을 통해서다. 대출을 이용하지 않는 경우를 한번 생각해 보라. 부부가 실제로 집이 필요한 시기에 대출을 받아 집을 사는 것이 아니라 25년 동안 저축만 하며 살다가 자녀들이 출가할 나이가 되었을 때 집을 산다고 생각해 보라. 분명 그것을 원하지는 않을 것이다. 그와 마찬가지로 상품의 늘어난 수요를 맞추기 위해 사업 확장을 고민하고 있는 기업이 이익잉여금이 충분히 축적될 때까지 기다리고 있는 것은 회사를 성장시키고 고용을 늘릴 기회를 놓치는 것이다. 정부의 경우 또한 대출 자금을 활용해 사회 기반 시설을 건설하는 것은 민간 부문의 성장을 촉진하고 앞으로 몇년 간의 세수를 발생시키는 한편 그 수익이 사회에 환원되는 자산을 창출하는 일이다. 정부가 그런 목적으로 돈을 빌려서는 안 된다고 주장하는 것은 합당하지 않다. 요약하자면, 부채가 있어야만 하는 경기 순환적 이유뿐만이 아니라 구조적인 이유가 존재한다는 것이다. 그리고 그 두 가지를 분리해서 생각하는 것은 아주 어려운 일이다.

경제 변동과 통화 및 재정 정책 사이의 상호작용은 효과적인 안정화 정책이 낳을 수 있는 또 다른 부작용으로 이어진다. 그 부작용은 더 전통적인 경기 순환과는 구분되는 이른바 금융 순환이 생겨난다는 것이다. 금융 순환은 경기 순환이 호경기일 때 금융 시스템의 위험성이 증가하고 불경기일 때 조정에 들어간다는 것을 보여주고 있다.

경제가 성장하는 시기에 재정 위험도가 낮아지고 침체기에는 위험도가 높아질 것이라 예상하겠지만 수면 아래에서는 다른 일이 벌어지고 있는 것이다. 대출 기관이 기꺼이 대출해주는, 즉, 경제 활동이 확대되는 기간에 재정 위험도가 증가하며, 그 위험은 실제로 침체기에 구체화되어 나타난다. 너무 흔하게도 재정 위험은 이미 때가 늦었을 때에야 비로소 그 실체를 드러낸다.

강력한 간섭 정책은 위험을 눈에 띄지 않게 감춰줄 수 있다. 세계 금융 순환은 시간이 갈수록 기간이 길어지고 진폭도 커졌다. 안정화 정책의 효과가 경기 확장기를 연장시키고 대출을 사상 최대로 늘렸기 때문이다. 요컨대, 투자자와 기업, 가계가 무사 안일주의에 빠져 더 많은 위험을 떠안을수록 좋은 정책의 도움으로 경기 확장 분위기는 더 오래 유지된다. 그렇지만 그것은 심판의 날이 왔을 때 상황을 훨씬 더 심각하게 몰고가는 길이다.

더욱이 부채 누적은 경제를 금리 인상에 더 민감하게 만든다. 기본적으로 금리가 1% 포인트 상승할 때마다 상환해야 할 부채 금액이 훨씬 더 커진다. 부채 규모가 클수록 부담은 더 커진다. 중앙은행이 금융 시스템의 잠재적 붕괴를 우려하는 만큼 침체기가 지나간 후에 금리가 항상 제자리를 찾아가는 것은 아니다. 따라서 금리가 저급 부채 체계와 실적이 낮은 기업들을 청산할 수 있을 만큼 충분히 인상되지는 않을 것이다. 시간이 지날수록 경제는 근본적으로 부채에 중독되고 더 취약해진다고 볼 수 있다.

부채 누적은 2008년 세계 금융 위기 당시 중요한 요인으로 작용했음이 분명하다. 그럼에도 불구하고 10년 후인 2019년까지 (가계, 기업, 정부와 관련된) 세계의 총 부채는 거의 배로 증가해 세계 총 국민소득의 세 배 가까이에 달했다. 이는 전 세계적으로 정부 채무를 (전 년 대비 약 20% 높았던) 소득의 100%로 상승시킨 코로나19 팬데믹 전의 수치였다.

정부의 채무 지속 유지 가능성

비록 근원적인 이유는 다르다 할지라도 팬데믹 이후의 부채 상황은 2차 세계대전이 끝났을 때 나타났던 상황과 다르지 않다. 정부 채무가 크게 상승하는 것은 역사적으로 봤을 때 전쟁과 관련이 깊었다. 선진 경제국에서는 1차 세계대전 중 부채율이 국민 총 소득의 30% 선에서 80% 이상으로 급상승했다. 부채는 광란의 20년대에 국민소득의 약 60%에 도달하면서 전반적으로 감소했지만 대공황 당시 다시 상승했다. 2차 세계대전은 선진 경제국에서 부채가 국민소득의 120%를 웃돌게 만들었지만 이 과도

한 부채는 다음 세대 동안 아주 빠른 속도로 줄어들었다. 1970년대 중반에는 약 30%로 저점을 찍었다.

그 후 40년 동안은 정부 부채가 지속적인 증가를 보였다. 앞서 설명한 바대로 이는 감세와 불황기에 경제를 안정시키기 위해 대출을 통해 정부 지출을 늘리는 등의 재정 정책의 활용에서 비롯된 것이다.

미국에서는 정부의 재정적자를 바라보는 대통령의 철학이 아주 결정적인 역할을 했다. 로널드 레이건(Ronald Reagan(1981~1989))은 미국 정부의 부채를 국민소득의 약 30%에서 약 50%로 상승시켰다. 조지 H.W. 부시(Gearge H.W. Bush(1989~1993))는 부채 비율을 60%를 웃도는 수준으로 상승시켰다. 반면 빌 클린턴(Bill Clinton(1993~2001))은 부채 비율을 60% 아래로 낮췄다. 조지 W. 부시(George W. Bush(2001~2009))는 부채 비율을 최초로 80% 이상으로 크게 상승시켰다. 세계 금융 위기 중 집권하게 된 버락 오바마(Barak Obama(2009~2017))는 부채 비율을 국민소득의 약 100%로 상승시켰다. 도널드 트럼프(Donald Trump(2017~2021))의 경우는 재임 기간 동안 코로나19가 발생했고 역사상 전쟁이 일어나지 않은 평시에 정부 지출이 가장 많이 늘어난 시기였다. 조 바이든(Joe Biden) 대통령은 미국 부채 비율을 100% 이상 상승시키며 이 기조를 계속 유지해 나가고 있다.

선진 경제국들은 전반적으로 미국의 뒤를 따르고 있는 추세다. 1970년대 중반에 30% 선에서 출발한 부채 비율은 2000년대 들어서면서 75~80%에 도달하며 부채 비율은 상승하고 있고, 대공황 시기에 100%를 넘어섰던 부채 비율이 코로나19 팬데믹 기간 동안 20% 포인트 더 상승했다. 캐나다의 경우는 정부 채무 상황이 평균적인 국가들보다는 긍정적이었다. 주 정부들의 채무를 포함해 1990년대 중반에 부채 비율은 거의 100%로 정점에 달했고, 코로나19가 발생하기 직전에 약 70%로 떨어졌다가 팬데믹 기간에 100%를 넘어섰다.

정부 채무가 국민소득의 200%에까지 도달하는 상황은 과거에 경험한 바 있다. 1800년대 초와 1940년대에 영국이 그러했고 현재에는 일본과 중국의 상황이 그렇다. 하지만 현재의 부채 수준이 미래에 어떤 어려움을 몰고 올까? 부채 부담을 관리하는 데에는 한 가지 방법만 존재하는 것이 아니다. 어떤 방법은 다른 방법들보다 더 점진적인 효과를 발휘한다.

나는 베이비붐 세대들이 2차 세계대전 동안 그들의 부모가 진 많은 부채 부담 아래 1950년대나 1960년대에 보낸 성장기를 기억하고 있는지 물어보고 싶다. 그 주제를 가족들과 식사하는 자리에 꺼내놓는 사람은 극히 드물다. 2차 세계대전의 결과로 개인 세금이 오르긴 했지만 정부 부채 비율은 활발한 경제 성장으로 말미암아 떨어졌다. 경제 성장률은 우리가 앞으로 다음 10년 간 보게 될 경제 성장보다 1950년대와 60년대에 훨씬 더 높았던 것이 사실이다. 하지만 미래에 경제 성장률을 낮게 유지시킬 수 있는 인구통계적 요인들은 자연 이자율 또한 낮출 것이다. 그에 따라 정부는 대출 이자를 갚기가 더 쉬워진다.

엄밀히 말해서 정부의 채무를 지속 가능하게 만드는 거시 경제적 조건은 아주 간단하다. 정부가 미지불된 부채에 대해 지불해야 하는 이자율이 경제 성장률보다 낮다면 시간이 지날수록 소득 대비 부채 비율은 줄어들 것이다. 설사 정부가 부채를 갚는 것이 아니라 이자만 지불하고 있다 해도 그렇다. 성장하는 경제는 점점 부채 비율을 하락시킨다. 우리는 이를 실질적 측면과 명목적 측면에서 각각 생각해 볼 수 있다. (실질 금리는 실질 경제 성장률보다 낮아야 하며, 명목 금리는 물가상승률을 포함한 명목 경제 성장률보다 낮아야 한다.)

앞서 언급했듯이 점점 노령화되고 있는 세계의 인구는 (경제 성장률과 자연 이자율이 점차 한곳으로 수렴한다는 사실을 고려할 때) 앞으로의 세계 경제 성장과 자연 이자율에 조정 효과를 발휘하게 될 것이다. 그러나 각각의 정부는 미래에 장기적으로 경제 성장을 증진시키는 정책을 시행하는 동시에 이제 그들의 부채에 대해서도 이자율을 낮게 유지할 수 있는 위치에 있다. 이자율이 경제 성장률보다 낮기만 하면 부채는 경제 규모에 비례해 점차 줄어들어 채무 지속가능성의 요구를 충족시킬 수 있게 될 것이다. 12장에서 자세히 살펴보겠지만 이를 달성하는 데에는 여러 가지 선택지가 존재한다. 미래 위기에 대비해 국가 재정의 화력을 회복한다는 차원에서라도 정부 부채 비율을 자연 감소보다 더 빨리 떨어뜨리는 것이 바람직하겠지만 그것은 어디까지나 정치적인 문제일 것이다.

거침없는 부채 증가는 인구 노령화와 실질 금리 하락, 금융 혁신, 거시경제 정책의 산물이다. 가계에 의한 것이든, 기업이나 정부에 의한 것이든 부채 창출이 경제 발전의 훌륭한 촉진제가 되었다는 것은 의심할 여지가 없는 사실이다. 만약 1950년대에 그랬던 것처럼 부채 이용에 제약이 있었다면 어떠했을지 상상해 보라. 현재 우리의 모습으로 살고 있지 못했을 것이다. 거의 모든 경제 실적은 개별적으로든 전체를 합산해서든 실제 사회 발전 수준에 훨씬 못 미쳤을 것이다.

그 무엇도 부채 누적으로 인해 가계와 기업, 정부가 미래에 나타날 경제 문제에 점점 더 취약해진다는 사실을 바꾸지 못한다. 부채 부담이 클 때, 경제에 가해지는 충격의 결과는 극대화되고 그것이 파국을 초래할 수 있다. 가계에게 일시적인 실업은 부채 부담이 아주 큰 경우 파산을 의미할 수도 있다. 기업의 경우에는 불황이 과도한 부채와 상호작용하여 파산에 이를 수 있다. 그에 따라 기업의 모든 일자리는 영구히 사라지게 된다. 개인이나 기업이 쓰러지면 그들의 부채도 지불 불능이 되어버린다. 이는 그들이 거래하는 금융 기관 또한 큰 손실을 떠안게 된다는 뜻이다. 정부 역시 대출을 무한정 받을 수 있는 것이 아니다. 그들도 신뢰할 수 있는 재정 계획을 제시해야 한다. 그렇지 않으면 부채를 매각하여 이자율을 더 높이는 투자자들의 가혹한 심판에 직면하게 되어 그 대가를 치러야만 한다.

누적되는 부채로 인해 미래에 닥칠 경제적 어려움에 대해 점점 취약해지는 문제와 부채 증가를 발생시킨 지각 변동 요인이 또 다른 지각 변동 요인과 충돌하는 문제는 완전히 별개의 문제다. 후자는 세계 경제에 잠재적으로 훨씬 더 큰 타격을 주게 된다. 기술 발전이 그러한 상호작용을 보여주는 사례라 할 수 있다. 역사적으로 보면 신기술이 확산되면 가격이 하락하는 이점을 누릴 수 있었다. 가격 하락은 기존의 부채를 더 커 보이게 만든다. 또 하나의 중요한 상호작용은 부채 상승과 기후 변화 사이의 상호작용이다. 날씨의 변동성이 이미 부채로 허덕이고 있는 정부에게 점점 더 많은 재정적 부담을 안겨주고 있기 때문이다.

| 6장 |

The Next Age of Uncertainty

기후 변화

회상: 어린 시절의 날씨

오샤와에서 어린 시절을 보낸 나는 놀이라고 할 만한 것은 집안의 소일 거리밖에 없었다. 잔디 깎기, 눈 치우기, 아기 돌보기는 나의 큰 사업이었다. 1960년대에는 겨울에 눈이 엄청나게 많이 내리곤 했다. 그 시절에는 집 주인이 오전 8시가 되기 전에 자기 집 앞 인도에 쌓인 눈을 모두 치워야 하는 규정이 있었다. 눈이 많이 왔을 때는 그 일이 엄청나게 큰일이 되었고 단순히 내가 어려서 힘들게 느낀 것만은 아니었다.

할아버지가 내 나이였던 40~50년 전에는 오샤와에 훨씬 더 많은 눈이 내렸다고 말했다. 할아버지 말이 사실인지는 의심스럽지만 눈이 올 때면 전신주 꼭대기까지 쌓였고 그런 상황에서도 걸어서 학교를 다녔다고 했다. 물론 할아버지는 과장법에 능했다. 하지만 내 개인적인 경험에서 말하자면 내가 어렸을 때보다 요즘 오샤와에 눈이 훨씬 덜 내리는 것만은 분명하다.

점차 5대호의 기온이 올라가고 겨울에 얼음층이 줄어들고 있다는 사실은 겨울이 점점 따뜻해지고 있음을 의미한다. 비록 예측 불허의 호수 효과의 영향으로 인해 가끔씩 큰 눈보라가 발생하긴 하지만 말이다.

이런 개인적 경험은 기후 변화의 과학에 저항하는 것이 지난 반 세기 동안 우리의 공통적인 경험에 위배되는 것임을 분명히 보여준다. 물론 지구 온난화 경향에 대해서는 논란의 여지가 없다. 일각에서 의견이 엇갈리는 부분은 스티븐 쿠닌(Steven Koonin)의 최근 저서 〈불확실성 (Unsettled)〉에서 주상하는 바대로 인간의 행동이 지구 온난화를 발생시킨 원인이었는지, 아니면 인간의 행동과 상관없이 지구 온난화는 어쨌든 일어날 수밖에 없는 일이었는지에 대한 논의이다. 그러나 지구의 온도는 서서히 상승하기보다는 갑작스럽게 빠른 속도로 상승하고 있고 지구의 산업화 속도와 큰 상관관계를 보이고 있다. 최악의 예측 시나리오를 피하려면 즉각적인 행동 변화가 필요하다는 데에는 점점 더 많은 이들이 동의하고 있다. 또한 주주와 직원, 고객, 정부는 이 믿음을 기반으로 모두 행동에 나서고 있다. 저탄소 경제로의 이행이 시작된 것이다.

탄소 배출과 외부 효과

온실가스 누적 배출량의 지속적인 증가는 점차 변덕스러운 날씨, 홍수, 특정 지역 사회의 파괴, 식수 부족 문제 등을 야기할 것이라는 데 많은 이들이 의견 일치를 보고 있다. 그 효과는 우리가 지금 삶의 방식을 바꾼다 해도 오랫동안 지속될 것이다. 대기의 궤적을 변경하는 것은 비행기의 비행 방향을 바꾸는 것에 비기는 일이기 때문이다. 사실상 아주 어려운 일이고 바뀐다 해도 매우 더디게 바뀌는 부분이다. 과거 250년 동안 진화해온 지구 문명의 방향을 바꾼다면 그것은 인류가 지금까지 이루어낸 그 어떤 일보다 더 위대한 업적으로 기록될 것이다.

탄소 배출량을 줄인다는 것은 곧 수십 억 인구의 행동을 변화시킬 방법을 찾는다는 것이다. 탄화수소는 에너지의 핵심 원천이며 경제 발전에서 가장 중요한 공통 인자는 에너지 사용이다. 생활 수준을 높이는 것은 에너지 요구 수준을 높이는 것을 의미하며 탄화수소는 현재까지 세계에서 가장 중요한 에너지원의 자리를 지키고 있다. 온실가스 배출은 경제 발전의 부산물이다. 그런데 경제 발전을 멈추지 않고 어떻게 온실가스 배출을 멈출 수 있단 말인가?

그에 대해 간략히 답하자면, 온실가스를 발생시키지 않는 대체 에너지원이 존재한다는 것이다. 태양 에너지, 풍력 에너지, 지열 에너지, 조석 에너지, 수력전기, 원자력 등이 우리가 선택할 수 있는 모든 기술들이다. 모두 오늘날 탄화수소 기반의 에너지보다 더 많은 비용이 들지만 적용 규모와 새로운 기술의 등장이 점차 비용 격차를 줄여주고 있다. 그렇다 하더라도 기존 기술의 많은 부분은 비교적 비용이 저렴한 탄화수소를 기반으로 성장해왔다. 온실가스 배출 증가를 늦추거나 막는 일은 경제적인 시각에서 보면 극도로 경제를 파괴하는 행위로 보인다.

탄화수소 기반의 에너지가 다른 종류의 에너지들보다 저렴한 이유는 물리학보다는 경제학적 관점에서 더 쉽게 설명이 가능하다. 온실가스 배출은 역사적으로 무료였다. 즉, 누적되는 비싼 환경 비용이 존재함에도 온실가스를 방출하는 이들은 환경 비용 지불을 요구받은 적이 거의 없었다. 이제는 새 TV를 구입하면 소액의 재활용 요금이 붙는다. TV가 수명을 다했을 때 플라스틱과 전선 등의 재료들이 그냥 쓰레기로 버려지지 않고 재활용되는 것처럼 TV를 재활용하기 위해 분리수거 처리하는 것과 관련된 비용을 지불하는 것이다. 이러한 재활용 요금은 자동차의 휘발유 사용이나 공장의 석탄 사용으로 인한 온실가스 배출에는 적용되는 경우가 거의 없다. 사실상 우리는 유독한 쓰레기를 모두 대기 중으로 바로 버리고 있는 것이나 마찬가지다.

경제학자들은 이와 같은 간극을 '시장의 실패' 또는 '공유지의 비극'이라 부른다. 사람들은 대개 자신의 개인적인 이해에 따라 행동한다. 간혹 그들의 행동은 다른 사람들이나 사회 전반에 부정적인 영향을 미치는 부작용을 낳는다. 만약 시장이 어떤 형태로든 개인에게 그런 행동에 대해 대가를 부과하면서 그 행동이 낳는 부작용에 대해 다른 이들에게 보상하도록 강요하지 않는다면 그 사람은 사실상 무언가를 무료로 얻고 있는 것이다. 완전한 비용을 지불하지 않고도 부를 축적할 수 있다면 당신은 아마 그 행동을 멈추지 않을 것이다. 시장 실패의 부작용이 지속불가능한 성장으로 이어지는 경향이 있다는 것도 놀라운 일이 아니다. 경우에 따라 정부는 그런 상황을 통제하기 위해 규정을 만들 수 있고, 그렇게 함으로써 부작용을 줄일 수 있다.

간단한 예를 들어 설명해 보자면, 자신의 집 차고에서 스낵바를 운영하는 이웃이 있다고 가정해 보자. 그들은 커다란 간판을 내걸고 감자튀김과 시원한 음료 등 간단한 음식을 사람들에게 판매하고 있다. 얼마 지나지 않아 그 동네는 주차된 차량들로 붐비게 되었고 튀김 기름 냄새가 인근에 진동했다. 스낵바를 경영하는 집은 그 사업으로 많은 돈을 벌지만 주변 집들의 부동산 가격은 떨어진다. 그에 따라 이웃집들의 부가 이 스낵바 한 집으로 이동하게 된다.

이 일은 실제로 내가 겪은 일이다. 우리가 오타와 교외에 첫 집을 장만했을 때 그 집의 뒤뜰은 포장되지 않은 작은 도로와 맞닿아 있었다. 길 건너편에는 들판에서 젖소들이 풀을 뜯고 있어서 아침마다 아름다운 풍경을 선사해 주었다. 비록 지금은 온실가스의 주범으로 비난받고 있지만 말이다. 우리집 뒤편에 나 있는 도로는 약간 굽어 있었는데 방향이 약간 달라지는 굽은 지점의 울퉁불퉁한 갓길이 특히 넓었다. 어느 토요일 아침 침실 창문 밖을 내다본 나는 감자튀김을 만들 조리실이 갖추어져 있는 푸드트럭 한 대가 자리를 잡고 서 있는 광경을 보게 되었다. 곧이어 감자를 튀기는 맛있는 냄새가 코를 찔렀고 차들이 하나둘씩 음식을 맛보기 위해 모여들기 시작했다. 감자튀김을 좋아하는 사람이라면 그곳을 지나갈 때 나는 냄새가 좋겠지만 주말 내내 그 냄새를 맡아야 한다면 어떻겠는가?

경제학자들은 이와 같은 부작용을 '외부 효과(externalities)'라고 부른다. 외부 효과는 시장 가격에서 포착하거나 내부화하지 못한 원치 않는 결과를 말한다. 만약 그 부분을 고려했다면 푸드트럭을 경영하는 이웃 (혹은 스낵바의 소유주)은 동네 사람들의 주택 시장 가치의 손실에 대해 보상해 주고 감자튀김 가격을 더 올려 받아야 할 것이다. 그렇게 되면 그 푸드트럭에는 손님이 하나도 없을 가능성이 높다. 왜냐하면 감자튀김이 너무 비쌀 것이기 때문이다. 이것이 시장 기반의 메커니즘이 무고한 구경꾼들에게까지 불똥이 튀는 경제 활동을 막을 수 있는 방법이다. 이는 분명 시행하기에는 복잡한 시장 제도이다. 하지만 정부는 아마도 푸드트럭 사업자가 피해를 입은 이웃들에게 자금을 이전하기에 충분할 만큼 푸드트럭 사업자에게 세금을 징수하는 방법을 모색해 볼 수도 있을 것이다. 그리고 더 간단한 대안으로는 시에서 주거 구역 내에 위치한 개인의 집(혹은 집 뒤편의 도로에서)에서 사업을 운영하는 것을 금지하는 조치를 취하는 것이다. 이것이 외부 효과로 문제가 발생했을 시 더 전형적으로 취할 수 있는 비시장적 접근이라 할 수 있다.

이제 이 논리가 온실가스 배출과 기후 변화에는 어떻게 적용되는지 살펴보자. 사람들은 자동차를 운전하며 휘발유를 사용한다. 그 과정에서 다양한 종류의 탄소 기반의 가스를 대기로 방출한다. 대기는 누구의 소유도 아니다. 공동으로 소유하고 있는 자원이며 사실상 사회 전체가 소유하고 있는 것이다. 공기의 흐름은 국경이 없으므로 대기는 특정 지역 사람들의 것이 아닌 세계 시민들의 소유라 할 수 있다. 시간이 흐르면서 대기로 방출된 탄소 양은 지구가 식물을 통해서든, 아니면 그 식물을 먹고 사는 동물을 통해서든 그것을 흡수할 수 있는 한계치를 넘어서고 있다. 방출된 탄소가 축적되어 대기는 점점 더 많은 태양열을 가두게 되고 지구의 온난화는 가속화된다.

개념적으로 온실가스 배출의 외부 효과는 감자튀김 기름 냄새와 이기적인 이웃의 스낵바 운영으로 인한 교통 체증과 다르지 않다. 온실가스는 튀김 기름 냄새처럼 대기에 누적된다. 온실가스를 배출했다고 해서 그에 대해 비용을 지불하는 게 아니기 때문이다. 그리고 대기가 전 세계에 퍼져 있는 80억 인구에게 속해 있는 것이라면 이 인구가 어떻게 한목소리로 온실가스를 배출하는 이들에게 비용을 지불하도록 강제할 수 있겠는가? 이는 균형 잡힌 결과를 얻지 못한 전형적인 시장의 실패, 또는 공유지의 비극이라 할 수 있다. 많은 사람들이 비용을 지불하지 않고 공동의 자원을 공유할 때 이런 상황은 항상 발생할 수 있다.

이 기후 변화 동인에 대한 묘사는 아주 단순화된 설명이다. 기후 변화는 그저 어떤 특정 시기에 발생한 사안이 아니라 아주 오랫동안 서서히 진행되어왔다. 마크 카니(Mark Carney)가 2021년에 출간된 그의 저서 〈가치(Value(s))〉에서 설명한 것처럼 진짜 비극은 현재 살아 있는 사람들이 세상을 떠날 때까지 기후 변화의 파국적인 영향을 느끼지 못할 것이라는 점이다. 그로 인해 현재의 세대가 이 문제에 대한 해결책을 찾을 동기는 확연히 줄어든다. 누가 자신이 평생 보지 못할 혜택에 대한 비용을 감수하고 싶어 하겠는가? 카니의 표현을 빌자면, '기후 변화는 단순히 공유지의 비극일 뿐만 아니라 지평선 너머의 비극'이다.

온실가스 배출 기준과 탄소세, 그리고 투자자 행동주의

스낵바를 연 이웃처럼 자신의 행동이 가져올 수 있는 부정적인 온실가스 부작용을 사람들이 고려하도록 만드는 확실한 방법은 그들이 발생시키는 온실가스에 대해 비용을 청구하는 것이다. 온실가스의 경우에는 비용 청구를 시행하기가 쉽다. 화석 연료를 사용하는 사람들은 일단 화석 연료를 구입해야 하므로 온실가스의 부작용을 통제하기 위해 화석 연료의 가격에 세금을 부과하기만 하면 되는 것이다. 그러면 사람들은 화석 연료를 더 적게 사용할 것이고, 환경친화적인 대체 연료가 상대적으로 저렴해질 것이다. 자가 운전자들은 전기 자동차로 갈아타는 쪽이 합리적이라고 생각하게 될 것이며, 대중교통 수단이 저렴하게 느껴질 것이다. 화석 연료의 가격을 인상하면 수요는 낮아질 것이고, 화석연료 사용이 줄어들면 온실가스 배출 양도 감소할 것이다. 따라서 화석 연료가 발생시킨 탄소를 지구가 흡수할 수 있는 정도까지 화석 연료의 가격을 올리기만 하면 된다.

물론 단순한 경제 이론이 설사 대자연의 도움을 받는다 할지라도 단순한 정치로 이어지는 것은 아니다. 정치 순환은 2~3년밖에 되지 않는다. 게다가 소셜미디어가 순환 주기를 더 짧아 보이게 만들고 있다. 지평선 너머의 비극은 각별한 주의를 기울이지 않는 한 미래 세대들에게 지대한 영향을 미칠 문제에 대해 정치적 해법을 찾기가 어렵다는 뜻이다.

예상하듯이 탄소세 부과는 시행 과정에서 여러 가지 어려움을 겪었다. 캐나다에서는 연방 정부가 탄소세 시행을 용이하게 하기 위해 극단적인 정책을 시도하기도 했다. 그것은 탄소세를 받기도 전에 탄소세 수입을 국민들에게 환급해 주자는 것이었다. 이 영리한 정책을 통해 탄소세를 지불해도 일반 가정에서는 가처분 소득이 감소하는 일을 겪지 않도록 보장해 주는 것이다. 단, 화석 연료의 가격을 상대적으로 더 비싸게 매겨 사람들이 다른 종류의 대체 에너지로 전환하도록 유도해 탄소 배출량을 감소시킨다는 기조는 그대로 유지하겠다는 것이다.

훌륭한 정책임에도 불구하고 탄소세와 관련한 사활을 건 정치 싸움을 막지는 못했다. 해당 정책이 소비자 행동에 부정적으로 작용할 수 있다는 회의론이 등장하기도 했다. 탄소세를 내기도 전에 환급해 준다면 사람들이 다른 대체 에너지로 바꿀 이유가 뭐가 있겠는가? 그에 대한 답변은, 소비자들이 세금이 부과된 휘발유 사용을 줄임으로써 훨씬 더 많은 돈을 저축할 수 있다는 것이다. 이 문제는 가격을 조금 인상하는 것이 화석 연료의 수요 변화에 얼마나 민감하게 작용하는가의 문제로 귀결된다. 한편 탄소세는 온실가스를 많이 배출하는 기업들에게는 아주 커다란 영향력을 행사할 수 있다. 그런 정책의 목표가 온실가스를 배출하는 기업들을 영원히 퇴출시키는 것이 아니라 온실가스 감축을 장려하는 것이므로 법인세를 줄여줌으로써 그들이 온실가스 감축 기술에 투자할 수 있는 여유 자금을 남겨놓을 수 있게 하는 것도 고려해야 할 지점이라 할 수 있다.

많은 이들은 탄소세를 부과하고 사람들이 온실가스 배출을 줄일 것이라 기대하는 것은 핵심을 놓치는 것이라 주장한다. (개인적인 온실가스 배출량 감축에서 그치는 것이 아니라) 총 온실가스 배출량이 감소하지 않는다면 전 지구적인 진전을 보기는 어려울 것이다. 탄소세가 개인의 온실가스 배출량은 줄일 수 있을지라도 개발 경제에서 인구 증가와 늘어난 에너지 사용량으로 인해 총 온실가스 배출량은 지속적으로 증가할 것이다. 설사 그렇지 않다 하더라도 사람들이 온실가스 배출이 줄어든 환경에 적응하는 데에는 시간이 걸릴 것이다. 일각에서는 온실가스 배출을 직접적으로 제한하는 규정을 만들어야 한다고 주장한다. 즉, 온실가스를 배출하는 대형 산업체들에게 새로운 온실가스 배출 제한 기준을 제시하고 그 요구를 충족하지 못하면 벌금을 부과하는 것이다. 더 엄격한 온실가스 배출 제한 기준은 자동차에도 적용이 되겠지만 모든 운송수단이 전기 자동차처럼 극단적으로 온실가스 배출 제로를 실현하도록 강제할 수는 없을 것이다. 오늘날의 수소 자동차는 일반 자동차의 내연 기관에 비해 화석 연료 사용량의 절반을 사용한다. 만약 모든 자동차를 수소 자동차로 생산한다면 기존의 에너지 기반 시설의 많은 부분을 그대로 유지한 채 온실가스량을 엄청나게 줄일 수 있을 것이다.

온실가스 배출 규제는 탄소세보다 시행하기가 더 복잡하다. 규정을 경제 부문별 상황에 맞게 각각 마련해야 하기 때문이다. 그러나 배출 규제는 온실가스 배출에 책임이 있는 이들이 지불하는 비용이 상승하는 간접 효과가 발생해 탄소세가 부과될 때 예상되는 행동 변화와 비슷한 변화를 기대할 수 있을 것이다. 규제를 시행하는 접근법의 장점은 기업의 수입을 그대로 보존해 주어 탄소 배출을 줄이기 위한 기술을 도입할 수 있는 재정 능력을 극대화할 수 있다는 것이다. 반대로 탄소세는 기업이 사용할 수 있는 현금의 즉각적인 손실을 가져와 탄소 배출을 줄이는 데 투자할 수 있는 능력을 감소시켜 이에 더 취약한 기업으로 만들기도 한다.

그러한 정책들은 모두 정지적인 문제이므로 전 지구적 목표는 동일하다 하더라도 국가별로 그 결과는 다양하게 나타날 것이다. 탄소 배출 규제 결과의 격차는 중요한 기업 경제 리스크로 등장하게 될 것이다. 국내와 해외 기업들 사이에 탄소 감축 경쟁의 장을 동등하게 만들기 위해 해외 기업의 탄소 발자국을 고려하여 수입되는 상품에 관세를 부과해 가격을 조정하는 탄소국경조정제도의 필요성이 제기될 것이기 때문이다. 자국 기업들에게 탄소세를 부과하면 탄소세가 없는 해외 기업들에 비해 자국 기업들이 경쟁에서 불리한 위치에 놓이게 될 것이다. 탄소국경조정제도는 해외 기업이 탄소 발자국을 줄이면 자연스럽게 관세가 줄어들도록 운영된다. 화석 연료의 최종 사용자가 온실가스 배출과 관련된 비용을 지불한다면 시간이 흐를수록 탄소 배출을 줄이는 방향으로 경제 활동이 꾸준히 재편될 것이다.

탄소 배출을 줄이는 경제로의 이행이 규제를 통해서 이루어지든 탄소세를 통해서 이루어지든 이론적 관점에서는 크게 다르지 않다. 그렇지만 모든 정책들은 필연적으로 정치적 논쟁을 불러올 수밖에 없으며 정치의 양극화는 그런 사안들에 대해 합의점을 찾는 것을 점점 더 어렵게 만든다. 다른 국가들 사이에 의견이 일치되기란 특히 어렵다. 따라서 탄소 배출을 줄이는 경제로의 이행은 많은 이들이 기대하는 것보다 더 천천히 진행될 소지가 많다.

기후 변화를 관리하는 데 있어 동일하게 강력한 힘을 발휘하는 또 하나의 경로는 행동 적응이다. 이는 정부 개입이 없이 투자자를 경로로 일어난다.

투자자들은 탄소 배출에 반대하는 목소리를 내기 시작했고, 기업들의 탄소 배출 감축 노력을 투자 여부를 판단하는 기준으로 고려하기 시작했다. 투자자들이 탄소 발자국이 큰 기업에 투자하기를 꺼리고 은행과 그 밖의 대출 기관들 또한 주주들의 요구를 만족시키기 위해 그 기업들에게 대출해 주기를 꺼리게 되면서 탄소 발자국이 큰 기업들은 사업 자금 조달이 점점 더 어려워질 것이다. 시간이 흐를수록 그 기업들은 대출을 받을 때 그들이 환경에 끼치는 위험을 고려해 경제학자들이 '리스크 프리미엄'이라 부르는 비용을 더 지불해야 한다. 이 리스크 프리미엄은 그들이 채권 시장 또는 주식 시장에서 자금을 조달하든, 은행에서 직접 빌리든 상관없이 지불해야 한다. 이렇게 자본비가 더 높아지기 때문에 온실가스를 배출하는 규모가 큰 기업들은 탄소 발자국을 줄이기 위해 탄소 감축 기술에 투자할 필요성을 느끼게 될 것이다. 탄소 감축을 위한 노력을 보이지 않는다면 그들은 조달 가능한 자금이 부족해져 퇴출 위기에 놓이게 될 것이기 때문이다.

한 국가 내에 두 기업이 존재하는데, 한 기업은 탄소 발자국을 줄이기 위한 대대적인 계획을 가지고 있고 다른 기업은 그런 계획을 가지고 있지 않다고 가정해 보자. 이 경우 두 번째 기업은 첫 번째 기업보다 결국은 더 많은 운영 자금을 지불하게 될 것이다. 첫 번째 기업은 (온실가스 감축과 관련된 비용을 포함해) 운영비는 더 많이 들겠지만 재원 마련 비용은 덜 들 것이다. 어느 쪽이 더 수익성이 높을지는 기업의 운영 구조에 달려 있겠지만 평판 효과만으로도 첫 번째 기업의 주가가 크게 상승할 가능성이 높다. 이러한 작동 원리는 이미 시장에서 관측되고 있다.

어떤 이들은 이 시장의 작동 원리가 전통적인 온실가스 배출 기업들에게는 자본 시장의 폐쇄를 의미한다고 한탄하기도 한다. 하지만 이는 사실이 아니다. 시장은 계속해서 지나치게 부정적인 부작용을 낳는 기업들에게 더 높은 자본비를 지불할 것을 강제하고 있다. 또한 수익성을 유지하면서도 효율적인 방식으로 그 부작용을 시정할 것을 장려하고 있다. 그 전략으로는 탄소 포집 기술 도입과 이론상으로 초과 비용 지불을 고객에게 전가하는 것이 포함된다. 이는 사실상 탄소세를 정부가 아닌 기업에서 부과하는 셈이 된다.

이 모든 것들은 이론상으로는 좋아 보인다. 하지만 일부 사람들이 탄소세가 사람들의 행동에 영향을 미칠 것이라고 생각하지 않는 것처럼 일부 관측자들은 이 작동 원리가 실제로 탄소 배출을 줄일 수 있을 것인지 그 효력에 대해 의문을 제기하고 있다. 더 중요한 질문은 투자자들이 기업의 탄소 발자국에 대해 올바른 판단을 내릴 수 있을 정도로 충분한 정보를 가지고 있는가 하는 부분이다. 보고된 기업 자료는 장황하고 복잡한 경우가 많고, 여러 기업들 사이의 탄소 발자국의 차이는 비교하기가 매우 어려울 것이다. 투자자들이 해당 기업을 온실가스 배출 기업이자 앞으로도 그럴 것이라고 결론 내린다면 그 기업의 주식은 바닥으로 곤두박질쳐 기업이 곧바로 좌초될 수도 있을 것이다. 이와 같은 위험을 관리하기 위해서는 기업들이 온실가스 배출 양을 줄이기 위한 계획과 시정 상황 보고는 물론 탄소 발자국을 완전히 투명하게 공개해야 한다. 그래서 투자자들이 자신의 투자 포트폴리오에 적용할 수 있도록 말이다. 그런 방식으로 온실 가스 배출량이 많은 기업은 더 높은 재정 부담의 형태로 세금을 지불하게 될 것이고 시간이 지날수록 탄소 감축을 해야 할 더 강력한 동기를 느끼게 되겠지만 기업들이 하루 아침에 퇴출되지는 않을 것이다. 금융안정위원회(Financial Stability Board)의 지원 하에 기후 변화 재무정보공개 협의체(Task Force on Climate-Related Financial Disclosures(TCFD))가 확립한 표준화된 국제 체제에 맞게 투명성을 실현하는 일이 탄소 감축안의 목표가 될 것이다.

제2의 불확실성의 시대

사회적인 관점에서 녹색 에너지 경제로의 이행을 순조롭게 이루어내는 기업들에게 그 만큼 유리한 보상을 주겠다는 것이다. 세계는 여전히 화석 연료에의 의존도가 높으며 앞으로 오랜 기간 그럴 것으로 예상된다. 오늘날 약 80%의 세계 에너지 요구량이 화석 연료로 공급되고 있으며, 이는 30년 전과 비슷한 비율이다. 세계의 에너지 요구량은 점차 증가하고 있고 그 증가량을 수용하기 위해서는 화석 연료 사용은 그대로 유지한 채 대체 에너지 자원에 상당한 투자가 필요하게 될 것이다. 그에 따라 총 탄소 배출량은 줄어들지 않을 것이다. 일부 이상주의자들이 주장하는 것처럼 생활에 아주 충격적인 변화 없이 갑자기 화석 연료 생산과 사용을 중단하기란 불가능하다. 인류가 지구가 흡수할 수 있는 만큼의 소량의 이산화탄소만을 배출하는 탄소 중립을 달성하는 것이 우리의 목표다. 이는 다양한 방법으로 달성될 수 있다. 이를테면 화석 연료 사용을 줄이거나 녹색 에너지 자원에의 투자, 온실가스를 대기권 밖에 붙잡아 두는 탄소 포집, 그리고 대자연이 온실가스를 더 많이 흡수할 수 있도록 나무를 더 많이 심는 것 등이다.

  파리기후변화협약은 온실가스 감축 노력에 박차를 가하고자 2016년 체결되었고, 지구의 평균 온도가 (산업화 이전 대비) 2℃ 이상 상승하지 않도록 제한해야 한다는 내용을 골자로 하고 있다. 기후 변화 전문가들의 말에 따르면 이 협약은 전 세계가 2050년까지 탄소 중립을 달성하도록 요구하고 있다. 전 세계 195개국이 서명한 파리기후변화협약은 일부 국가들이 온실가스 배출을 줄이기 위해 엄청난 노력을 기울이고 있는 반면 다른 많은 국가들은 온실가스 감축 노력을 회피하려고 하는 것을 막는 데 필요한 국제 조정안을 수립하고자 만들어진 것이다. 세계의 많은 국가들은 대체로 온실가스 감축에 아주 많은 관심을 가지고 있다.

그러나 이에 앞장서고 있는 개별 국가들은 온실가스 감축 노력을 하지 않는 국가들에 비해 세계 시장에서 경쟁력을 잃어버리게 될 수도 있다. 일부 국가들, 그중에서도 작은 국가들의 경우 그들이 배출하는 탄소량이 세계 전체 배출량에 미치는 영향이 아주 적다는 이유로 현재의 상황을 그대로 유지하려고 하기가 쉽다. 공유지의 비극을 보여주는 완벽한 사례인 것이다. 파리기후변화협약은 중요한 지원 체계이자 여러 국가들에게 큰 압박으로 작용하겠지만 이것이 핵심 동인으로 작용할 수는 없다. 오히려 개별 국가들에게는 이것이 정치적 도전이 될 것이다. 기후 협약의 요구를 이행하는 것이 개인과 기업의 미래에 불확실성을 더해줄 뿐이기 때문이다. 탄소세 부과, 배출 규제, 보조금 지급 등 탄소 중립으로 가는 길은 다양하며, 어떤 길을 택할지는 정치적 결정에 달려 있다. 따라서 탄소 중립으로의 이행은 그 자체만으로도 향후 몇 년 간 경제 및 금융 불확실성의 근원이 될 것이다.

이 불확실성을 고려해 볼 때 투자자들의 투자 실행 메커니즘은 공공 정책이나 정치적 합의의 도움을 받지 않고 작동한다는 단순한 이유에서 가장 중요한 의미를 지니는 것으로 드러날 것이다. 점점 더 많은 기업들이 매년 온실 가스 배출 관련 데이터를 담고 있는 지속가능경영 보고서를 제공하고 있다. 이 보고서에서는 탄소 발자국 목표 수치도 명시하고 있으며 일부 기업들은 이 사항을 임원들의 인센티브 지급 조건으로 포함시키고 있기도 한 것이 현실이다. 이런 차원에서 2050년까지 탄소 중립을 달성하겠다는 목표를 설정하는 것은 바람직한 일이지만 이것이 해마다 측정 가능한 발전으로 이어져야만 할 것이다. 실제로 코로나19 팬데믹은 산업계에서 탄소 발자국 목표 설정을 앞당긴 것으로 평가되고 있다. 2020년에는 기업들이 2050년까지 탄소 중립을 달성하겠다는 약속을 하는 믿기 힘든 분위기가 형성되었다. 대부분은 기업들의 직접적인 통제 하에서 이루어지는 스코프(Scope) 1(직접배출원)의 배출량을 줄이겠다는 약속이다. 이는 기업이 사용하는 전력 발생으로 생겨나는 간접배출원의 탄소 배출이 포함되는 스코프 2(간접배출원)로도 확대되고 있다. 또한 스코프 3를 포함하는 탄소 중립 달성을 선언하는 기업들도 생겨나고 있다. 스코프 3는 기업이 생산한 제품을 소비자들이 사용하는 과정에서 배출되는 탄소 배출을 의미한다. 2050년은 앞으로 30년 정도밖에 남아 있지 않다. 하지만 탄소 중립을 달성하기에는 충분한 시간이다.

정부에서 기업들에게 탄소 중립을 요구한 것이 아니므로 우리가 목격하고 있는 진전은 투자자들의 영향력이 얼마나 강력한지에 대한 증거라 볼 수 있다. 이제 전 세계 1,500여 개 단체들이 지지 선언을 한 TCFD(기후변화 관련 재무정보공개 전담협의체)의 기업 보고 권고는 많은 기업들이 탄소 중립을 선언하는 현상을 불러온 핵심 요인이다.

그럼에도 불구하고 특히 개인 투자자들은 투자 실행 메커니즘을 그렇게 명확히 이해하고 있는 것은 아니다. 언론 보도는 저탄소 경제로의 이행기에 일부 기업의 자산이 좌초될 위험성을 언급하고 있다. 기업이 녹색 경영을 추구하는지 추구하지 않는지를 이진법적으로 바라보고 투자 결정을 내리는 현상은 전통적인 화석 연료 관련 업종의 기업들이 파산할 가능성이 있음을 시사하고 있다. 하지만 실제로는 대체 에너지 자원 개발에 시간이 걸린다는 점을 감안할 때 증가하고 있는 세계의 에너지 요구를 모두 감당해야 하는 상황에서 그런 일이 일어날 가능성은 희박하다.

더욱이 탄소 중립은 석유화학 산업에서 다양한 물질이 연소되거나 재료를 생산하기 위해 화석 연료가 지속적으로 사용되는 중에도 달성될 수 있다. 투명성이 충분히 담보되어 투자자들이 어느 기업들이 가장 탄소 발자국이 큰지 판단해서 그들을 처벌할 수 있어야 한다. 세계의 석유 의존도가 감소하면서 탄소 배출을 가장 먼저 중단하는 기업은 석유 생산 과정에서 탄소 배출을 가장 많이 하는 기업들이 될 것이다. 석유 생산과 원유를 최종 연료로 정제하는 과정에서 발생하는 온실가스 배출은 잠재적 탄소 감축량에서 아주 큰 부분을 차지한다. 온실가스 배출을 줄여야 한다는 투자자들의 압박으로 말미암아 기업들은 화석 연료 기반 에너지의 가장 효율적인 제공자가 되기 위해 치열한 경쟁을 벌이게 된다. 이것만으로도 세계 온실가스 배출 문제의 많은 부분은 해소될 수 있으며, 이것은 화석 연료를 에너지원으로 사용할지의 여부를 결정하는 문제와는 별개의 것이다.

이런 분위기 속에서 기업들이 적응해나갈 수 있는 또 하나의 방법으로는 환경을 고려하는 상호 보완적인 사업을 개발해 전체 사업이 더 긍정적인 인상을 풍기도록 만드는 것이다. 시간이 지나면서 향후 탄소 중립으로 이행하는 사회적 분위기에 발맞추어 친환경적인 사업은 점차 성장시키고 환경에 악영향을 끼치는 사업은 줄여나갈 수 있을 것이다. 일례로, BP는 최근 더 친환경적인 방향을 모색하기 위해 재생 에너지 프로젝트 개발 계획을 발표했다. 이 분야는 재생 에너지 전문 기업들이 이미 점령하고 있는 분야이므로 BP의 주주들은 BP가 그 분야에서 재생 에너지 전문 기업들보다 더 많은 가치를 창출할 수 있을지에 대해 의문을 제기할 것이다.

수년 동안 이산화탄소 배출량을 대폭 줄였음에도 불구하고 온실가스 최대 배출 기업으로 유명한 캐나다의 유사(油砂 oil sand) 생산업체들에게는 혼합 모델 또한 도움이 될 것이다. 역청을 사용 가능한 형태로 가공하기 위해서는 에너지가 필요하며 가격이 저렴하고 풍부한 천연가스가 항상 가장 용이한 선택지로 여겨졌다. 그러나 유사 생산에 원유 정제를 위한 친환경 자원(이를테면 천연가스 이외에도 전기, 원자력, 그린 수소, 탄소 포집 활용)의 활용을 결합시킨다면 원유 생산과 관련된 온실가스 배출량을 엄청나게 줄일 수 있을 것이다. 기업들은 이를테면 희석제와 함께 소량의 수증기를 이용해 원유 추출 효율을 끌어올리는 데에도 커다란 진전을 보여주고 있다. 상황은 30년 전과 비교했을 때 아주 크게 달라져 있고 이는 30년 후에 이 기업들이 탄소 중립을 달성할 가능성이 아주 높다고 말할 수 있는 이유다.

화석 연료를 운송 수단에 사용하는 비율을 꾸준히 줄여나간다 할지라도 석유와 가스를 다른 용도로 활용하는 경우는 계속해서 늘어날 가능성이 크다. 오늘날 세계 석유 생산량의 약 80%가 가솔린, 디젤, 제트 연료와 같은 운송 연료로 정제된다. 시간이 지날수록 적어도 총 에너지 사용량 대비 탄소 배출량이 아주 많은 용도로 사용되는 비율은 줄어들 것으로 보인다. 그러나 석유 생산량의 나머지 20%는 플라스틱, 합성 화학 물질, 왁스, 아스팔트와 그 밖의 화학 제품 생산 등 아주 다양한 용도로 사용된다. 사회에서는 계속해서 도로를 포장하고 아스팔트 싱글과 비닐 창문, 외장용 자재로 집을 지을 것이다. 또한 합성섬유로 의류를 만들고, 플라스틱으로 만든 부품으로 자동차와 비행기 날개, 우주선을 만들 것이다. 그에 따라 탄소 배출을 줄여나가는 석유 생산 기업들은 석유 기반의 제품을 생산해 최종 소비자에게 전달하는 기업들과 함께 오랫동안, 분명

2050년 이후까지도 성장세를 유지할 수 있을 것이다. 캐나다에서 많이 생산되는 중유는 이 업계에서 가장 폭넓은 활용도를 자랑한다. 이는 공식적으로 알려져 있는 사실이다.

어떤 이들은 석유 산업에 대한 이와 같은 전망이 대체로 지나치게 긍정적이라고 반박할 것이다. 시간이 지나면 확실히 드러나겠지만 그 전망에 대한 믿을 만한 근거로 세계 담배 산업을 들 수 있겠다. 담배 산업은 탄소 배출의 주요 근원일 뿐만 아니라 매년 800만 명에 달하는 인구를 죽음으로 몰고 간다. 세계보건기구(World Health organization)의 발표에 따르면, 매년 전 세계에서 소비되고 있는 약 6조 개비의 담배가 260만 톤의 이산화탄소와 500만 톤 이상의 메탄가스를 배출한다고 한다. 뿐만 아니라 생분해가 불가능한 셀룰로오스 아세테이트(초산섬유소)로 만들어진 수 조 개의 담배 필터를 별도 처리 없이 임의 폐기함에 따라 그것이 지구상에서 일회용 플라스틱 쓰레기를 가장 많이 배출하는 출처가 되고 말았다. 이 문제를 제대로 된 관점에서 바라볼 수 있다면 많은 도움이 될 것이다. 온실가스 배출 차원에서 보면 흡연은 자동차에 비해 온실가스 배출량이 적다. 자동차의 경우 1년에 약 25억 톤의 이산화탄소를 배출하며 이는 흡연자들이 배출하는 이산화탄소의 양의 1,000배에 달한다. 투자자들은 오랜 기간 동안 담배 회사들의 주식에 투자하기를 꺼려왔지만 상위 3개 담배 회사들은 여전히 시가총액이 3,000억 달러가 넘는 것이 현실이다. 그와 반대로 석유 업계의 기업들은 탄소 중립으로 이행하고자 하는 사회적 노력에 적극적으로 동참하려는 움직임을 보이고 있다. 물론 시간이 흐를수록 금융 시장에서는 이와 같은 노력을 인정하고 그 기업들의 가치를 상향 조정할 것이다.

제2의 불확실성의 시대

분명한 것은 기후 변화와 관련해 우리가 생각해 볼 수 있는 시나리오는 다양하다는 것이다. 이는 나라마다 각자 다른 정치 환경의 영향을 받아 결정될 수 있다. 따라서 개인과 기업이 감당해야 할 불확실성은 더 커진다. 만약 탄소세 부과가 정치적으로 난관에 봉착해 있다면 정부는 일단 기후 온난화 방지를 위해 사회 기반 시설을 구축하는 일에 초점을 맞출 수 있을 것이다. 이를테면 기업 공시와 관련해 국제 규정을 정하거나 전 지구적 차원에서 탄소 교환 방식을 통해 선진 경제 국가에서뿐만 아니라 세계 어디에서든 탄소 감축을 위한 노력을 기울일 수 있도록 하는 것이다. 다시 말해서 중국의 한 기업이 화력 발전을 중단하고 천연가스 사용으로 갈아탄다면 설사 그 기업이 많은 양의 화석 연료를 계속 사용한다 해도 그 기업의 친환경적 행보를 보상해 줄 방법은 있어야 한다. 탄소 교환은 바로 그 보상의 일환으로 이루어지는 것이라 할 수 있겠다. 환경친화적 경영을 고려하는 기업들은 탄소 배출권을 구입하고 탄소 배출을 할당량보다 적게 한 기업들은 남는 만큼의 탄소 배출권을 팔 수 있게 하는 것이다.

기후 변화는 이미 예측 불가의 극심한 날씨 변화를 일으켜 개인과 기업, 금융 기관, 정부에게 경제 및 재정적 부담을 안겨주고 있다. 설사 온실가스 배출을 제한하는 조치가 즉각 취해진다 할지라도 기후는 앞으로 30년 간 점차 인간이 지구에서 살아가기 어려운 환경을 조성해 나갈 것이다. 이는 선진 경제에서 식량 및 물 부족, 집단 이주, 정치 불안이 발생할 위험성을 높이고 있다. 기후 변화는 바로 모든 상황을 변화시킬 수 있는 지각 변동 요인인 것이다.

기후 변화와 관련된 요인들에는 정치가 개입되는 것이 불가피하다. 다른 지각 변동 요인들의 경우도 마찬가지이긴 하지만 기후 변화와 관련된 정치는 가장 치열한 공방을 불러올 수 있어 유권자들을 양분하는 상황이 발생할 수도 있다. 이 문제에 관해서는 어떤 결정이 내려지는가에 따라 너무나 많은 패자와 승자, 회의론자들이 생겨난다. 기후 변화 문제가 이기적인 개인 및 개별 기업의 행동이 불러온 결과를 포착하는 데 실패한 사회적 시스템으로 인해 발생한 집단적 문제라는 점을 고려해 볼 때 당연히 해결책을 찾기 위해서는 집단적 대응, 즉 정치적 대응이 요구된다. 기후 변화 문제를 해결하는 데에는 필연적으로 정치가 개입되어야 한다는 점에서 기후 변화는 가까운 미래의 경제를 불확실하게 만드는 가장 중요한 근원 중 하나라 할 수 있다.

변화의 방향이 확실하다 할지라도 2050년까지 강제적인 탄소 중립으로의 에너지 전환(만약 달성될 수 있다면)은 훨씬 더 많은 변동성을 낳게 될 것이다. 탄소 중립으로 가는 길이 매우 다양하다는 점을 감안하면 기후 변화에 대한 정책적 대응은 미래의 더 큰 불확실성의 근원이 될 것이다. 전체 사업 모델들은 탄소 배출에 가격을 매기는 움직임에 의해 일어나는 상대 가격의 변화 속에서 구축되거나 파괴될 것이다.

정부가 기후 변화 문제에 통일된 접근법을 적용할 수 있을지의 여부는 판단하기 어렵다. 어디까지나 정치는 정치이기 때문이다. 정부가 통일된 접근법을 강제하지 못한다 해도 투자자들은 이미 투자 결정을 통해 의사 표시를 하고 있고 이러한 추세는 계속 이어질 것이다. 그에 따라 자본 배분, 기업 혁신, 잠재적인 좌초 자산에 엄청난 변화가 나타날 것이다.

정책적으로 탄소 포집 및 격리를 위한 기술적 해결책을 강조하는 것이 세계의 환경 보호 열망과 탄소 활용의 균형을 맞추는 가장 훌륭한 방법인 것처럼 보인다. 탄소세 인상도 분명 한 가지 가능성 있는 방법이다.

하지만 정부는 대기 중에 존재하는 탄소를 직접 제거해 (채굴과는 반대로) 그것을 매장하는 기술 개발에 대해 장려책을 마련하는 한편 탄소 배출을 규제함으로써 유연성을 극대화할 수 있다. 오늘날 도시 쓰레기에서 나오는 메탄 가스는 포집되어 일부 도시의 천연 가스 시스템으로 공급된다. 이와 같은 아이디어를 기반으로 내포 탄소를 포집, 저장, 재사용하는 한편 도시 쓰레기를 수소나 다른 저장 가능한 에너지원으로 전환하는 방식은 전망이 아주 밝다.

그러한 순환 기술의 활용은 사회를 진정으로 해방시키는 길이다. 플라스틱을 지방 쓰레기 매립지에서 클린 에너지로 전환할 수 있어서 일회용 플라스틱 사용에 대해 죄책감을 느끼지 않아도 된다고 상상해 보라. 우리에게는 우리 자신과 자녀들, 그리고 손주들에게 더 심각한 기후 변화로부터 지구를 보호하면서 지구의 풍부한 천연자원의 혜택을 계속해서 누릴 수 있는 혁신적인 방법을 찾아주어야 할 의무가 있다. 앞으로 지구 온난화가 불가피하게 더 심각해질 수밖에 없는 상황임을 고려할 때, 미래를 위해 새로운 탄소 포집 기술을 개발하는 한편 즉시 탄소 배출량을 줄여나가는 두 갈래의 접근법이 기후 변화 리스크를 관리하는 가장 좋은 방법일 것이다.

기후 변화라는 지각 변동 요인은 분명 그 자체만으로도 감당하기 어려운 도전이다. 그러나 기후 변화는 뚜렷한 변동성과 미래 불확실성을 야기하며 앞서 언급한 다른 지각 변동 요인들과의 충돌이 불가피해질 것이다.

| 7장 |

The Next Age of Uncertainty

여러 요인들이
상호작용할 때
위험도는 높아진다

회상: 인생에서의 갈림길

인생의 기로에서 선택할 수 있었던 다양한 길들을 떠올려 보면 자신이 현재 여기에 와 있다는 사실이 아주 놀라울 것이다. 고등학교 시절부터 현재까지 당신은 성장하면서 얼마나 많은 결정을 내려왔는가? 지난 20년 동안 오로지 한 번만 다른 길을 택할 수 있다면 그것은 어느 길이겠는가? 그 가상의 시나리오와 당신의 현재 모습 사이에는 아주 큰 차이가 있을 수도 있다. 이를테면, 다른 도시에서 다른 직업을 가지고, 다른 배우자를 만나 아이를 낳고 살거나 혹은 낳지 않고 사는 등 아주 다른 모습일 수도 있다. 무작위의 연속적인 사건들은 시간이 흐르면서 엄청난 불투명성을 누적시킨다. 오늘날 우리의 모습은 기본적으로 그 모든 판단들과 그것과 연관된 경험들의 총합이다. 이것이 우리를 유일무이한 개별적인 존재로 만드는 것이다.

요기 베라(Yogi Berra)는 다음과 같이 말한 바 있다. "길을 가다가 갈림길을 만나면 다른 방향으로 난 길을 택하라." 퀸스 대학을 다니던 시절 나는 경제학 수업을 수강할 것을 권하는 친구를 만났다. 그때 나는 어떤 선택을 했던가? 그 친구를 만나지 않았더라면 나는 경제학 수업이 아니라 수학 수업을 하나 더 들었을 것이고 계획대로 의대에 진학했을 것이다. 그리고 나의 고향인 오샤와 부근 어디쯤에서 의사로 일하고 있었을 것이다. 갈림길의 출발점에서부터 현재의 결과 사이에 누적되어온 불확실성은 측정하기 어려울 정도로 크다.

이 간단한 사고 실험은 이 책의 중요한 전제를 보여준다. 우리의 삶에서와 마찬가지로 동력은 시간이 흐르면서 기존의 궤도를 벗어나 떠돌며 결코 직선으로 이동하지 않는다는 것이다. 그 과정에서 여러 무작위적인 요소들이 침범하고, 시간이 지날수록 불확실성은 계속 높아져만 간다. 현재의 시각에서 보면 지금부터 5년에서 10년 후의 상황에 관한 불확실성은 엄청나게 크다. 그리고 궁극적으로 어떤 결과를 맞이할지는 개개인별로 다르다. 이는 가까운 미래에 우리가 직면하게 될 커져만 가는 위험성을 이해하는 데 핵심이 되는 카오스의 법칙이나 나비 효과를 보여주는 완벽한 실례가 될 수 있다.

수년 동안 최근의 기술 진보에서 비롯된 낙관적 분위기가 세계 주식 시장을 휩쓸었다. 호황의 끝은 보이지 않는 듯했다. 투자자들은 새로운 통신 시스템과 운송 기술, 제조 혁신에 돈을 쏟아붓고 있었다. 새로 등장한 지불 수단들이 기존의 것을 대체하고 있었다. 그야말로 새로운 시대가 열리고 있었다.

블랙 프라이데이 전까지 호황은 이어졌다. 실제 경제 발전의 물결 뒤에는 돈을 잃게 될까 두려워하는 투자자들을 무차별적으로 유혹하는 한 무리의 얄팍한 사기꾼들이 숨어 있었다. 선제적인 주식 시장에서는 단 하나의 흠집만 발견해도 그것만으로 즉시 대중의 정서를 바꾸기에 충분했다. 주식 시장은 그 주 금요일 아침에 폭락했다. 절반 이상의 거래 주식이 증발했고 100개 이상의 금융 기관들이 파산 상태로 내몰렸다. 장은 이른 오후에 폐장했고, 그 결과 약 20년 동안 경기 불황이 지속되었다. 각 국가의 정부들은 자국의 경제를 보호하기 위해 관세를 부과하는 것으로 대응했다.

주식시장 붕괴는 1873년 5월 9일 블랙 플라이데이 때 오스트리아 헝가리 제국의 수도인 비엔나에서 시작되었다. 이 사건은 장기불황(the

Long Depression)이나 빅토리아 시대 불황의 기폭제로 인식되고 있다. 그 뒤 몇 주 동안 신용 거래는 사라지고 불신은 커져갔으며 투자자들은 점점 빠져나가고 더 많은 기업들이 파산했다. 그 당시에는 확산이 더디게 이루어졌지만 그 후 수 개월 동안 공황은 런던, 베를린, 뉴욕 등 다른 중심부로까지 확대되었다. 뉴욕증권거래소는 그 해 9월 열흘 간 휴장했다.

1873년의 주식 시장 붕괴가 분명 빅토리아 시대 불황의 기폭제가 된 것은 사실이지만, 그 사건을 (단순히 투자자들이 겁을 집어먹은) 호황과 불황이 번갈아 반복되는 전형적인 순환 주기로 보는 것은 지나치게 단순화한 시각이다. 경제사학자들은 불황이 오기 전 호황이 온다는 사실을 지적한다. 철도 건설에 대한 과도한 투자를 그 근거로 들지만 지불 제도의 변화 또한 중요한 근거로 들고 있다. 독일 제국은 1871년 은화 주조를 중단했고 1873년 7월에는 오로지 금으로만 화폐를 주조하는 것으로 지불 제도를 변경했다. 나비 한 마리가 날갯짓을 한 것이다.

이와 같이 겉으로 보기에는 무해한 독일의 결정이 전 세계에 잔물결 효과를 불러일으켜 중대한 변화를 가져왔다. 미국을 비롯한 다른 국가들도 독일의 뒤를 이어 은화를 지불 수단으로 사용하는 것을 중단하고 금본위제로 갈아탄 것이다. 그에 따라 세계 통화 공급량은 감소했고 금리는 상승해 많은 부채에 시달리고 있는 농부들과 철도 회사들이 파산을 선언하기에 이른다. 그들의 은행과 다른 투자자들도 함께 나락으로 떨어졌다. 이와 같은 정황을 따져보면 장기불황이 단순히 비엔나에서 투자 자신감을 잃어버려 발생한 것이 아님을 알 수 있으며, 주변국들의 경기 변동 동조화 경향 또한 이해할 수 있게 된다.

나는 지각 변동 요인에 입각해 한 발 더 깊숙이 분석해보려 한다. 1873

년에 공황이 발생하기 전부터 세계는 첫 번째 지각 변동을 겪고 있었다. 첫 번째 산업혁명은 농업이 시작된 이래로 인류가 맞이한 최초의 커다란 도약이었다. 북미의 식민지화는 경작지, 목재, 금속, 미네랄 등의 아주 풍부한 새로운 자원들을 들여올 수 있게 만들었고 이는 증기 기관의 도입과 결합해 세계의 공급 능력을 아주 크게 증대시켰다. 즉, 과거에는 본 적이 없는 생산성의 급증을 경험하게 된 것이다.

3장에서 살펴본 것처럼, 세계의 공급 능력이 증가하고 효율성이 훨씬 더 높아지는 변화를 겪게 되면서 식품, 의류 등 제조 상품들을 포함해 다양한 상품들의 가격이 하락하는 결과가 나타났다. 그 과정에서 많은 사람들이 일자리를 잃게 되었고 특히 유럽의 구(舊)경제에서 그런 현상은 더욱 두드러져 수요와 공급의 불균형을 더 악화시켰다. 노동자들은 일자리를 잃거나 새로운 공장에서 저임금을 받고 장시간 노동에 시달리고 있었던 반면 자본가들과 철도 부호들은 1차 산업혁명의 이와 같은 폐해를 기회로 삼아 이득을 취하고 있었다. 다시 말해서 소득 불균형은 극도로 증가하고 있었다.

한편 가격 하락은 신기술에 대한 적응이 느리고 미지불 채무가 있는 기업들에게는 독이었다. 투자자들의 마음속에서 신용도를 갉아먹고 불신을 키웠기 때문이다. 세 가지 지각 변동 요인들, 즉, 기술 발전, 소득 불평등 증가, 부채 증가 사이에 발생하는 충돌은 경제 및 금융 변동을 일으키는 기반이 되었다.

필요한 모든 상황은 지진을 일으키는 기폭제가 되었고 비스마르크 정부는 그에 굴복했다. 단본위제에서 복본위제로 갈아탄 독일은 아마도 스스로 '혁신적'이라는 꼬리표를 달 자격이 있어 보인다. 그 행보는 국제적으

　　　　　　　　　　　　　제2의 불확실성의 시대

로 아주 큰 파급 효과를 가져왔고 금 부족 현상을 낳아 통화 부족 현상으로까지 이어졌다. 세계 경제가 상품 공급량의 큰 증가를 경험하고 거래 증가를 촉진하기 위해 더 많은 통화 공급이 필요했던 것처럼 세계 통화 공급량은 명백하게 감축되었다. 갑자기 돈의 양은 너무 적어졌고 상품은 너무 많아져 디플레이션이 찾아왔다. 결과는 여러 요소가 섞여 있는 완벽한 경기 침체 칵테일이었다.

빅토리아 시대의 장기불황은 지각 변동 요인들이 어떻게 상호작용해 예상치 못한 경제 및 금융 변동을 가져올 수 있는지 확실히 보여주고 있다. 또한 급변하는 시장 환경에서의 변동성뿐만 아니라 아웃라이어, 또는 블랙스완 현상도 짚어준다. 진정한 아웃라이어나 블랙스완 현상은 경제에 타격을 주는 것으로 관측된 방해 요인들과는 달리 오랜 기간 인류에게 아주 큰 고통을 안겨 주었다. 빅토리아 시대의 장기불황은 미래에 대해 우리 사회가 집단적으로 느끼는 불확실성을 영구히 증가시켰다.

불확실성 이해하기

개인과 기업은 날마다 측정이 불가능한 불확실성에 직면해 있다. 불확실성은 항상 응용 경제학의 핵심을 이루고 있다. 응용 경제학은 개인과 기업들의 행동을 연구하는 학문 분야이기 때문이다. 경제학자들은 항상 개개인이 하는 행동을 기반으로 전체 집단의 행동에서의 큰 변화를 포착하려고 노력하고 있다(거시경제학). 당신과 나는 어떤 주어진 상황에 대해 다르게 반응할 것이다. 하지만 모든 이들의 반응을 한데 모은다면 모든 개인들의 평균적인 반응을 도출할 수 있을 것이다. 그리고 우리는 그 평균이라는 개념이 불확실성을 전제로 하고 있는 통계적인 개념이라는 사실을 인정한다. 다시 말해서 어떤 상황에 직면했을 때 평균적으로 한 집단의 사람들은 이런 방식으로 반응할 것이지만 집단 속에 존재하는 하나하나의 인간은 조금씩 다르게 반응한다는 것이다. 거시경제학은 기계적이거나 정밀한 과학이 아니다. 전형적인, 혹은 평균적인 인간 행동의 합리적인 근사치를 연구하는 학문이다.

경제학에서 대중에게 활용도가 높은 개념 중 하나는 일반적으로 종 모양 곡선으로 알려져 있는 표준, 또는 '정규' 통계 분포도이다. 정규 분포는 각각의 가능한 결과가 나타날 가능성을 보여준다. 가장 가능성 높은 결과는 정중앙, 즉 종 모양의 가장 상단 값이다. 이 값이 바로 평균이며 기대할 수 있는 결과를 나타낸다. 아마 대학 시절 교수들이 종 곡선을 이용해 학생들의 성적을 매긴다는 말을 들어보았을 것이다. 시험의 난이도가 다양하고 채점 기준도 교수마다 다르기 때문에 대학은 교수들이 모든 평균 점수를 동일하게, 이를테면 70%로 정하는 것을 원할 것이다. 만약 어떤 수업에서 평균이 65%라면, 시험이 더 어려웠거나 채점 기준이 더 까다로웠다고 추정해 볼 수 있다. 따라서 학생들은 다른 수업의 평균과 동일하게 만들기 위해 자신의 점수를 5% 올린 점수로 간주할 것이다. 종형 곡선의 나머지 부분은 다른 모든 가능한 결과들을 나타낸다. 평균값에서 멀어질수록 점점 더 확률은 낮아진다. 학생이 100%를 받을 확률은 아주 낮다. 학생이 80%를 받을 확률은 높으며 평균값인 70%를 받을 확률이 가장 높다.

이와 같은 가능 결과 분포도를 기반으로 우리는 특정한 일이 일어날 위험도나 가능성을 수학적으로 계산해 낼 수 있다. 결과의 통계 분포 곡선이 어떤 모습일지 알 수 있다면 미래의 결과가 과거에 나타난 평균과 비슷할 것임을 추정함으로써 위험도를 측정할 수 있다. 최상단이 평평한 아주 넓은 종 곡선의 경우 여전히 평균값을 결과로 얻게 될 확률이 가장 높지만 그 확률이 아주 높지는 않다는 것을 시사하며, 평균값보다 더 높은 값과 더 낮은 값을 얻게 될 확률 또한 고려해야 할 필요가 생긴다. 따라서 미래에 또 다시 평균적인 결과가 나타날 것이라 추정하는 것은 위험하다는 것이다.

나심 니콜라스 탈레브(Nassim Nicholas Taleb)는 그의 저서 〈블랙스완(The Black Swan)〉에서 활용도 높은 종 곡선의 신뢰도에 대해 문제 제기를 하고 있다. 종 곡선을 통해 위험도를 계산하려는 것은 위험이라는 개념에 대해 오해를 불러올 소지가 있다는 것이다. 종 곡선이 보여주는 평균값을 볼 때 사람들은 평균에서 멀리 놓여 있는 아주 가능성 낮은 다양한 결과들을 고려하지 않으려 한다. 곡선의 가장 말단인 평균에서 가장 먼 왼쪽 끝이나 오른쪽 끝은 보려 하지 않는다. 이렇게 일어날 가능성이 희박한 '말단 리스크' 사건들은 역사적으로 무시되었고, 사람들은 그것에 대해서는 거의 준비하지 않는다. 그런 일은 일어날 가능성이 희박하다고 보고 고려 대상에서 제외하기 때문이다. 탈레브는 종 곡선을 '아주 훌륭한 지적인 사기'라고 지적하며, '충격적인 사실은 검정색 양복을 입고 경제에 대해 지루하게 설명하는 규제 당국 담당자와 중앙은행 간부들이 종 곡선을 위험도 측정 도구로 활용하고 있다는 사실이다'라고 쓰고 있다. (모두 나의 탓이로소이다!)

우리가 경제학에서 일컫는 불확실성에 대해 이해하고 있는 내용 중

상당 부분은 한 세기 전에 불확실성을 논한 미국의 경제학자 프랭크 나이트(Frank Knight)의 사상에 기반을 두고 있다. 나이트는 특정한 결과가 나타날 가능성을 계산 혹은 측정하는 것이 가능한 상황을 지칭하기 위해 '리스크'라는 용어를 사용했다. 예컨대, 어떤 경제학자는 지금으로부터 1년 후에 경기 침체가 찾아올 확률이 30%임을 판단하기 위해 경제 모델을 활용할 것이다. 그러나 어떤 이유에서든 가능성을 계산하기가 불가능한 경우 불확실성은 너무 커져서 경제 모델로 포착하거나 역사적으로 나타난 평균적인 행동이나 종 곡선으로 계산할 수 없다. 이처럼 측정이 불가능한 불확실성은 '리스크'로 간주하는 것이 아니라 '나이트의 불확실성'으로 간주해야 한다.

상관관계와 경제 모델

경제 모델은 데이터에 나타나는 상관관계에 의존한다. 미래 예측에 활용될 수 있는 변수들 사이에서 규칙적으로 나타나는 연관성을 찾는 것이다. 예컨대, 소비자 지출은 소비자 소득과 분명한 상관관계가 있다. 소득이 늘어나면 지출도 늘어난다. 상관관계는 완벽히 맞아떨어지는 않는다. 평균적으로 소득의 일부는 항상 저축되고 있고, 처해 있는 상황에 따라 저축액은 사람마다 다르기 때문이다.

일반 대중도 상관관계가 반드시 인과관계를 암시하지는 않는다는 사실을 이해하고 있다. 두 가지 일이 동시에 발생하도록 만드는 다른 무엇이 항상 존재할 수 있는 것이다. 여기서부터 경제 이론이 중요해진다. 경제학자는 치밀하게 공식화된 이론을 바탕으로 예측을 내놓음으로써 어떻게 경제 통계에서 인과관계가 분명히 드러나는지 보여주고 있다. 통계에서 드러난 상관관계가 이론과 일치한다면 경제학자는 자신이 생각한 상관관계가 신빙성이 있다는 사실에 자신감을 가지고 그것을 미래를 예측하는 데 사용한다. 그 상관관계들이 모여서 경제 모델이 되는 것이다.

대부분의 경우 이 관계는 'A가 상승하면 보통 B는 하락한다'와 같이 단순히 2항으로 이루어져 있는 관계가 아니다. 보통은 여러 가지 일들이 동시에 발생한다. 하나의 변수의 행동(이를테면 환율)이 한 가지만이 아닌 여러 다른 변수들의 행동에 따라 결정된다. 환율과 다른 한 가지 경제 변수 사이에서 과거에 증명된 상관관계에만 의존하는 분석가는 예외의 경우가 발견될 때까지만 유효한 상관관계만을 발견할 것이다. 기존에 밝혀진 상관관계가 더 이상 유효하지 않다면 그것은 다른 변수가 환율의 결정적인 동인으로 부각되기 시작했기 때문일 것이다. 그러고 나면 경제학자들과 언론은 종종 어떻게 일반적인 상관관계가 '깨지고' '새로운 이론'으로 대체되었는지 설명해 준다. 그렇다고 해서 새로운 이론이 훨씬 더 나은 것은 아니다. 이 새로운 상관관계 역시 또 다른 새로운 상관관계가 등장할 때까지만 유효할 것이다. 적용되는 프레임워그가 완진하지 않기 때문에 이런 일들이 발생하는 것이다.

어떤 상관관계가 가장 중요하며 앞날을 예측하기에 적합할지 결정하는 문제는 거의 항상 다면적이고 생각보다 훨씬 더 어렵다. 예컨대, 집을 구입할 지에 관한 결정은 확실히 그 사람의 소득 수준에 달려 있다. 소득이 높을수록 전세보다는 집을 구입하려는 경향을 보일 것이다. 동시에 주택 구입이 대출을 요하는 경우가 많으므로 이자율 또한 그 결정에 중요하게 작용한다. 이자율이 높으면 똑같은 주택을 구입해도 이자율이 낮을 때보다 갚아야 할 주택담보대출금이 더 높아진다. 따라서 이자율이 낮으면 주택 구입이 촉진되고 이자율이 높으면 주택 구입이 감소한다.

이번에는 주택 매매가 강세를 보이는 동시에 이자율도 오르는 상황을 가정해 보자. 이처럼 일반적인 상관관계와 반대되는 상황을 우리는 어떻게 해석해야 할까? 더 정교한 모델에 입각한 단순한 상관관계만을 떠올릴 것이 아니라 주택 매매가 이자율뿐만 아니라 소득에 의해서도 큰 영향을 받는다는 사실을 상기해야 한다. 소득이 상승하면 이자율이 상승해도 주택 매매는 증가할 것이다. 하지만 이자율이 낮게 유지되었을 때 상승했을 주택 매매율보다는 더 적게 상승할 것이다. 직관적으로 이것을 이해하려면 관측자는 이율이 오르지 않았다면(주택 매매는 훨씬 더 강세를 보였을 것이다) 주택 시장 상황이 어떠했을지 상상할 수 있어야 한다. 그리고 높은 이율의 효과를 별도로 계산할 수 있어야 한다. 이와 같은 사고 과정을 통해 관측자들은 반(反)사실을 상상해 보게 된다. 이것은 그들에게도 하기 어려운 일이다. 사람들은 단순한 2항적인 상관관계로 사고하는 경향이 있다. 경제학자들은 데이터에서 특정 동인들이 상대적으로 중요하다는 사실을 보여주기 위해 통계적 기술을 사용한다. 그들은 그 과정에서 기본적으로 두 가지 이상의 여러 가지 사건들이 동시에 발생하고 있을 가능성도 허용하고 있다.

이는 주택 매매의 경우에 국한된 모델일 뿐이다. 전체 경제와 관련된 경제학자의 모델에는 수출과 수입, 소비자 지출, 기업의 투자 지출, 정부 지출, 환율, 장기 이자율 등을 보여주는 비슷한 통계적 상관관계가 포함되어 있을 것이다. 각각의 요소들은 다른 많은 요소들과 동시에 상호작용한다. 경제 모델은 경제와 마찬가지로 더 완성도가 높아질수록 경제학자가 그것이 작동하는 방식을 이해할 수 있는 단순성을 점차 잃어버리게 된다.

그런 일이 발생하면 현실 세계에서 더 이상 어떤 상관관계가 나타나야 하는지 예상하거나 관측되는 상관관계를 이해하기가 어려워진다. 경제 모델은 과거에 일어난 일들을 모사하고 그것의 특징을 드러내는 실험을 수행하는 데 이용될 수 있을 뿐이다. 일부 모델들은(이를테면 주택) 과거의 사건을 매우 잘 설명해 주는 반면 다른 모델들은(이를테면 기업 투자) 그렇지 못하다. 경제학자들은 후자의 관계가 전자의 관계보다 불확실성이 더 높다고 말할 것이다. 후자의 경우 과거의 일을 모사하기가 아주 어렵기 때문이다. 하지만 모든 구성 요소들은 전반적인 경제 성장이나 인플레이션과 같이 우리가 이해할 필요가 있는 변수들을 발생시키기 위해 함께 작동해야만 한다.

경제 모델이 경제 성장이나 인플레이션을 예측할 때는 경제 각 분야와 관련된 다양한 상호 관계에서 비롯되는 모든 불확실성이 담겨 있다. 이 불확실성의 복잡한 합일점을 '모델 불확실성'이라고 부르며, 이는 우리가 경제와 관련된 판단을 내릴 때 감수하는 위험의 가장 포괄적인 척도이다.

그것이 경제학에서 말하는 불확실성의 유일한 근원은 아니다. 일반적인 측정의 문제도 한몫하고 있다. 경제학 모델에서 일부 중요한 개념들은 이론상으로는 아주 분명하지만 현실에서 적용하기에는 미흡하다. 그 예로 상품과 서비스를 생산하는 경제 능력을 예상하기란 어렵다. 기업의 생산 역량과 가용 노동력 모두를 파악하고 있어야 하기 때문이다. 또 다른 예는 앞서 언급했던 자연 이자율 혹은 균형 이자율이다.

솔직히 말하면, 경제학자들은 이러한 요소들의 측정에 관한 불확실성이 복잡한 모델 경제를 통해 직접적으로 전달될 것이고, 경제 성장과 인플레이션, 이자율 등의 예측에 관한 근본적인 불확실성이 확대될 것이라는 사실을 인정해야만 한다. 경제학자들은 아주 의심스러울 때에도 그 변수들에 관한 일련의 추정과 미래에 관한 불투명한 가능성을 내놓으면서 다양한 예측을 할 것이다.

나비 효과, 블랙스완, 카오스 이론

실증 경제학이 어려워 보인다고 한다면 날씨 예측은 훨씬 더 어려워 보인다. 어떤 특정 시간에 작동하는 변수가 너무나 많기 때문이다. 경제학과 마찬가지로 날씨는 본질적으로 날마다 매순간 역동적으로 변화하고 있다. 문제는 날씨에서의 상관관계가 (경제학에서처럼) 행동적이거나 사회적이기보다는 물리적임에도 불구하고 날씨 현상의 측정이 경제 현상의 측정보다 훨씬 더 부정확하다는 것이다.

에드워드 로렌즈(Edward Lorez)는 1960년대 초 날씨가 불규칙해(수학적으로 예측 불가능하게) 보일 수 있음을 관측한 최초의 인물이었다. 초기 조건에 아주 민감해서 정확히 측정하기 어려웠기 때문이다. 로렌즈는 날씨 모델 개발에 참여하고 있었고 1972년 그의 연구에서 '나비 효과'에 관해 처음으로 언급했다. 그의 이론에 따르면, 브라질에 있는 나비가 날개를 한 번 퍼덕이면 이 영향이 시간이 흐를수록 증폭되어 궁극적으로 텍사스에 토네이도를 일으키는 일련의 결과를 가져올 수 있다는 것이다. 다시 말해

제2의 불확실성의 시대

서, 초기 조건의 사소한 변화, 또는 초기 조건의 사소한 측정 오류가 날씨 예보에 막대한 영향을 줄 수 있다는 것이다.

오늘날 날씨 예보는 초기 조건에 작은 차이를 둔 수많은 날씨 모델을 모의 실험함으로써 여러 개의 예보를 내놓는다. 그래서 그 속에서 평균을 낸 결과를 날씨 애플리케이션에서 정보로 제공하는 것이다. 이와 같은 방식으로 말미암아 최종적인 날씨 예보에 대한 초기 측정 오류의 중요성이 적어졌다. 일기 예보관들은 최근 들어 아주 수법이 정교해졌다. 놀라울 정도로 최종 결과에 근사하도록 매 시각 예보를 내놓는 것이다.

수학자들은 연구를 통해 복잡한 상호작용에 의한 변동 요인이 존재하는 체계는, 특히 비선형적인 요소를 가진 체계인 경우 혼란스러운 결과를 가져올 수 있다는 사실을 보여주고 있다. '혼란스러운 결과'란 특정 요인들의 결합으로 인해 어떤 결과가 나올지 예상할 수 없었던 것을 의미한다. 즉, 기본적으로 결과가 무작위라는 것이다. 미래의 어느 시점에 상황을 동일하게 조성한다 해도 완전히 다른 결과가 나올 수 있다. 이는 변동 요인들이 완전히 기계적으로 작동하고 사람들이 그것에 대해 분명히 파악하고 있을 때조차도 수학적으로는 타당하다. 이 개념은 수학적 관계를 바탕으로 모델이 구축되고 많은 부분이 비선형적인 날씨와 경제 모두에 직접적으로 적용된다. 한 마리의 나비가 날씨를 바꿀 수 있다면 지각 변동 요인들이 수렴하는 지점에서는 경제에 어떤 변동이 일어날 수 있을지 한번 상상해 보라.

날씨 변화를 일으키는 대기의 요인들과 마찬가지로 다섯 가지 지각 변동 요인들은 모두 비교적 설명이 용이하다. 인구가 노령화되고, 기술이 발전하고 소득 불평등이 심화하고, 부채 부담은 증가하고 지구온난화는 가속화된다. 이들 중 복잡한 것은 없다. 하지만 그들이 불러올 결과는 복잡하다. 그리고 그들이 모두 동시에 진화하는 동안, 그들 사이의 상호작용은 이론상 세계 경제와 관련해 혼란스럽거나 불가해한 것처럼 보이는 결과를 불러올 가능성이 높다. 다시 말해서 현재 관측되는 상황과 우리가 구축하는 모델을 고려해 볼 때 앞으로의 경제 성장과 인플레이션, 이자율을 실제로 예측하는 것은 어려울지도 모른다. 이 정도의 불확실성은 이론적으로 가늠이 어려울 정도로 심각하며 따라서 측정이 불가능한 '나이트의 불확실성'으로 간주할 필요가 있다. 이는 앞으로 개인들이 일상적인 의사결정을 할 때 감수해야 할 경제적 위험이 더 높아질 것임을 의미한다.

나심 탈레브의 블랙스완 개념은 이러한 불확실성의 개념과 긴밀히 맞닿아 있다. 탈레브의 정의에 따르면, 이전에는 일어난 적이 없는 하나의 사건이 일어나고 그 결과 전체 세상이 바뀌는 것을 말한다. 인터넷이 생겨난 후 세계는 더 이상 이전과 같지 않았다. 두 대의 여객기가 뉴욕의 세계무역센터에 충돌한 후 세계는 더 이상 이전과 같지 않았다. 혹은 미국의 주택 시장 붕괴로 세계 금융 위기가 발생한 후 세계는 더 이상 이전과 같지 않았다. 그런 사건이 발생하고 난 뒤에 사람들은 비행기 충돌이나 주택 시장 붕괴를 최소한 전문가들은 예측할 수 있었어야 한다고 말하며 사건을 합리화할 수도 있다. 블랙스완이 발생했다는 것은 미래에는 우리가 다시는 그렇게 무방비 상태로 당해서는 안 된다는 것을 말해주고 있다.

탈레브의 말은 전적으로 옳다. 커다란 리스크와 기회는 항상 후미에 감추어진 채로 우리의 리스크에 대한 인식을 재정립해줄 사건으로 드러난다. 지각 변동 요인들이 변화하고 있는 세상에서 이런 문제는 예측 불가능한 후미 리스크 중 하나에 불과한 것이 아니다. 예측하지 못한 경제 및 금융 문제들에 대한 더 설득력 있는 해명은 우리가 살고 있는 세계와 그 세계에 작동하는 복잡성으로 인해 가끔 혼란스러운 결과가 발생할 수밖에 없다는 것이다. 더욱이 시간이 지나면서 그 요인들의 작동이 더 강력해지면 우리는 평균적으로 더 많은 경제 및 금융의 변동성을 경험하게 된다. 설명이 불가능한 사건들은 블랙스완처럼 보일 수 있지만 사회 환경의 복잡성이 증가하면서 자연스럽게 나타난 산물일 수도 있다. 이 책에서 단 한 가지만 강조해야 한다면 그것은 우리에게 다가오고 있는 리스크가 종 곡선의 정중앙에 놓여있다는 점이다. 그 사건들 자체는 예측이 불가능하다 할지라도 그것은 우리가 확신할 수 있는 일이며, 우리는 더 큰 변동성이 다가오고 있음을 알고 있다.

일반적인 경제 상식으로 그것은 예측이 아니다. 나는 무턱대고 모델에 데이터를 입력해 그것이 어떤 예측을 내놓는지 보지 않는다. 수학을 기반으로 더 깊은 추론과 논리적인 결론을 끌어내야 한다. 지각 변동 요인들의 미래 상호작용은 세계 경제에 혼돈을 안겨줄 것이다. 그 결과 우리가 경제 이해를 위해 기반으로 삼는 통계학적 평균은 더 많은 리스크에 둘러싸여 신뢰를 잃어버리게 될 것이다. 우리의 경제와 관련된 결정은 불가피하게 더 불명확해질 것이고 우리는 잘못된 결정을 내리고 그 결과로 고통받는 일이 훨씬 더 많아질 것이다.

세계 경제 포럼의 클라우스 슈밥과 티에리 말르레(Thierry Malleret)가 2020년 출간된 그들의 저서 〈클라우스 슈밥의 위대한 리셋(COVID-19: The Great Reset)〉에서 강조한 것처럼 21세기를 가장 정확히 포착해낸 하나의 단어는 '상호의존'이다. 이는 세계화와 기술 발전의 부산물이라 할 수 있다. 상호의존성이 높아진다는 것은 국경을 넘나드는 경제 활동과 무역에서 더 많은 기회를 가지게 됨을 의미한다. 그에 따라 세계 공급망이 복잡해지는 것은 불가피하게 따르는 결과 중 하나다. 그러나 이러한 상호 의존은 서로 연관되어 있는 시스템 내에서 어느 한 부분의 실패가 다른 부분의 실패로 이어지는 캐스케이딩 충격에 더 취약해지게 만들기도 한다. 그 결과 경제 문제는 수면 아래에서의 움직임과는 상관없이 더욱 동시 발생의 가능성이 높아지는 것이다.

일례로, 오늘날 20~30년 전에 비해 해외여행이 훨씬 더 일반화되면서 코로나19 팬데믹 상황이 얼마나 빠른 속도로 전 세계로 확산되었는지 생각해 보라. 최근의 연구에서 맥스 로저(Max Roser)는 UN 세계관광기구 (UN World Tourism Organization)에서 발표한 세계 관광 관련 자료를 수집했다. 자료에서는 1980년에 2억7천8백만 명이었던 해외 여행객의 수가 2018년에는 500% 증가해 14억으로 증가했음을 보여주고 있다. 이는 단순히 여행만 늘어난 것이 아니라 기업의 세계화도 증가했음을 보여주는 좋은 가늠자이기도 하다. 전 세계 인구가 약 70% 증가하는 동안 전 세계적으로 이동한 사람의 수가 엄청나게 증가한 것이다. 과거 어느 때보다도 더 많은 사람들이 이동하면서 새로운 바이러스의 세계화 가능성도 높아지고 있다. 바이러스가 중국의 박쥐에서 시작된 것이든 덴마크의 밍크나 토론토의 모기에서 시작된 것이든 말이다. 슈밥과 말르레는 코로나19의 충격 여파가 경제 및 정치 불안을 불러온 것에 더해 앞으로 오랜 기간 반향을 일으킬 것이라 주장하고 있다. 그러나 나의 견해로는 세계는 팬데믹을 겪지 않았다 해도 미래에 리스크의 밀물을 경험했을 것이다.

지각 변동 요인들은 상호 간 작용만 하는 것이 아니다. 개인과 기업이 감당해야 할 변동성이 증가하면서 필연적으로 정치를 끌어들여 경제적 사안에 또 한 겹의 불확실성을 덧씌운다. 정치적 고려를 참작한 선의의 정부 정책은 타협으로 어려움을 겪게 되고 기업 환경에 불리한 의도치 않은 결과를 가져오게 될 수도 있다. 그렇지 않다 하더라도 정부가 특정 사안에 대해 어떤 행보를 보일지에 대한 불확실성은 기업들이 의사결정을 하는 데 있어 큰 장애로 작용할 수도 있다. 상호의존성이 아주 높은 오늘날의 세계에서는 한 국가 내에서의 정치적 긴장은 일상에 또 다른 불확실성을 보태며 세계 지정학에까지 피해를 끼칠 수 있다. 우리는 최근 들어 국제 무역에서 정확히 이와 같은 메커니즘을 경험한 바 있다. 소득 불평등이 증가함에 따라 미국 시민들의 불만은 끓어올랐고 전 세계에 막대한 영향을 미치는 무역 제한을 임의적으로 시행하기에 이르렀다.

마찬가지로, 기후 변화와 지속적인 인구 증가라는 두 지각 변동 요인의 충돌은 물을 미래의 지정학적 변동성을 좌우할 근원으로 탈바꿈시킬 것임이 분명해 보인다. 세계보건기구는 2025년까지 세계의 약 절빈의 인구가 물 부족 지역에서 살게 될 것이라는 예측을 내놓았다. 게다가 저탄소 경제로 전환하기 위해서는 아주 많은 양의 물이 필요하다는 사실이 드러날 것이다. 수소는 가장 친환경적인 연료로 홍보되고 있지만 수소 생산은 담수에서 시작된다. 전기차는 리튬으로 만든 배터리를 사용하는데 리튬을 생산하려면 엄청난 양의 물이 필요하다. 원자력 또한 지열 에너지만큼이나 많은 양의 물을 사용한다. 요컨대, 전 지구적 물 부족 사태는 전

인류적 참사나 집단 이주, 전쟁 등 세계 경제에 엄청난 타격을 주는 사건을 야기할 수 있다.

지각 변동 요인들 사이의 상호작용은 역사적으로 큰 의미를 가지는 위기들에 대해 더 일관적인 해명을 제공한다. 빅토리아 시대의 장기불황과 대공황은 둘 다 주요 기술 발전, 소득 불평등과 부채 증가 사이의 상호작용의 산물이다. 이러한 동일한 재료들이 1997년의 아시아 금융 위기의 기반이 되었고 그 후 라틴 아메리카와 러시아에까지 영향을 미쳤다. 그 여파로 지각 변동 요인들은 세계 금융 위기를 불러올 전제 조건을 만들어나가며 계속해서 우르릉거렸다.

4차 산업혁명은 이미 진행 중이며 아마도 글로벌 팬데믹에 의해 가속화되고 있는 듯하다. 인구 노령화와 소득 불평등의 증가, 부채 증가, 기후 변화가 합쳐져 우리는 가까운 미래에 더 큰 경제 및 금융의 지각 변동을 예상할 정도로 모든 조건을 갖추고 있다. 많은 지각 변동 요인들은 정치 논쟁과 타협 시도, 그리고 예상치 못한 정책 변화를 불러와 그로 인해 미래 전망에 또 하나의 리스크가 더해질 것이다. 이러한 조건들을 고려해 볼 때 1800년대 후반에 있었던 경제 위기가 다시 나타날 가능성이 아주 크다. 그러나 작지만 심각한 일련의 지진들이 재앙적 지진과 동일하지 않은 것처럼, 증가하는 리스크를 예측하는 것은 위기를 예측하는 것과는 다르다.

더 실질적으로 말하자면, 미래에 리스크가 더 높아진다는 것은 경기침체가 더 자주 발생하고 실업이 증가하는 것을 의미하겠지만 같은 이유에서 가끔 한 차례씩 인플레이션이 동반되는 경제 호황이 더 자주 발생한다는 의미이기도 하다. 이자율이 극도로 낮은 시기와 예상치 못하게 이자율이 높아지는 시기가 겹칠 수도 있다. 주택 가격뿐만이 아니라 주식 시장에서도 주가가 등락을 거듭하면서 변동성은 확연히 더 커진다. 원유를 포함한 원자재 가격에서도 변동성이 더 커져 그것이 지역 주유소에도 반영될 것이다. 이 모든 것은 경제와 관련된 어떤 특정한 결정(이를테면 사업을 확장하거나 단기 또는 장기로 주택 담보 대출을 연장하는 것 등)이 나중에 잘못된 결정이었음이 드러날 리스크가 높아질 것이라는 의미다.

다섯 가지 지각 변동 요인들의 기세가 점점 더 거세지는 것뿐만이 아니다. 그 요인들이 서로를 더욱 증폭시켜 대규모의 경제 격변을 일으킬 수 있다는 것이다. 인구 노령화는 금리 하락, 어쩌면 훨씬 더 큰 폭의 금리 하락을 의미하며, 그로 인해 부채는 거침없이 계속 증가할 것이다. 기후 변화는 투자자들이 완벽한 친환경 경영을 구현하고 있지 않은 기업에 투자할 때 리스크 프리미엄을 요구하는 분위기로 나아갈 것이며, 그렇게 되면 미래의 기업 환경이 갑자기 정치적으로 뜨거운 논쟁을 불러일으키는 주제가 될 것이다. 기술 진보는 노동자들의 일자리를 빼앗고 소득 불평등을 키우며, 뜻밖에도 정부를 개입시킨다. 이것이 미래에 커져만가는 불확실성이 금융 결정을 훨씬 더 어렵게 만들 수 있는 이유이다.

지각 변동 요인들이 작동하며 이미 세계 경세에 변동성을 높이고 있는 와중에 우한의 박쥐 한 마리의 날갯짓이 세계를 무릎 꿇게 했다고 우리가 놀라워하는 것이 맞을까?

8장

The Next Age of Uncertainty

실시간 위험 관리
코로나19 팬데믹

회상: 친정으로의 복귀

나는 18년 동안 여러 차례 인생의 갈림길에서 선택한 길에서 흥미롭고 보람 있는 경험을 쌓은 후 캐나다 은행 총재로 복귀했다. 그중 가장 의미 있었던 길은 캐나다 수출개발공사에서 중역으로 일했던 소중한 시간이었다. 그곳에서의 경험은 경제 기사를 들여다보거나 경제 모델과 데이터 연구만으로는 결코 도달할 수 없는, 경제가 어떻게 작동하는지를 근본적으로 이해하는 수준에 오를 수 있는 기반을 마련해 주었다. 그 후 7년 동안 여러 가지 일을 계기로 이것이 아주 소중한 경험이었음이 드러났지만 2020년 코로나19 팬데믹이 발생한 초기에 그 경험의 중요성을 가장 절실히 느끼게 되었다.

내가 캐나다 은행 총재로 지명되었다는 사실은 날씨가 '걷기(the walk)'에 안성맞춤이었던 2013년 5월 초에 발표되었다. '걷기'는 캐나다 은행의 전통이다. 재무장관(고인이 된 짐 플라허티(Jim Flaherty))과 당시 캐나다 은행 총재(마크 카니(Mark Carney))는 후임 총재 지명자를 이끌고 오타와의 웰링턴 가에서부터 내셔널프레스 빌딩까지 걸어간다. 기자단은 세 사람의 사진을 완벽한 각도에서 찍기 위해 도로변을 따라 서로 몸싸움을 벌인다. 교통이 통제되고 사진 기자들이 여기저기 쭈그리고 앉아 카메라 셔터를 누를 태세를 갖추고 있을 때 내가 앞으로 나서려고 하자 플라허티 장관이 나를 저지하며 낮은 목소리로 웅얼거렸다. "이보게, 지금은 차에 치이기에 좋은 순간이 아닐세." 프레스 빌딩의 강당에서는 우리 세 사람의 즉석 기자회견이 열렸다.

그날 나는 비서에게 외부 약속이 있다고만 말하고 일찌감치 캐나다

수출개발공사 사무실을 빠져나왔다. 도로변에 나를 태우기 위해 대기하고 있었던 차를 타고 캐나다 중앙은행 건물의 지하실을 통해 몰래 건물 안으로 들어갔다. 그곳에는 두어 대의 자동차를 주차하고 트럭에 화물을 실을 수 있는 공간이 있었다. 캐나다 중앙은행 총재였던 마크 카니가 그곳에서 나를 기다리고 있었고, 그는 나와 악수를 한 후 이렇게 외쳤다. "스티브, 친정에 돌아온 걸 환영하네!" 오샤와 출신의 소년이었던 내겐 아주 특별한 순간이었고, 실제로 친정에 돌아온 것만 같은 기분이었다.

하지만 아마 가장 기억에 남는 날은 한 달 후의 출근 첫날이었을 것이다. 그 이유는 첫째, 카니 총재가 내 책상 서랍 속에 직접 쓴 손편지를 남긴 것이다. 나는 이것을 아직도 간직하고 있다. 두 번째 이유는, 내가 중앙은행 관리 담당자를 설득해 캐나다 중앙은행 초대 총재였던 그레이엄 타워스(Graham Towers)가 1930년대에 사용했던 책상을 보관 창고에서 꺼내어 내가 개인적으로 사용할 수 있도록 사무실로 옮겨놓게 한 일이었다. 나는 전통적인 것을 대단히 좋아한다. 존 크로우(John Crow)(1987~1994년까지 캐나다 중앙은행 5대 총재를 역임함: 역자 주)와 그의 후임 고든 디센(Gordon Thiessen)(1994~2001년까지 캐나다 중앙은행 6대 총재를 역임함: 역자 주)의 총재 사무실에 방문했을 때 타워스의 책상이 떠올랐다. 나는 관리 담당자에게 그 책상을 국가 유산으로 소중히 다룰 것이라 약속했다. 세 번째는 스티븐 하퍼 총리를 그의 사무실에서 플라허티 장관과 함께 접견한 일이다. 나의 사무실로 돌아왔을 때 캐나다 은행 통화 분과장은 특별한 종이와 특별한 펜을 들고 나를 기다리고 있었다. 그들은 "총재님, 여기에 서명해 주십시오."라고 말하며 종이를 내밀었다.

거의 40년 전, 처음으로 캐나다 중앙은행을 이끌고 싶다는 꿈을 꾼 이

제2의 불확실성의 시대

래 나는 이 순간을 마음속에 그려왔다. 화폐 경제학자에게 있어 캐나다 인들이 주머니에 가지고 다니는 돈에 자신의 서명이 나오는 것보다 더 특별한 일은 없을 것이다. 그 특별한 종이 위에는 10개의 박스들이 놓여 있었고 열 번 서명해서 캐나다 지폐에 새겨 넣기에 가장 마음에 드는 서명을 고르게 하려는 생각이었던 것이다.

펜을 들고 서명을 하려던 순간 나는 내 계획을 모두에게 말해줘야 한다는 생각이 들었다. 내 계획은 이미 오래전부터 생각해 둔 것이었다. "이 말씀을 먼저 드려야 할 것 같네요."라고 나는 말문을 열었다. "저는 제 이름 전체인 스티븐 S. 폴로즈라고 서명할 것입니다." 작은 부분도 놓치지 않는 학생이었던 나는 과거의 중앙은행 총재들이 그들의 이름 이니셜과 성만으로 서명했다는 사실을 이미 알고 있었다.

"총재님, 그건 안 됩니다. 전통적으로 지폐 서명에는 이니셜만 들어갑니다."

나는 그 전통을 이미 잘 알고 있었지만 그럼에도 불구하고 그와 다르게 하기로 결심했다고 대답했다. 나의 이름인 스티븐은 어머니의 성이기도 하다. 하지만 어머니의 성이라는 것 외에 더 깊은 이유가 있었다. 어머니는 1876~1881년까지 몬트리올 은행장을 역임했던 조지 스티븐 (George Stephen)의 먼 친척이었다. 그는 우리나라를 하나로 연결시킨 캐나다 횡단 철도의 공사를 지휘하기도 했고 캐나다 태평양 철도의 초대 사장이었다. 몬트리올 은행은 1935년 캐나다 은행이 생기기 전 캐나다 정부 은행이었으므로 나와 '엉클 조지' 사이에는 중앙은행이라는 연결 고리도 있는 셈이다. 이런 여러 가지 이유로 나는 우리 집안 양가의 성인 스티븐과 폴로즈를 둘 다 지폐에 넣고 싶었다. 그래서 나는 그렇게 서명했다.

그 첫 회의에서 나는 캐나다 지폐에 상징성을 지닌 캐나다 여성을 언제쯤 넣을 수 있을지 질문했다. 그러자 유감스럽게도 내가 총재 자리에 있는 7년의 임기 동안에는 달성하기 불가능할 것이라는 답변이 돌아왔다. 두말할 필요도 없이 나는 그 답변이 마음에 들지 않았고 상징성을 지닌 캐나다 여성의 얼굴이 담긴 지폐를 만드는 것을 임기 내로 언젠가는 달성해야 할 개인적인 목표로 삼기로 했다. 그 첫 번째 기회는 2017년에 캐나다 연방 정부 수립 150주년을 기념하는 특별 기념 지폐를 발행하기로 결정했을 때 찾아왔다. 우리는 캐나다 사상 최초로 선출된 여성 하원 의원이었던 아그네스 맥파일(Agnes Macphail)의 초상을 담는 안을 포함시켰다. 그리고 난 뒤 전체 지폐가 아니라 일반 지폐 하나를 업데이트하는 절차를 하나 만들고 캐나다 국민들이 지폐에 등장할 후보자를 추천하는 데 참여할 수 있게 했다. 이 절차의 마지막 단계에서 재무부 장관 빌 모르노(Bill Morneau)는 비올라 데스몬드(Viola Desmond)를 선택했다. 비올라 데스몬드가 등장하는 지폐는 파격적인 세로 디자인을 채택하고 있었고 뒷면에는 캐나다 인권 박물관이 나와 있었다. 우리는 모두 그 성과를 대단히 자랑스러워했다. 2013년에만 해도 2020년대가 되기 전에 이 일을 달성하는 것은 불가능하다고 믿었었기 때문이다.

2013년에 불가능해 보였던 또 한 가지는 세계 경제가 언젠가는 글로벌 팬데믹으로 거의 완전히 마비되는 상황이었다. 2008년 세계 금융 위기가 우리 경제의 기반을 꽤 많은 부분 바꾸어 놓고 미래를 예측하기 어렵게 만들었다면, 코로나19 위기는 그보다 몇 배는 더 상황을 심각하게 만든 것 같다. 평생 동안 배운 것들이 시험대에 오르게 된 것이다.

2020년에 발생한 코로나19는 7장에서 언급했던 상호의존성을 여실히 보여준다. 코로나19는 탈레브의 관점에서 보면 블랙스완이라 할 수 없다. 유행병학자들은 오랫동안 그런 팬데믹이 언젠가 발생할 수 있다고 예상하고 있었다. 바이러스의 변이와 동물에서 인간으로의 전이 위험은 변함없는 위험이다. 텍토닉 플레이트의 움직임처럼 불가피한 것이다. 세계 경제가 통합되는 정도만큼 바이러스 변이도 사실상 세계로 확산되는 것이 분명해진다. 코로나19가 세계의 평형 상태를 재정의하고 그 과정에서 일반적인 상황의 개념을 바꾸어 놓았다는 것은 의심할 여지가 없다. 우한의 박쥐 한 마리가 날갯짓을 한 후 경제 및 금융에 복잡한 대규모의 변동성이 발생한 것은 변동 요인들이 어떻게 상호작용해 혼란스러워 보이는 결과를 낳을 수 있는지 보여주고 블랙스완과 비교해 보게 하는 좋은 사례였다. 그와 같은 경험은 미래에 지각 변동을 일으킬 만한 사건에 대처하기 위해 정책 담당자들에게 요구되는 일종의 개입을 맛볼 수 있게 해주기도 했다.

중앙은행의 역할은 무엇일까

우리가 중국에서 나온 보도를 본 적이 있는 것처럼 모든 정책 담당자들은 일찍부터 코로나 바이러스에 대해 알고 있었다. 사람들이 문제를 심각하게 받아들이고 있다는 사실을 내가 처음으로 인식하게 된 것은 2020년 2월 22일 G20 재무장관 및 중앙은행 총재 회의가 리야드에서 열렸을 때였다. 중국의 재무장관과 중앙은행 총재는 리야드에 오지 않았지만 주 사우디아라비아 중국 대사가 해당 사안에 대해 세부적인 브리핑을 해주었다. 또, 이탈리아, 한국, 싱가포르, 그 밖의 코로나 바이러스 확산으로 인한 초기 피해 국가들로부터 자세한 상황 분석을 듣기도 했다. 그들은 바이러스가 어떻게 확산되어 의료 체계에 영향을 끼치고 있는지, 그리고 고려 중인 정책적 대응의 규모에 대해 직접 경험에서 우러나온 이야기를 들려주었다. 회의 분위기는 아주 가라앉아 있었고 심각했다. 경제 전망에 대한 논의는 코로나19 상황이 어떻게 흘러가는지에 따라 사실상 하룻밤 사이에 완전히 달라질 수 있는 상황이었다. 회의 참석 후 귀국하면서 심각한 문제가 발생했음을 직감했던 기억이 난다.

국제 유가는 2020년을 맞이하면서 약 60달러였던 것이 2월 말이 되어서는 약 45달러로 이미 큰 폭으로 하락해 있었다. 주된 이유는 미국과 사우디아라비아 석유 생산 기업들 사이에서 시장 점유율 경쟁이 거세졌기 때문이었다. 이 일 하나만으로도 캐나다가 받은 타격은 컸다. 캐나다는 국내 소비량보다 훨씬 더 많은 원유를 생산한다. 따라서 유가 하락은 원유 부문에서의 국가 소득의 감소와 투자 감소, 원유 생산 지역의 즉각적인 실업을 의미한다. 이러한 효과는 국내 전역으로 확산되어 앨버타에서 원유 생산업의 노동자들이 일자리를 잃게 되면 그들은 새로운 자동차와 옷 구입, 혹은 뒤뜰에 마룻바닥을 새로 까는 등의 계획을 나중으로 미루어 자동차와 건설 부문, 소매업, 임업 등의 일자리에도 영향을 미치게 된다. 캐나다 중앙은행은 경제가 갑작스럽게 하락세로 기우는 경우 금리 조정을 어떻게 하면 좋을지에 대해 이미 고민 중이었다.

3월 4일 아침 일찍, 국제통화기금에서 주관하는 코로나19와 관련된 안건만을 논의하는 국제 조정 회의가 열렸다. 코로나 바이러스가 들불처럼 확산되고 있음이 분명해지고 있었다. 그날 이후, 캐나다 중앙은행은 기

제2의 불확실성의 시대

준 금리를 0.5% 인하했다. 우리는 유가 하락만으로도 통화 완화 정책이 필요하다는 사실을 알고 있었다. 그러나 나는 코로나19의 다른 영향들을 고려했을 때 0.5% 금리 인하만으로는 부족할 것이라는 느낌을 이미 받고 있었다. 이미 금리가 아주 낮아서 통화 정책으로 대응할 수 있는 운신의 폭이 아주 좁다는 점을 고려한다면 이는 도전적인 분석이었다. 나는 중앙 은행이 일반적인 금리 조치를 뛰어넘어 색다른 도구를 고안할 필요가 있다는 생각이 들었다.

　다음 날인 3월 5일, 나는 '위민 인 캐피털 마켓츠(Women in Capital Markets)'에서 주최하고 로얄 요크 호텔에서 진행되는 통상적인 의사결정 경제 보고 발표를 하기 위해 토론토로 향했다. 그곳에는 600여 명의 사람들이 모여 있었다. 점심 식사 전 칵테일 모임 때 일부 사람들은 팔을 서로 맞부딪히는 것으로 인사를 대신하고 있었지만 그날 내가 만난 대다수의 사람들은 내게 따뜻하게 손을 내밀거나 포옹해 주었다. 이 얼마나 빠른 변화인가. 나는 모두가 이미 이야기하고 있는 코로나 바이러스에 대해 몇 마디를 하는 것으로 나의 발표를 마무리했다. 그 이후로 많은 것이 바뀌었지만 나는 여전히 그날 내가 한 말의 입장을 고수하고 있다. 그날 나는 무슨 일이 일어나도 감당할 수 있을 정도로 캐나다 경제가 건선한 상황이라고 안심시켰다. 예상치 못한 변화에 대해 준비가 되어 있는 상태, 즉, 회복탄력성은 리스크가 높은 미래의 환경에 대응하는 데 핵심이 될 것이다.

　중요한 사실은 코로나19와 같은 위기는 세계 전체에 동시에, 혹은 동일한 방식으로 영향을 미치지 않는다는 것이다. 초기 조건은 중요하다. 일기 예보관이 초기 조건을 모델에 입력할 때 아주 작은 데이터상의 오류만으로도 아주 크게 다른 예보가 나올 수 있다. 경제도 이와 마찬가지다. 각각의 국가들이 코로나19에 어떻게 대처했는지 이해하는 과정에서 바이러스가 등장했을 때의 초기 조건을 아는 것이 도움이 될 것이다. 두 경제 국가가 안정 상태에 대한 입장이 다르다면 우리는 그들이 코로나19에 동일한 방식으로 대응할 것을 기대해서는 안 된다.

캐나다는 통찰을 얻을 수 있는 실례를 제공한다. 2013년 내가 캐나다 중앙은행 총재로 복귀했을 때 캐나다 경제는 최대 역량에 훨씬 못 미치게 운영되고 있었고 인플레이션율은 목표치보다 낮았다. 세계 금융 위기가 남긴 유산이라 할 수 있다. 당연하게도 사람들은 어서 그 유산에서 벗어나고 싶어 했다. 어쨌든 2013년은 세계 금융 위기가 발생한 지 이미 5년이 된 시기였고, 많은 나라에서는 지속적인 저금리 정책에도 불구하고 회복은 아주 더디게 이루어지고 있었다.

나는 캐나다 수출개발공사에서 일하던 2011~2012년 사이에 여러 번 똑같은 질문을 받았던 기억이 난다. 왜 경제는 일반적인 방식으로 위기 후 불황에서 회복하지 못하는가에 관한 질문이었다. 나는 항상 은유법을 아주 좋아했다. 추상적인 경제학 개념을 직관적으로 더 기억하기 쉬운 것으로 바꾸어주기 때문이었다. 나의 좋은 친구 길 르미야르(Gill Remillard)가 창립한 몬트리올 콘퍼런스의 한 세션에서 나는 처음으로 스파게티 소스 은유를 사용했다. 그 은유는 꽤 깊은 인상을 남겼다.

내가 한 이야기는 다음과 같았다. 당시에는 많은 사람들이 미국의 부동산 버블이 꺼진 것과 그 후 발생한 대공황을 호황-불황-회복의 일반적인 순환 주기의 일부로서 세계 금융 위기의 원인으로 지적하고 있었다. 나는 경제를 가스레인지 위에서 끓고 있는 스파게티 소스 냄비에 비유했다. 스파게티 소스가 끓을 시점이 다가오면 표면에 거품이 발생하기 시작한다. 소스가 걸죽할수록 맛은 더 좋지만 거품은 더 많이 발생한다.

스파게티 소스의 거품이 꺼지면 거품 아래에 일시적으로 구멍이 생기는 것을 본 적이 있을 것이다. 그 구멍은 얼마만 한 크기인가? 거품과 동일한 크기의 구멍이다. 제멋대로의 크기가 아니라는 것이다. 미국에서 주택 시장 거품이 꺼졌을 때 그것은 경제에 커다란 구멍을 남겼다. 구멍은 얼마만 한 크기였나? 거품과 동일한 사이즈의 구멍이었다.

나는 미국 주택 시장 버블이 2011년 9/11 테러가 발생한 직후 소비자 지출 호황의 결과로 시작되었다고 판단했다. 만약 미국 주택 시장에 거품이 형성되는 데 6~7년이 걸렸다면 우리가 그 구멍의 바닥을 밟고 반대쪽으로 반등하는 데 6~7년이 걸릴 것이다. 다시 말해서, 미국 경제가 다시 정상화되려면 2014~2015년은 되어야 할 것이며, 2012년은 완전한 회복을 기대하기에 너무 이른 시기였다는 것이다. 2013년 6월 내가 중앙은행 총재로 첫 연설을 했을 때, 나는 경제가 다시 '집'으로 돌아가려면 아마도 시간이 2년은 더 걸릴 것이라고 말했다. 나와 다른 많은 중앙은행장들에게 '집'이란 2%의 인플레이션율과 완전 고용의 교차 지점에 놓여 있다. 솔직히 말해서, 여기서 '집'은 집이 있었던 정확한 주소지라기보다는 그 근방을 의미한다.

나중에 알게 된 사실이지만, 집으로 돌아가는 길에는 또 다른 우회로가 있었다. 2014년에 에너지 가격이 붕괴한 것이다. 그러나 2019년 후반즈음 경제는 다시 거의 완전한 기력을 되찾은 것처럼 작동하고 있었다. 실업률은 40년 만에 최저치를 기록했고 인플레이션도 목표치와 비슷한 수준을 유지했다. 그야말로 경제가 '집'으로 돌아온 것이었다.

그리고 난 뒤 코로나19가 발생했다.

세계적인 위기 상황이 닥치기에 적절한 시기란 결코 없다. 하지만 균형 잡힌 건강한 경제만큼 코로나19라는 중대한 위기에 맞서기에 더 좋은 출발점은 없을 것이다. 체력이 좋고 건강한 개인이 바이러스를 더 잘 이겨내는 것처럼 캐나다 경제의 경우도 마찬가지일 것이다. 중앙은행의 역할은 경제에 타격을 주는 충격을 상쇄하기 위해 때때로 금리를 조정하고 가장 중요한 지표로서 인플레이션을 이용함으로써 일정 수준의 건강을 유지시키는 것이다.

그러나 중앙은행에게는 어떤 면에서는 훨씬 더 근본적인 또 다른 역할도 있다. 금융 시장이 계속해서 잘 작동하도록 만드는 것이다. 그러기 위해 나는 3월 6일 국내 6대 은행의 CEO들을 만나 시장 상황이 어떻게 변화하고 있는지 이야기를 듣는 자리를 마련했다. 나는 1년에 두 차례 캐나다 중앙은행 선임 부총재인 캐롤린 윌킨스(Carolyn Wilkins)와 함께 이와 같은 자리를 가졌다. 수년 동안 이 회의에 참석한 8인은 허물없는 친분을 쌓아가며 매우 신뢰하는 관계로 발전했다. 그리고 그 관계는 그 후 아주 중요한 역할을 하게 된다.

대다수의 은행들은 이미 코로나 방역을 위해 운영팀을 2개 조로 나누어 운영하고 있었고, 은행장들은 금융 시장에 긴장이 나타나고 있다고 보고했다. 예컨대, 상업어음 시장(기업들이 자기신용을 바탕으로 단기 지불 어음을 발행함으로써 직접적으로 자금을 조달하는 시장)을 통한 대출자들이 돈을 갚는 데 어려움을 겪고 있었고 금리는 계속해서 오르고 있었다. 은행들은 기업 고객들에게 신용 대출 한도를 높여주기도 했다. 당시 내게 떠오른 한 가지 생각은 경제가 침체되면서 사람들이 주택담보대출금을 갚기가 어려워지는 일이 발생할지도 모른다는 생각이었다. 나는 은행들에게 심각한 경기 침체가 발생할 경우 대출금 상환을 연기해 줄 긴급 대책을 세워두고 있는지 물었다. 그러자 그들은 그렇다고 답했지만, 그 시점에는 그런 대책이 정말 필요하게 될 줄은 모르고 있었다.

나는 3월 6일 재무부 차관 폴 로촌(Paul Rochon)의 연락을 받고 그를 만나기도 했다. 그는 이미 정부가 경기 부양을 위해 고려함직한 조치들을 구상하고 있었다. 또 그날 이후 총리에게서 온 전화도 받았는데, 그는 경제 대응책에 관한 의견 교환을 원했다. 이 대화들을 통해 아주 분명해진 것은 이런 상황 속에서는 재정 정책을 활용할 수밖에 없다는 것이었다. 경제를 재정적으로 부양하기 위해 정부가 활용할 수 있는 다양한 선택지들에 대한 논의도 이루어졌다. 우리는 이탈리아와 일본과 같이 코로나 확산 초기에 피해가 컸던 국가들의 사례를 논의했다. 이들 국가에서는 국고에서 기업으로 바로 흘러들어가는 임금 보조금이 가장 중요한 대비책이었다. 놀라운 것은 이때가 리야드에서 G20 회의가 열리고 난 뒤 겨우 13일이 지난 때였다는 사실이었다.

이틀 뒤인 3월 8일 일요일에 국제결제은행(Bank for International Settlements)이 주관하는 주요국 중앙은행 총재들의 특별 화상 회의에서 우리는 중국과 이탈리아, 한국의 중앙은행 총재들로부터 그들의 경험을 전해 들을 수 있었다. 상황은 분명 더 심각해졌다. 바이러스 확산을 막기 위해 경제 활동이 크게 축소되어야 할 필요가 있었다. 독자들은 지금쯤 쉴 새 없이 이어지는 중앙은행 총재의 일과에 놀라워하고 있을지도 모르겠다. 대부분의 회의들은 사실상 애매한 시간에 진행될 때가 많은 국제회의였고, 회의를 통해 많은 경험과 계획이 공유되었다. 물론 정책 담당자들의 통일된 의견은 없었다. 각 국가들은 대체로 정책적 도구를 활용해 제

발등에 떨어진 불을 끄기에 바빴다. 접근법에는 일부 공통점이 존재했지만 세부 사항은 국가마다 달랐다. 그럼에도 불구하고, 실시간으로 진행 상황을 공유하고 다양한 정책적 대안들에 관해 찬성과 반대 의견을 나눌 수 있었다는 점에서 코로나19 팬데믹 초기에 높은 수준의 국제 공조를 경험할 수 있었다. 회의는 의도한 만큼의 성과가 있었다. 평상시 같았다면 이러한 회의는 유익하기는 해도 꽤 지루했을 것이다. 하지만 위기 상황에서는 서로에게 아주 큰 도움이 되었다.

같은 날 저녁에는 오랫동안 간암으로 투병 생활을 하다가 세상을 떠난 친한 친구의 장례식에 참석했다. 그것이 우리가 사회적 거리두기로 옮아가기 전 나의 마지막 사회 활동이었다. 코로나19에 대한 심각성을 확실히 깨닫게 된 날을 떠올리면 항상 내 친구 짐의 장례식이 생각날 것이다.

그 후 며칠 동안 경제 및 금융 상황은 매 시각 악화되는 것만 같았다. 캐나다 중앙은행의 임원단(나와 선임 부총재인 윌킨스, 그리고 부총재단인 레인, 쳄브리, 보드리, 그래벨)은 매일 수차례 온라인 미팅을 했다. 다른 중앙은행들은 완충 자본을 시장에 푸는 것뿐만 아니라 경제에 가해질 타격을 완화하기 위해 금리를 인하하고 있었다. 그렇게 함으로써 은행들이 고객에게 더 많은 돈을 대출해 줄 수 있는 여건을 마련하는 것이다. 나는 연방준비제도 이사회의 제롬 파월(Jerome Powell)과 영국 중앙은행의 마크 카니, 재무장관 모르노와 재무차관 폴 로촌, 캐나다 금융감독원장 제레미 루딘(Jeremy Rudein), 6대 은행장들, 8대 연금 펀드 관리 공단 대표들, 캐나다 주식 시장 에이전시 대표들과 긴밀한 공조 관계를 유지하고 있었다. 이 모든 시장 상황들을 고려하면서 우리는 금융 시장이 계속 제대로 작동하게 만들 수 있는 다양한 방법들에 관해 내부 논의를 진행했다. 우리는 (인플레이션율을 유지하기 위해 경제를 관리하는) 통화 정책에서 (금융 시장의 질서를 유지하는) 순수한 중앙 금융으로 프레임을 이동시켰다.

3월 13일에는 특별자문위원회 회의가 열렸다. 재무부 차관이 주재한 이 회의에는 중앙은행 총재, 금융감독원장, 캐나다 예금보험공사 사장, 그리고 캐나다 금융 소비자청장 등이 참석했다. 특별자문위원회는 금융 체계를 궁극적으로 책임지고 있는 재무장관에게 조언을 제공하기 위해 개설된 것이다. 중앙은행 또한 현재 시장 상황을 청취하기 위해 6대 은행장들과의 간담회를 열었다. 곧이어 재무장관은 금융감독원장과 내게 그날 오후에 열리는 기자회견에 함께 참석할 의향이 있는지 물었다. 그는 그 자리에서 경제 부양을 위한 새로운 재정 정책을 발표하기로 되어 있었고, 우리가 한 팀이 되어 그것을 발표한다면 미래 경제에 대한 캐나다 국민들의 신뢰를 높일 수 있으리라 생각한 것이다.

신뢰의 문제는 아주 중요하다. 경제에 문제가 발생해 사람들이 일자리를 잃게 되면 사람들은 당연히 지출을 줄이게 되고 그것이 다른 부문의 일자리에까지 영향을 주게 된다. 하지만 자신의 일자리는 안전하다고 믿는 사람들의 경우는 어떨까? 그들이 믿음을 유지한다면 계속 하던 일을 그대로 해나갈 것이고 예전과 비슷한 정도의 지출을 할 것이다. 문제가 계속 확산되고 그들도 직장을 잃게 될까 봐 걱정한다면 그들은 지출을 줄일 것이다. 그로 인해 경제에 가해지는 타격은 가중된다. 이것이 경제가 헤어나오기 어려운 침체로 빠져드는 과정이다. 신뢰를 유지하려고 노력하는 것은 피해를 최소화하기 위함이다.

나는 정책 담당자들이 코로나19 팬데믹의 경제 위기를 극복하기 위해 함께 노력하는 모습을 보여주는 것에 찬성하는 입장이었다. 그러나 중앙은행이 독립성을 유지해야 한다는 측면에서 생각해 보면 재무장관과 함께 대중 앞에 등장하는 것이 어떻게 비춰질지 고려해야만 한다. 금융 시장은 정부와 긴밀히 협력하는 중앙은행을 보고 앞으로 물가가 더 상승하게 될까 봐 걱정하게 될까? 재무장관과 함께 등장하는 것에 동의하기에 앞서 나는 중앙은행 임원단과 이 문제를 상의했고, 우리는 가시적인 공조는 시장을 안심시키는 요인으로 작용할 수 있을 것이라 판단했다. 우리는 또한 4주 뒤에 공식적으로 금리 조정이 논의될 때까지 기다리기보다는 금리를 더 인하하는 문제에 대해 논의했다. 그리고 재무장관이 새로운 재정 정책을 발표할 때 금리 인하도 동시에 발표한다면 금융 시장에 상당히 강력한 시그널이 될 것이라 결론내렸다. 미 연방준비제도이사회 또한 그 다음 주에 다시 금리를 인하할 것으로 예상되고 있었다. 그에 따라 3월 13일 오후 늦게 우리는 금리를 0.5% 더 인하하고 재무장관이 기자회견을 할 때 동시에 그것을 발표하는 데 합의했다. 한편 금융감독원(the Office of the Superintendent of Financial Institutions (OSFI))에서는 국내 경기 안정화를 위해 캐나다 은행들이 추가로 적립하도록 되어 있는 완충 자본을 줄일지의 여부를 검토 중이었다. 금융감독원은 완충 자본을 줄이기로 결정하고, 그렇게 함으로써 은행들의 추가 대출 여력을 확보하기 위해 3천억 달러를 풀기로 했다. 금융감독원 또한 재무장관의 기자회견에서 그 결정을 발표했다. 이렇게 해서 한 번에 세 마리의 토끼를 잡은 셈이다.

주말 내내 연방 정부의 기관 담당자들 간의 회의와 은행장들과의 양자 회의가 이어졌다. 3월 15일 일요일 오후 연방준비제도이사회에서는 과감한 행보를 보였다. 기준금리를 실효하한(the effective lower bound)까지 낮추고 금융 시장이 제대로 작동하도록 지원하기 위한 다양한 조치들을 단행하기로 한 것이다. 그 발표에서 핵심적인 부분은 공개 시장에서 기업 어음을 살 수 있는 제도를 마련한다는 것이었다. 이는 기업들에게 아주 중요한 금융 채널이며, 은행들에게도 역시 마찬가지다. 많은 은행들이 동일한 기업들을 대상으로 신용 한도(credit lines 한도 대출)를 제공하고 있기 때문이다. 어떤 이유에서든 기업 어음 시장이 경색된다면(이 경우 기업들은 만기가 돌아오는 기업 어음을 새로운 어음으로 대체할 수 없다.) 기업들은 은행 신용 한도에 크게 의존할 수밖에 없게 되고 은행들은 자금 압박을 받게 될 것이다. 그 후 며칠 동안 숙고한 끝에 우리는 캐나다 또한 기업 어음 매수 제도가 필요하다는 생각이 확고해졌다. 이 제도를 통해 중앙은행이 시장을 후방 지원하기 위해 시장 시세에 기업 어음을 매입할 수 있도록 말이다.

사흘 뒤인 3월 18일 수요일에 모르노 재무장관은 내게 언론에 다시 함께 나설 의향이 있는지 물었다. 그는 그날 정부 재정 정책의 세부안을 발표하기로 되어 있었다. 재무장관이 나와 함께 기자회견을 할 예정이라는 안내문이 게시되었을 때 시장과 언론은 또 한 번 깜짝 금리 인하를 단행하는 것이 아닌지 추측하며 촉각을 곤두세웠다. 그래서 우리는 이례적으로 중앙은행에서 추가로 또 다른 조치를 발표하는 일은 없을 것이라고 언질을 주었다.

그럼에도 불구하고 유가가 더 하락하고 경제에 또 다른 타격이 예상됨에 따라 우리는 무대 뒤편에서 중앙은행 직원들로부터 우리가 동원할 수 있는 모든 경기 부양책을 시행할 필요가 있어 보인다는 보고를 받고 있었다. 그러나 우리는 더 이상의 통화 정책을 시행하기보다는 금융 시장이 잘 작동하도록 하는 데 집중하는 것이 우선이라 판단했다. 이상적인 일정대로 진행되었다면, 우리는 새로운 경제 분석이 나오고 4월 15일로 예정되어 있었던 다음 〈통화 정책 보고서〉가 발간될 때까지 기다렸을 것이다.

그 후 며칠 동안은 금융 시장에 문제가 발생했을 때 그 대응책으로 설계해놓은 시장 조치를 조정하는 작업이 이루어졌다. 결국 우리의 조치에는 지방 정부 채권 매입 프로그램이 포함되었고, 그것은 중앙은행이 지방 정부에서 새로이 발행하는 채권을 일부 매입하겠다고 선언하는 것이나 다름없었다. 기업 어음 매입 프로그램과 회사채 매입 프로그램도 포함되었다. 둘 다 기업에 직접 자금을 대출해 주는 것을 시사하고 있었다. 이 조치들은 모두 중앙은행의 대차대조표가 확대되는 것을 의미했다. 중앙은행이 회사채와 같은 자산을 매입하면 기업들에게는 새로운 유동성이 생기는 것이다. 이는 기본적으로 출처 불명의 자본을 만들어내는 일이다. 그렇게 하는 진짜 이유는 기업들이 디폴트를 선언하지 않고 일상적인 기업의 의무를 이행할 수 있다는 확신을 주기 위해 더 많은 유동성을 확보해 줄 필요가 있다는 것이었다. 이것은 난데없이 새로운 돈을 만들어 그 돈을 시장에 주입해 상품은 아주 적은 데 반해 시중에 풀려 있는 돈은 너무 많은 상황을 만드는 것과는 완전히 다르다. 시장이 긴장 상태에 있는 동안 유동성 요구가 크게 증가할 때는 상품은 많지만 시중에 풀려 있는 돈은 너무 적을 리스크가 크다는 것이다.

일각에서는 우리가 이 모든 계획들을 최대한 빠른 속도로 단행하지 않는 이유를 궁금해할 것이다. 거기에는 몇 가지 이유가 있다. 첫째, 중앙은행으로서 우리는 시장이 스스로 이러한 문제들을 해결하는 쪽을 훨씬 더 선호한다. 자연스러운 신용 거래 절차를 방해하는 것이 중앙은행의 역할은 아니다. 따라서 적어도 시장이 스스로 기능할 기회를 주는 것이 중요하다.

두 번째는 이러한 개입 조치들 중 일부는 과거에 활용된 적이 없다는 것이다. 이 계획들은 시장 혼란이 지속되는 것을 막기 위해 과거에 시행되었던 유동성 조치보다 더 다양한 자산들을 현금화하는 길을 열어주었다. 그 계획들 모두 중앙은행의 법적 권한 내에서 실행한 것이었지만 대다수의 경우 중앙은행의 거래자들과 직원들에게 새로운 가능성을 열어준 것이었다.

새로운 계획을 단행하는 것은, 이를테면 다음 주 수요일 중앙은행이 특정 자산(예를 들면 기업 어음)의 매각을 위해 특정 기간 동안 엄격한 평가 기준에 따라 현금 거래를 기본으로 해서 경매에 한도 제한을 둔 시장의 경쟁 입찰을 수락할 것이라 발표하는 것과 마찬가지의 조치다. 유동 자산의 가격은 경매 과정에서 결정될 것이다. 평가 기준은 미리 만들어져 공유되어야 하고, 입찰 절차는 투명하게 관리되어야 하며 자연스러운 합의에 도달해야 한다. 어떤 경우에는 중앙은행이 특정 시장 부문을 지원할 것이라는 발표만으로도 상황을 진정시킬 수 있다. 이렇게 추가적인 안심 조치를 통해 시장은 스스로 작동할 수 있게 되어 일부 계획들의 경우 그렇게 큰 부담을 지지 않아도 되는 것이다.

세 번째 이유는, 계획들 중 일부는 중앙은행이 신용 리스크를 떠안아 주는 것을 의미하기 때문이다. 예컨대, 중앙은행이 캐나다 기업이 발행한 일부 기업 어음이나 회사채를 받아준다면 중앙은행이 그 기업이 가치가 떨어지거나 심지어 파산할 수 있는 리스크를 떠안게 되는 것이다. 그렇게 되면 중앙은행의 신용도는 떨어진다. 이런 사태에 대비하기 위해 전통적으로 중앙은행의 잠재적인 신용 손실에 대해서는 정부가 배상을 약속하고 있다. 중앙은행의 대차대조표가 궁극적으로 정부의 것이긴 하지만 그 둘의 분리는 중요하다. 중앙은행이 독립성을 유지하는 데 중요한 기반이 되는 요소 중 하나이기 때문이다. 다른 말로 표현하자면 새로운 시장 작동 프로그램 중 일부는 재무부와 재무부 장관의 공식적이고도 완전한 협조가 필요하다는 뜻이다.

네 번째 이유로는, 일부 프로그램들은 중앙은행의 전문 분야를 꽤 많이 벗어난 영역이라서 그 프로그램들을 개발하고 실행하는 데 외부의 도움을 받기로 했기 때문이다. 우리는 여러 유관 금융 기업들로부터 사업 제안서를 받아서 검토하고 그들의 과거 경력과 제안하는 서비스 수준, 그리고 가격을 토대로 선택한다. 이는 시간이 걸리는 과정이다.

요즘 업계가 어떻게 돌아가고 있는지 이해하는 것도 중요하다. 기업들은 거래 은행에서의 신용 한도에 크게 의존하고 있었다. 그들은 은행을 직원들에게 임금을 지급하고 일반적인 운영 자금을 더 많이 융통할 수 있는 수단으로 바라보는 동시에 극도로 불확실한 시기에 안정을 구하기 위한 순수한 대비책으로 여기고 있는 것이다. 어떤 이들은 기업이 금융 위기 때 현금을 비축해두는 행동에 의문을 제기하겠지만 그것은 아주 자연스러운 리스크 관리 방식이며 이사회에서도 경영진에게 그렇게 하도록 지시할 것임이 분명하다. 사람들은 많은 대기업들이 재무제표상 유동성이 아주 부족하다는 사실에 놀랄 것이다. 물론 현금을 최소화하는 것은 자본을 효율적으로 활용하는 방법이라 할 수 있다. 하지만 변화무쌍한 세계에서 예상치 않게 현금 수요가 많아지고 신용 한도는 고정될 가능성도 있다. 2008년에 일어난 일이 바로 그 예였다. 그리고 기업들은 2020년에 또 그러한 일이 발생하게 될 것을 우려하고 있었다. 그러나 다행스럽게도

제2의 불확실성의 시대

신용 경색이 발생하지는 않았다.

　기업들이 은행 거래에 의존할 때 은행들은 어딘가로부터 자금을 융통해야 한다. 일반적으로는 시장에서 그들의 채권 발행을 늘린다. 하지만 채권 시장이 실질적으로 경색되어 있을 때 은행들은 중앙은행에 가서 환매조건부매매를 통해 자금을 조달한다. 시장에 자산을 매각하는 방식이 아니라 즉시 지불금에 대한 대가로 중앙은행에 담보물을 제공하고 은행은 명시된 날짜에 담보물을 다시 사들이기로 합의하는 것이다. 중앙은행은 경기 침체기에는 담보물에 관한 지침을 몇 차례 수정해 환매조건부매매를 위해 필요한 모든 유동성을 제도적으로 보장하고 있다. 그 결과 당연하게도 중앙은행의 대차대조표의 규모는 크게 확대되었다. 가장 큰 요인은 기업 어음 시장이 경색되자 그 시장을 이용했던 기업들 또한 은행 여신에 의지하게 된 것이었다. 캐나다 중앙은행은 은행들에게 접근이 용이한 자금 조달처이자 최후의 수단인 기업 어음의 매수자로 존재함으로써 여러 차원에서 다양한 시장 구성원들 사이의 시장 압박을 완화해줄 수 있다.

　한편 국제 상황은 급변하고 있었다. 캐나다 중앙은행을 포함해 여러 중앙은행들은 3월 20일 국제 시장에서 미국 달러의 통화 유동성을 높이기 위해 한자리에 모였다. 그리고 3월 24일 G7 재무장관들과 중앙은행 총재들은 매주 모여 '신뢰를 회복하고 경제를 되살리며, 기업들과 일자리를 보호하고 금융 시스템이 회복력을 되찾게 하기 위해 필요한 모든 일을 하겠다'는 내용을 담은 공동 성명을 발표했다. 미 연방준비제도를 비롯해 많은 중앙은행들은 이미 금리를 실효하한까지 내린 상태였지만 캐나다는 그 당시만 해도 그런 상황은 아니었다. 그에 따라 캐나다 금융 시장의 전방에서 특이한 왜곡 현상이 나타나기 시작했다. 시장 압박으로 단기 금리가 캐나다 중앙은행의 콜금리 아래로 떨어졌기 때문에 시장 거래자들은 부채를 통해 그들이 벌어들이는 수익보다 정부 부채를 갚기 위해 자금을 대는 데 더 많은 돈을 지불하고 있었다. 그래서 중앙은행 운영 위원회에서는 4월 15일까지 기다릴 수 없으며 실효하한인 0.25%로 금리를 인하하기로 결정했다. 우리는 그 다음 금요일인 3월 27일의 상황에 주목했다.

이미 언급한 다양한 유동성 프로그램에 더해 우리는 시스템 전체에 걸쳐 유동성의 근거를 마련하기 위해 매주 최소 50억 달러 규모의 캐나다 정부 국채를 사들이는 노력을 기울였다. 우리는 다른 중앙은행들의 경험에 비추어 보았을 때 여기서 '최소'라는 단어가 중요하다고 판단했다. 다른 국가들의 경우, '최대'라는 단어를 사용함으로써 더 많은 유동성이 가능할지 시장이 우려함에 따라 유동성을 너무 급하게 끌어올리는 결과가 초래되었다. 시장 개입의 최고 한도는 항상 이 문제에 부딪히는 것 같다. 따라서 우리는 '최소'의 개념을 채택하기로 했고 상한선은 두지 않기로 했다. 오히려 국채 매입은 최소한 경제가 충분히 회복되는 시기까지 그 정도를 유지하며 계속될 것이라고 말했다. 그에 따라 이와 같은 대규모 자산 매입(LSAPs)은 일단 시장 혼란이 가라앉고 난 뒤 우리의 초점이 시장 작동에서 통화 정책으로 옮겨갈 수 있도록 다리 역할을 해주었다.

한편 재무 장관은 재정 정책에 대한 추가 세부안을 마련하고 있었고 또 다시 나와 합동 기자회견을 하기를 원했다. 운영 위원회는 다시 한번 이 문제를 가지고 논쟁을 벌였다. 대중의 눈에는 이 합동 기자회견이 통화 정책의 독립성을 침해하는 것처럼 비춰질 우려가 있다는 점을 의식하고 있었기 때문이다. 중앙은행은 대출 능력은 가지고 있지만 지출 능력은 없으므로 중앙은행이 사용하는 도구의 영향력은 독립성이라는 기반 위에 세워진다. 캐나다 정부는 실제로 법적으로 규정되어 있는 사항은 아닐지라도 항상 중앙은행의 독립성을 보장한다는 입장을 확고히 고수해왔다. 그리고 국내 정책 협조를 강조할 때면 우리는 또 다시 그 덕을 보기도 했다.

이미 금리 인하 발표를 준비하고 있었기 때문에 우리는 예정되어 있던 우리의 일정대로 3월 27일 아침에 별도로 금리 인하 발표를 했다. 그리고 오후에는 재무장관의 기자회견에 동석해 몇 가지 질문에 답했다. 한 기자와의 질의응답이 특히 기억에 남는다. 중앙은행이 매주 최소 50억 달러 규모의 국채를 매입하겠다고 발표하자 상한선을 두고 있는지 질문한 것이다. 나는 이 계획은 무제한이라고 잘라 답변했다. 그러자 그 기자는 너무 과도한 수준이 아닌지 물었다. 그때 내가 한 답변으로 나는 은유적인 표현을 좋아하는 사람이라는 평판을 얻게 되었다. "소방관은 결코 너무 물을 많이 사용한다고 비난받지 않습니다." 운이 좋게도 그 후 캐나다 경제는 점차 평온함이 확산되고 위기는 진정되었다.

뒤돌아보면 코로나19 확산으로 인해 촉발된 금융 위기를 잠재우는데 도움이 된 중요한 요인들이 몇 가지 있었다. 다음의 교훈들은 지각 변동 요인들이 경제 및 금융 지각 변동을 더 빈번하게 일으킴에 따라 미래에 더 유용해질 것이다. 첫째, 경제가 이미 '안정 상태'에 있었다는 사실이 도움이 되었다는 가르침이다. 즉, 충격이 발생했을 때 회복탄력성을 발휘할 수 있는 상태에 놓여 있었다는 점이 중요하다. 둘째, 다른 국가들과의 공조는 아주 중요하다. 정책을 따라할 수 있다는 차원에서 뿐만 아니라 정책적 선택을 비교하며 서로에게 배우고 의사소통 기술을 연마할 수 있다는 차원에서 도움이 된다. 셋째, 위기 관리 도구를 2008년 금융 위기 때와 같이 순차적으로 활용하기보다는 빠른 속도로 규모 있게 활용함으로써 위기를 빠르게 진정시킬 수 있었다. 이 요인들이 위기 관리에서 경제 회복으로 나아가는 데 핵심적인 역할을 했다.

경제 회복의 발판 마련하기

위기 관리 도구들이 하나씩 모습을 드러내면서 나타난 한 가지 문제는 논평가들이 중앙은행의 캐나다 정부 대규모 자산 매입을 '양적 완화(Quantitative Easing(QE))'라고 부르기 시작한 것이었다. 대규모 자산 매입이 운영적 측면에서 양적 완화와 비슷하긴 하지만 나는 경제 위기 시기에 '양적 완화'라는 용어를 사용하는 데 반대했다. 대규모 자산 매입의 목표는 시장이 제대로 기능하도록 돕는 것에 국한되어 있기 때문이다. 사실상 우리는 배가 어느 방향으로 나아가야 한다고 주장하기보다는 폭풍 속에서 무사히 살아남을 수 있도록 하는 데 중점을 두고 있었다. 대규모 자산 매입은 시장 기능을 돕는 수단인 반면 양적 완화는 시장이 잘 작동할 때 금리에 영향을 미치기 위해 사용하는 통화 정책 수단이다. 중앙은행의 계획은 일단 시장 기능을 회복시키고 난 뒤 '양적 완화'로 정책을 변경하겠다는 것이었다. 그리고 난 뒤 시장 개입에서 다시 통화 정책으로 돌아선다는 것이었다.

대규모 자산 매입과 양적 완화 사이의 차이는 실체보다 형식의 차이 중 하나로 보일 것이다. 하지만 적어도 내게는 그것이 중요한 차이다. 시장 기능을 돕기 위한 목적의 대규모 자산 매입은 시장의 긴장 상황을 고려해 필요에 따라 매입 양을 늘리거나 줄일 수 있다. 반면 양적 완화는 시장 기능과 관련된 조치가 아니다. 통화 정책과 관련된 것이다. 양적 완화는 시장에 더 많은 통화를 푸는 특별한 수단으로, 낮은 콜금리의 영향을 장기 금리로까지 확대함으로써 수익률 곡선에 영향을 미친다. 그에 따라 양적 완화는 일반적으로 장기 금리에 영향을 미치는 것을 목표로 하는 차원에서 논의된다. 콜금리가 실질적으로 제로일 때 장기 금리 또한 이론상의 최저 수준으로 끌어내려질 가능성이 높다. 채권의 만기 기간이 길수록 금리는 점차 높아진다. 양적 완화 계획은 이를테면 5년 만기 채권 수익률을 조금 더 낮추는 것을 목표로 할 수 있을 것이다. 채권 수익률이 캐나다의 5년 주택담보대출 금리 변동에 중요한 영향을 미친다는 점을 고려해볼 때 결국 이것은 통화 정책이 이행되는 원리에서 아주 중요한 부분이라 할 수 있다. 예컨대, 콜금리를 1.5% 인하하면 5년 담보 대출 금리도 0.5나 0.75% 낮아질 것이고, 양적 완화 정책으로 인해 가계가 부담하는 이자율의 경감이 촉진될 수 있다.

궁극적으로 양적 완화는 '수익률 곡선 통제(yield curve control)'를 목표로 할 것이다. 사실상 수익률이 어느 시점에 어디에 와있는지 전체 수익률 곡선을 관리하는 것이다. 수익률 곡선 통제는 만기된 모든 국채를 매입하는 양적 완화의 확대로 이루어질 수 있다. 양적 완화는 일반적으로 어느 정도의 규모로 얼마 동안 시행이 되는지에 관해 '선제 안내'를 하는 경우가 많다. 그와 같은 선제 안내를 통해 특정 기간을 명시하거나 특정 경제적 결과, 혹은 인플레이션 결과에 따라 국채 매입 규모가 달라질 수 있다는 단서를 붙임으로써 향후 부채 매입의 속도를 알려준다. 이런 이유로 3월 27일 우리는 매주 50억 달러 규모의 국채를 매입할 것이며 '경제가 완전한 회복 단계에 들어설 때까지 무제한으로' 시행하겠다고 발표한 것이다. 이로써 중앙은행이 임의로 경기 부양을 중단하지는 않겠지만 경제가 어떤 방향으로 변화하고 있는지 공개적으로 밝히고 지속적으로 부양책을 평가할 것이라는 시장 신뢰를 심어주었다.

그 다음 두 주는 4월 〈통화 정책 보고서(Monetary Policy Report)〉를 준비하는 작업으로 일정이 꽉 차 있었다. 금리 변경을 위한 행보는 없었다. 0.25%가 실효하한이며 금리를 더 인하할 의향이 없다는 점을 분명히 해두었기 때문이다. 경제 안정을 우선시하는 재정 정책을 시행하고 있으므로 나는 우리가 마이너스 금리에 의지할 필요가 없다고 확신했다. 마이너스 금리는 최후의 수단으로 남겨둔 것이었다. 중앙은행 직원들은 경제를 바라보는 그들의 가장 최근의 시각을 우리에게 공유해주었다. 발생 빈도가 높은 데이터를 기반으로 새롭게 개발된 다양한 경제 모델들과 운영위원회가 검토해볼 만한 대안적 경제 시나리오를 제시하기도 했다. 코로나19 확산 방지를 위해 경제 활동이 중단되었었기 때문에 전형적인 경제 조치들이 과거의 경험과는 달리 제대로 작동하지 못할 가능성이 높았다. 사회적 거리두기가 완화되었을 때 우리는 경제가 다시 살아나리라 기대했지만 실제 회복은 영업 제한이 얼마나 오래 지속되었는지와 경제에 대한 신뢰감이 경제 활동이 중단된 부문으로까지 확산되는지의 여부에 달려 있을 것이다. 중앙은행은 애초에 정확한 예측 수치를 내놓으려고 노력하지 않기로 했지만, 그 대신 영업 정지 조치가 짧았던 지역에서 하나의 예측을 내놓고, 영업 정지 조치를 오랜 기간 연장한 곳에서 또 다른 예측을 내놓기로 했다. 이러한 접근법을 채택한 덕분에 그 후 2년 동안 단순한 예측 수치들에만 의존하기보다는 다양한 가능성들을 타진해 볼 수 있었다. 중앙은행은 항상 경제 정책을 시행하는 기간(2년) 동안 경제와 인플레이션 상황에 대해 정밀한 예측을 제공해왔기 때문에 이러한 접근법을 채택하려 했을 때 많은 논란이 있었던 것이 사실이다. 또 시장과 논평가들도 중앙은행이 발표하는 예측 수치를 기다리고 있었다.

하지만 다른 출처에서 나오는 경제 예측만으로도 부족하지는 않았다. 그 예측들은 날마다 더 부정적으로 치달았고, '세계 금융 위기 당시보다 심각한'에서 '2차 세계대전 이래 최악의 경기 침체'로, 그리고 '대공황 이후 최대 경제 위기'로 점점 그 강도를 더해갔다. 보도들을 보고 나는 마음이 불편해졌다. 소비자와 기업들의 신뢰도는 섬세해서 손상되기 쉽기 때문이다.

개인적인 의견으로는 과거의 사건과 비교하는 말들은 아무런 도움이 되지 않는다. 숨어 있는 원인을 분석하기보다는 숫자에만 근거해 판단한 것이기 때문이다. 완전히 종류가 다른 두 가지를 비교하는 것은 아무런 의미가 없다. 우리들 중 누구도 굳이 경제학자가 나서서 우리가 극심한 경기 침체를 경험하고 있다는 말을 해주기를 바라지 않는다. 그러나 불황은 전통적으로 마이너스 성장이 2분기 이상 잇따라 일어났을 때로 정의한다. 2020년에 이 기준이 충족될 것인지는 분명하지 않았다. 더 중요한 점은 그 정의에는 경제의 기저를 이루는 조건들에 관해서는 아무런 언급이 없다는 것이다. 경기 침체는 역동적인 현상이다. 어떤 이유로 인해 수요가 하락하고 기업은 직원들을 대량 해고하고, 신뢰는 줄어들고 사람들은 소비를 줄이고 자기 강화의 악순환으로 더 많은 기업들이 더 많은 노동자들을 해고한다. 악순환의 방향을 반대로 돌리려면 치유의 시간이 필요하다. 불황은 훨씬 더 심각하다. 더 정도가 심하고 오래 간다. 그리고 디플레이션이 부채와 상호작용해 기업들과 심지어 금융 기관들까지도 광범위하게 디폴트(채무불이행)를 선언하게 만든다. 경기 침체도 불황도 간단한 수치상의 기준으로 판단할 수는 없다. 두 용어 모두 실질적인 영업 정지(말하자면 시간을 멈추려는 시도) 후 영업 재개가 된 경제적 상황에는 적용되지 않는다. 지금까지 시간을 멈추려고 시도한 사람은 없었다. 팬데믹의 경제 침체는 '대공황 이후 최대 경제 위기'라고 표현하기보다는 '역사상 가장 짧은 불황'이라고 표현해야 맞을 것이다. 가장 선진적인 경제에서는 3월과 4월에 경제가 위축되었다가 5월에 다시 성장하기 시작했다. 2020년 후반에는 코로나 전 수준과 비교해 97% 이상의 경제 활동이 재개되었다.

코로나19로 촉발된 경기 침체는 역사적으로 특이한 경우이다. 경기 침체의 성격이 다르다는 것뿐만 아니라 즉각적이고도 강력한 재정 조치가 취해졌다는 점에서도 그렇다. 캐나다에서는 대부분의 지원책이 개인에게 초점이 맞추어져 있었고 심각한 진짜 불황을 불러오는 부정적인 감염 확산을 막는 효과를 나타냈다. 이러한 재정 조치는 경제에 미치는 충격의 규모에 따라 확대하거나 축소할 수 있도록 탄력적으로 시행되도록 설계되었다. 이렇게 탄력적으로 시행되기 때문에 단순한 수치상의 측정이 부적절한 것이다. 정부 지출의 규모는 경제가 감내해야 하는 충격이 얼마나 큰지에 달려 있다. 또한 경제가 더 정상적인 성장 궤도를 되찾게 되면 조치는 점진적으로 스스로 중단될 것이기에 별도로 철회할 필요가 없다는 것도 특징이다. 그에 더해 임금 보조금은 영업 정지 조치가 해제되었을 때 경제 활동이 신속히 재개되도록 고용주와 노동자 사이의 연결을 유지하는 데 그 목적이 있다. 캐나다의 주요 은행들은 대출 및 주택담보대출 기한을 연장해주고 기존 고객들을 위해 신용 한도를 크게 확대해주고

제2의 불확실성의 시대

소기업들을 위해 새로운 대출 서비스를 제공하는 등 안정화 정책을 시행하는 데 핵심적인 역할을 수행했다.

상황은 정책 담당자들이 대책을 거의 내놓지 않았던 대공황과는 확실히 달랐다. 당시 일부 정부들은 보호주의적인 국제 무역 정책을 시행함으로써 상황을 훨씬 더 악화시키기도 했다. 내 의견으로는 코로나19 상황은 전형적인 경제 불황이라기보다는 자연재해에 훨씬 더 가깝고 자연재해로부터의 회복은 보통 아주 빠르고 활발하게 이루어진다. 분명 대부분의 국가들은 경제학자들이 예상한 것보다 셧다운에서 더 빨리 회복하는 능력을 보여주었다.

포스트 코로나 시대에 고려해야 할 것들

팬데믹은 상흔을 남긴다. 노동자들은 오랜 기간 일을 못하게 되면서 기술이 퇴화했고, 기업들은 사라졌다. 쇼핑 습관도 바뀌었다. 온라인 회의의 위력을 경험하게 되면서 출장은 드물어질 것이다. 재택근무는 많은 사람들의 삶에서 훨씬 더 중요한 요소가 될 것이다.

K자형의 경제, 혹은 투트랙 경제가 나타나 수년 간 지속될 가능성이 높다. 영구적인 피해를 입은 부문들은 K자의 가장 하위 부분에 머물게 될 것이다. 이를테면, 온라인 소매업은 온라인 물류센터와 배송 서비스 분야에 많은 일자리를 창출하며 폭발적으로 성장했다. 오프라인 소매업종에서 일하던 노동자들도 동일하게 이 분야의 일자리에 지원 자격을 인정받을 수 있다. 코로나19 팬데믹 초기에 캐나다는 거의 12,000개의 기

업이 사라졌고 기업들의 인력도 13% 감소했다. 그러나 2020년 여름에는 신생 기업의 수가 퇴출 기업의 수를 앞지르기 시작했고, 그해 말에는 85,000여 개의 기업들이 폐업 위기에서 벗어났다. 이는 전년 대비 3% 이하로 낮은 수준이다. 이와 같은 기업의 역동성은 슘페터의 창조적 파괴가 작동하는 과정이며 경제의 잠재적인 회복탄력성을 보여주는 증거다. 캐나다 경제가 매달 40,000개의 기업들을 파괴하고 다시 창조한다는 사실을 인식하고 있는 사람은 거의 없다. 대규모 파괴가 일어난 이후의 치유 과정은 놀랍도록 빠르게 느껴질 수 있다.

그렇다 하더라도 코로나19가 우리 경제의 지각 변동 요인들 중 몇 가지를 가속화했다는 것이 중론이다. 그로 인해 앞으로 수년 간 경제 탄력성이 시험대에 오르게 될 것으로 예상된다. 첫째, 부채 축적, 특히 정부의 부채는 1940년대 중반 이래 유례없는 수준으로 증가했다. 둘째, 신기술 도입이 눈에 띄게 속도를 더해가고 있다. 한 가지 주요 요인은 생산 노동자들 사이에 거리를 더 많이 확보해야 할 필요가 생기면서 공장 작업 현장에 로봇 기술을 더 많이 활용하게 된 것이었다. 더 빠른 기술 도입으로 인해 더 많은 노동자들이 일자리에서 밀려나게 되면서 많은 노동자들은 K자형 경제의 바닥으로 끌어내려진다. 셋째, 이러한 추세는 경제 불평등에 대한 우려를 높일 것이며, 코로나19가 이미 소득 범위의 가장 하위 끝에 위치한 이들에게, 특히 여성들에게 가장 큰 타격을 주었다는 사실은 자명하다. 넷째, 많은 정부들은 경제를 재건하면서 친환경으로의 방향 전환을 위해 노력을 기울일 것이라 언급했다. 위기를 기회로 포착해 근본적인 선행을 실천하겠다는 것이다. 마지막으로, 입증되지 않은 사례 증거에 불과하기는 하지만 팬데믹 기간 동안 출산율이 하락했을 것임을 짐작할 수

제2의 불확실성의 시대

있다. 그 이유는 아마도 미래의 경제 전망에 불확실성이 증가했기 때문일 것이다. 만약 코로나19 이후 미니 베이비붐이 일어나 이 효과가 역전되지 않는다면 팬데믹으로 인해 인구 노령화 또한 가속화될 것이다.

이밖에도 코로나19의 충격으로부터 우리가 얻게 된 가르침은 많을 것이다. 코로나19는 정책 결정 기관들에게는 아주 어려운 시험이었다. 전운이 감도는 상황 속에서 사람들이 과거의 경험과 자신이 쌓아온 네트워크를 기반으로 해결책을 찾게 되면서 고위급 팀 구성이 다양한 연령대의 다양한 경력을 갖춘 구성원들로 이루어지는 것의 중요성을 수차례 느낄 수 있었다. 여러 명의 후임 후보자군을 준비해 두는 것 또한 아주 중요하다. 우리들 중 누군가가 아플 가능성이 항상 있었기 때문이다. 수그러들 줄 모르는 코로나19 확산 위기는 우리를 지치게 만들기도 했다. 특히 재택근무를 하면서 많은 어려움을 겪었고, 일부 가정은 자녀가 아직 어려서 더욱 힘들었을 것이다. 다양한 연령대와 다양한 경력을 갖춘 구성원들로 구성된 팀에서 업무를 분담할 수 있는 상황이라면 아주 효율적이었을 것이다. 동시에 우리가 금융 시장의 불을 끄는 동안 집에서 모든 일반 업무를 계속 진행하고 있었던 나머지 직원들과 항상 연락을 유지하는 일은 아주 중요했다. 나는 진작에 우리의 기술력을 끌어올리기 위해 과도한 투자를 하도록 우리를 설득해준 기술팀에게 그렇게 고마울 수가 없었다. 우리는 언제라도 1,500명 이상의 사람들과 원격으로 연결될 수 있었고 화상 회의도 가능했으며 우리의 기술 역량의 50% 이상을 사용할 일은 거의 없었다. 2008년 금융 위기에서 얻은 교훈이 코로나19 위기를 관리하는 데 도움이 되었던 것처럼, 앞으로 불안한 시기에는 2020~2021년에 얻은 가르침이 많은 도움이 될 것이다.

회복력을 키우는 데 투자하는 것은 아마도 점점 아주 흔한 일이 될 것이다. 코로나19의 발생으로 먼 미래는 오늘 더 불확실해 보인다. 설사 코로나19가 백미러 속에서 멀어지게 되더라도 다섯 가지 지각 변동 요인들은 다시 전방으로 드러날 것이고 무수히 많은 방식으로 일상적인 경제생활에 영향을 미칠 것이다. 이제 앞을 바라보자는 취지에서 중앙은행 총재인 내가 가장 좋아하는 주제인 '인플레이션의 미래'에 대해 이야기해 보자.

제2의 불확실성의 시대

제2의 불확실성의 시대
The Next Age of Uncertainty

9장

The Next Age of Uncertainty

인플레이션의 미래

회상: 나의 인플레이션 경험

나는 청소년이 될 때까지 인플레이션에 대해 생각해 본 적이 없었다. 내가 밥상머리에서 '생활비'에 대한 언급을 처음 들은 것은 1970년대 초였다. 경제학자가 되어 그때를 되돌아보니 당시 부모님에게 인플레이션은 일종의 계시였던 것 같다. 부모님은 1930년대의 디플레이션 시기에 어린 시절을 보냈고, 전쟁 중 물자 부족과 가격 폭등, 식량 배급 등을 경험했다. 그러나 그 이후에는 아주 낮은 수준의 인플레이션과 번영만을 겪었다.

1970년대 중반에 내가 경제학을 공부하게 될 때까지 인플레이션은 제1의 공공의 적이 되어 있었다. 나는 1976년에 경제학 수업들 중 한 과목에서 임금 및 물가 통제의 유효성에 관해 프로젝트 리포트를 작성했다. 그 후 나는 개인이 소득과 이자율에 비례하여 얼마만큼의 돈을 현금이나 은행 예금으로 보유하고 있는지에 대해 특히 많은 관심을 가지게 되었다. 이것은 밀턴 프리드먼(Milton Friedman)의 통화주의(monetarism)에 기반을 둔, 인플레이션을 통제하기 위해 설계된 중요한 체계로 알려져 있다. 사람들이 얼마큼의 돈을 보유하고자 하는지 알고 있다면 중앙은행은 인플레이션 압박을 넣지 않고도 적정한 양의 통화를 공급할 수 있다. 특정한 인플레이션율에서 사람들이 보유하고 있는 화폐량은 예측 성장률을 보여준다. 그 수준 아래로 통화 공급이 이루어지면서 성장률이 점차 둔화하면 인플레이션은 감소하게 된다.

1976년 캐나다 중앙은행은 이 생각을 기반으로 한 정식 통화 정책 운영체계를 도입했다. 피에르 트뤼도(Perre Trudeau) 정부가 임금 및 물가 통제 정책을 시행했을 때 즈음이었다. 그 정책들은 서로를 보완하려는 목적이었고 낮은 인플레이션율에 적응 중인 경제에 미치는 지장을 줄이려는 의도로 시행된 것이었다. 유감스럽게도 곧 그 운영체계를 통해 보유 화폐와 경제 성장률과 인플레이션 사이에는 상관성이 없다는 사실이 밝혀졌다. 중앙은행과 학계 연구자들은 이 문제에 아주 골몰해 있었다.

1978년 퀸스 대학 시절 나는 학부 논문에서 실험적 통계 기술을 활용해 그 주제를 파고들었다. 캐나다 중앙은행에서의 여름방학 인턴 기회를 열어준 것도 이 논문이었다. 인턴 기간 중 나는 중앙은행에서 고려 대상으로 삼고 있는 통화량 목표제의 실효성이 프리드먼의 단순한 상관관계가 보여주는 것보다 훨씬 더 미묘하다는 사실을 알게 되었다. 통화 공급량에 관한 데이터는 매주 발표되었다. 경제 전반에 관한 데이터보다 수개월 앞서 발표되는 것이었다. 예기치 않게 통화 공급량이 몇 주 동안 잇따라 감소하면 그것은 경제 성장이 둔화했거나 인플레이션이 둔화했거나, 아니면 완전히 다른 상황을 암시하는 신호일 수 있다. 중앙은행은 금리를 조정해야 할지 결정하기 위해 경기 침체의 숨은 원인을 찾아내야만 했다. 몇 개월 후 경제 데이터가 모두 발표되었을 때 연구자들은 그들의 모델을 이용해 통화의 움직임을 나머지 경제 상황들에 비추어 설명할 수 있게 되었다. 그때 그들은 통화 공급이 명확한 이유 없이 둔화하고 있음을 알게 되었다.

이는 단순히 캐나다에서만 나타나는 현상은 아니었다. 중앙은행들이 통화량을 늘리기 시작한 날부터 연구자들은 통화 보유 행동을 설명하기가 어려워졌고, 보유 통화는 모델이 예측한 것보다 더 적은 경향성을 보였다.

1978년 여름 동안 중앙은행 인턴 근무를 마친 후 나는 석사와 박사

제2의 불확실성의 시대

과정을 밟기 위해 웨스턴 온타리오 대학에 들어갔다. 그리고 그 문제에 대해 계속해서 연구했다. 내 박사 논문은 그와 관련된 하나의 가능성 있는 설명에 관한 것이었다. 환율의 흐름은 가계와 기업의 보유 화폐량에 영향을 미칠 것이다. 이 생각은 갈수록 더 많은 가계와 기업들이 캐나다 달러와 미국 달러 모두를 사용하기 시작했다는 관측을 기반으로 하고 있었다. 이와 같은 분위기는 퀘벡 주에 분리주의 정부가 들어선 것에 대한 반작용으로 1976년 말 커다란 환율 변동이 일어나면서 시작되었다. 나는 사람들이 환율의 향후 변동 상황을 자신에게 유리한 방향으로 이용하거나 그것으로부터 자신들을 보호하기 위해 그들이 현금 보유를 캐나다 달러와 미국 달러를 바꿔가면서 할 것이라 추정했다. 이 가설은 이른바 '통화 대체'로 불리었고, 나는 그 생각을 뒷받침해줄 실증적 근거를 찾을 수 있었다.

1981년에 중앙은행으로 돌아가 상근직으로 일하기 시작한 나는 통화주의자들이 인플레이션을 바라보는 시각과 인플레이션을 통제할 목적의 통화량 목표제에 완전히 몰입해 있었다. 내게는 중앙은행의 통화 정책 운영체계를 재검토하는 작업에 참여할 수 있다는 사실이 꿈만 같았다. 이 작업은 통화 대체와 새로운 유형의 계좌와 같은 추가적인 요소들을 참작해 통화가 정책 심의 및 실행의 중심에 계속 놓여 있게 하기 위한 것이었다.

아, 하지만 애석하게도 나의 선의의 연구 조사는 중앙은행의 통화량 목표제 운영체계에 치명적이었음이 드러났다. 기초 통화 수요(현금 플러스 전통적인 당좌예금, 혹은 'M1(협의통화)'으로 측정되는)가 바뀌었다는 확실한 통계적 증거를 제시하자, 캐나다 중앙은행의 경영진은 앞으로 통화와 인플레이션 사이의 관계가 통화량 목표제의 지속적인 활용을 보장할 만큼 충분히 신뢰할 수 없다는 결론에 도달했다. 당시 중앙은행 총재였던 제럴드 보위는 다음의 유명한 말을 남겼다. "우리가 통화지표를 버린 것이 아니다. 통화지표가 우리를 버렸다."

그 후 10년 동안 중앙은행의 연구원들은 그 대안이 될 만한 통화 정책 운영체계를 찾기 위해 노력했고, 그 결과 물가상승 목표제가 최종 승자가 되었다. 중앙은행은 캐나다 정부의 정식 승인을 거쳐 1991년부터 물가상승 목표제를 시행하고 있다.

물가상승 목표제는 효과가 있었다

물가상승 목표제가 실제로 시행되기 훨씬 전에 이것을 공부한 연구자로서 나는 물가상승 목표제가 성공적인 결과를 낸 것이 아주 놀라웠다. 중앙은행 금리와 향후 18~24개월 간의 인플레이션 사이에는 복잡한 경제적 연결 고리가 존재하고 있어 나는 아주 오랜 시간을 두고 통제하지 않는 한 인플레이션이 통제 가능하다는 생각에 부정적인 입장이었다.

앞서 설명한 바대로 실질 금리는 인구통계학적 이유로 앞으로 20~30년 동안 평균적으로 낮은 수준을 유지할 것으로 예상된다. 따라서 앞으로 경기가 수축하면 중앙은행은 금리를 인하할 수 있는 여지가 훨씬 더 줄어든다. 이와 같이 유연성이 상실되면 균형이 깨진다. 경제가 호황이고 인플레이션 압박을 받고 있는 상황이라면 중앙은행은 금리를 인상함으로써 상황을 진정시킬 수 있을 것이다. 금리에 상한선이 없기 때문이다.

그러나 경제가 갑자기 둔화되어 인플레이션율이 목표 수준 아래로 떨어지게 되면 인플레이션율을 목표 수준으로 다시 끌어올리기 위해 금리를 인하할 수 있는 여지는 제약적이다. 다른 모든 조건이 동일하다면 우리는 미래에 인플레이션 목표치를 유지하는 것이 더 어려워질 것이다.

지각 변동 요인들이 더 많은 변동성을 불러오게 되면 인플레이션 목표치를 유지하는 일은 더 어려워질 것이다. 중앙은행은 오로지 미래의 인플레이션율 변화에만 영향을 미칠 수 있기에 현재 그들의 정책은 그들의 예측에 의해 결정된다. 신뢰할 만한 경제 예측을 내놓는 일은 앞으로 다가올 제2의 불확실성의 시대에는 훨씬 더 어려워질 것이다. 중앙은행의 현재 상황은 우리가 미래 인플레이션율에 훨씬 더 많은 변동을 경험하게 될 것임을 말해주고 있다.

지각 변동 요인들로 인해 인플레이션율 변동은 더 심해질 것이다. 불확실성이 더 높아지는 것은 달가운 일이 아니지만 사람들은 그것을 통해 진실을 보게 될 수도 있다. 하지만 평균 물가상승률이 더 높은 수준으로 상승하는 것은 별개의 문제다. 그것을 통해 진실을 볼 수 없을 것이기 때문이다. 현재에도 인플레이션 목표치가 성공적이었다고 믿는 사람은 많지 않다. 보고된 2%라는 물가상승 수치가 개인들의 경험 속에서 체감되지 않기 때문이다. 예컨대 그에 대한 근거로 사람들은 높은 주택 가격이나 자동차 가격을 든다. 일반적으로 측정된 물가상승률과 관련해 인식과 현실 사이에는 아주 큰 격차가 존재한다.

물가상승률은 우리가 구입하는 모든 물건의 평균적인 가격 대비 성능의 척도라 할 수 있다. 사람들은 정기적으로 구입하는 많은 상품들이 수년 동안 가격이 떨어졌다는 사실을 잊어버리는 경향이 있다. 그들은 주로 가격이 오른 것들에만 집중한다. 게다가 이를테면 우유나 휘발유의 수년 전부터의 가격을 기억하며 가격 수준에 집중한다. 그래서 현재의 가격과 비교해 물가가 상승했다는 인상을 가지게 되는 것이다. 또한 사람들은 자동차처럼 어쩌다 한 번 구입하는 상품보다 휘발유와 같이 자주 구입하는 상품에 신경을 더 많이 쓴다. 게다가 보이지 않는 곳에서 품질 향상을 위해 애쓰고 있는 통계학자들에게 감사하는 사람은 없다. 통계학자에 의하면 상품의 품질이 향상되고 그 상품의 가격이 동일하게 유지될 때 그 가격은 하락한 것으로 간주된다.

　예를 들어, 자동차 구입에 대해 한번 생각해 보자. 우리는 1970년대 중반부터 1990년대 후반까지 아주 오랫동안 한 대의 자동차를 온가족이 함께 사용했다. 우리 가족의 사랑스러운 첫 차는 4년 된 1968년형 쉐보레 임팔라였고, 가격은 1,600달러였다. 여섯 명이 편안하게 앉을 수 있는 좌석이 있었고 그 외에 커다란 트렁크가 있었다. 디스크자키로 일하던 시절 나는 차에 대형 스피커와 두 개의 턴테이블과 증폭기를 담고 있는 콘솔, 그리고 수백 장의 45s(7인치 싱글 음반으로 45rpm으로 재생된다: 역자 주)와 LP 판을 싣고 다녔다. 나는 개인 용도로 1999년 새 자동차, 토요타 코롤라를 18,000달러에 조금 못 미치는 가격에 구입했다. 그리고 14년 정도 후에 나의 딸이 첫 차를 구입했고, 나는 딸에게 코롤라를 사도록 권유했다. (이미 오래전에 내 코롤라는 팔았지만) 내가 그 차를 타보았고 14년 전에 내가 산 코롤라와 동일한 모델이 아직도 도로에서 달리고 있는 것을 보았기 때문이다. 신형 토요타 코롤라가 그동안 엄청나게 기능이 향상되었음에도 불구하고 1999년에 구입했을 때와 가격이 같다는 사실에 나는 아주 충격을 받았다. 7년이 더 흐른 2020년에 코롤라는 또 한 번 눈에 띄게 기술력이 향상되었고 여전히 19,000달러 정도에 살 수 있었다.

이 관측을 통해 초보자용으로 구입할 만한 자동차의 구매가는 지난 20년 동안 거의 변함이 없음을 알 수 있다. 캐나다 통계청에서 발표한 공식 자료에서도 이와 같은 사실을 확인할 수 있다. 20년 동안 총 소비자 장바구니 물가는 40% 가까이 올랐고 그 수치는 캐나다 중앙은행에서 목표로 잡은 연 2%의 물가상승률과 거의 맞아떨어진다. 그와는 반대로 새 자동차를 구입하는 물가 지수는 동일한 20년 동안 단 7% 상승했을 뿐이다. 이는 매년 0.4% 이하의 수치로 상승했다는 의미이다. 새 자동차를 빌리는 가격은 같은 기간에 단 1% 상승했다. 즉 연 0.1% 이하로 상승한 것이다. 이는 당신이 만나는 거의 모든 이들이 승용차 가격이 같은 기간 많이 올랐다고 말할 것이 분명함에도 불구하고 사실이다.

초보자용 자동차의 품질이 엄청나게 높아졌기 때문에 그것의 가격 지수는 지난 20년 동안 실제로 하락한 것이다. 그러나 한 국가의 가격 지수는 국민들이 구입하는 평균적인 자동차의 가격을 대상으로 산출한다. 즉, 다양한 자동차들의 합으로 평균을 내는 것이다. 특정 종류의 자동차들, 특히 스포츠유틸리티차량(SUV)과 소형 트럭의 가격은 다른 차종들보다 더 많이 상승했고 총 차량 구입에서 차지하는 비중 또한 증가했다. 이들이 자동차 판매업자들이 판매하는 자동차들 중 가장 수익률이 높은 자동차들이다.

많은 사람들이 잊기 쉬운 또 다른 일반적인 디플레이션 사례로 컴퓨터 장비와 그 밖의 디지털 기기들이 있다. 캐나다 통계청의 자료에 따르면 컴퓨터 가격은 지난 20년 동안 90% 넘게 하락한 것으로 나타났다. 대부분의 사람들은 컴퓨터를 교체하는 데 드는 비용이 몇 년 동안 많이 달라지지 않았다고 말할 것이다. 하지만 우리가 구매하는 가정용 컴퓨터의 기능은 같은 기간 동안 엄청나게 향상되었다. 그리고 이러한 품질 향상은 500달러를 지불하고 과거에 누렸던 컴퓨터의 기능보다 현재 같은 가격에 더 많은 기능을 누리게 되었다는 것을 의미한다. 따라서 잠재 가격은 하락한 것이고 이는 인플레이션 지수에 반영된다.

그리고 내가 가장 좋아하는 사례인 TV가 있다. 1978년에 우리집에 처음으로 컬러 TV가 등장했었던 때가 선명하게 기억난다. 일렉트로홈(Electrohome) 텔레비전이었고 온타리오주의 키치너에서 조립된 것이었다. 하지만 그 당시의 TV들은 대부분 JVC에서 제조한 일본 부품들로 만들어졌다. 그 TV는 549달러였고 화면 크기는 19인치였다. TV 가격이 인플레이션에 따라 올랐다면 그 TV는 지금 2,000달러 정도 해야 한다. 하지만 우리는 현재 55인치짜리 평면 스크린 TV를 약 500달러에 구입할 수 있다. 아시아의 여러 다른 나라에서 부품을 들여오고 멕시코에서 조립한다. 캐나다 통계청의 자료에 따르면 2000년에 100달러였던 비디오 장비가 2020년에는 21달러 정도밖에 안 하는 것으로 나타났다. 이것이 세계화가 인플레이션율을 떨어뜨려 소비자 구매력을 북돋우는 방식이다. 하지만 이 측면은 그다지 널리 인정받지 못하고 있다. TV를 구입하는 데 2,000달러를 지출하는 것이 아니라 500달러를 지출한다면 나머지 1,500달러는 원하는 다른 곳에 사용할 수 있게 되는 것이다. 이렇게 추가로 주어진 1,500달러는 세계화가 우리 소비자들에게 준 선물로, 경제 전 분야의 일자리 창출에 도움을 준다.

물가상승률이 높다는 인식은 어디에서 기인한 것일까? 캐나다 통계청에 따르면 물가상승률이 높다는 인식을 심어준 중요 분야는 식품이며, 그

중에서도 특히 육류가 대표적이었다. 육류 가격은 평균 물가상승률보다 거의 두 배 빠른 속도로 상승했다. 다른 분야에서는 보험료와 수도세, 전기세가 많이 올랐다. 하지만 가스 요금이나 전화료는 여기에 포함되지 않는다. 금융 서비스 비용, 대중 교통비, 주차비, 도서비, 등록금, 담뱃값 등이 상승했고, 식료품점에서 판매하는 주류는 가격 상승이 크지 않았다. 주류 가격은 평균 물가상승률보다 천천히 상승했기 때문이다. 의류와 가전제품, 가구, 운동 용품, 장난감과 같은 분야는 모두 20년 동안 평균 가격이 하락했다. 이 또한 주된 요인은 세계화였다.

우리는 물가상승 목표제가 캐나다인들이 구입하는 상품 및 서비스 전체에 걸쳐 나타나는 평균적인 인플레이션 작용을 대상으로 하며, 가격 상승과 하락 모두를 포착한다는 점에 감사해야 한다. 각 개별 상품이나 서비스의 가격은 개별적인 상황에 따라 움직이며 사람들은 물가 하락이 일어날 때 그것을 거의 눈치채지 못하는 것처럼 보인다. 거의 30년 동안 캐나다의 물가상승률은 평균적으로 2%에 아주 가깝게 유지되어왔다. 물론 에너지 가격이나 환율에서 커다란 움직임이 발생하는 경우에는 가끔 평균적인 수치를 벗어나기도 했다. 한편 캐나다인들은 임금 협상에 관해서라면 2% 목표치를 고수하고자 하는 기대를 가지고 있다. 평상시에는 물가상승률을 이보다 훨씬 더 높게 체감하고 있는 점을 감안하면 이는 모순적이다.

기대 물가상승률을 고수하려는 것은 경제에 커다란 영향을 끼친다. 특히 물가상승률이 어느 방향으로든 목표치에서 벗어나게 되면 일반 관측자들은 점점 무관심해진다. 그들은 뒤에서 중앙은행이 적절한 기간 내에 물가상승률을 2%로 되돌리기 위해 결단력 있는 조치를 취할 것이라 확고히 믿고 있기 때문이다. 중앙은행은 경제가 궤도를 벗어났을 때 묘책을 부릴 수 있는 여지를 많이 가지고 있다. 중앙은행이 물가상승 목표제를 무색하게 만들지 않을 것이라는 국민의 믿음에 의지하여 상황을 바로잡기 위해 공격적인 정책을 실행할 수도 있다.

이 상황은 1970년대의 상황과는 뚜렷한 차이를 보이고 있다. 당시에는 중앙은행이 미래에 물가상승 위험도를 높일 것 같은 방식으로 경제 혼란에 대응하면 관측자들은 그들의 기대 물가상승률을 즉시 높였다. 그로 인해 인플레이션이 곧바로 가속화됨으로 인해 경제를 부양하려는 중앙은행의 노력은 거의 좌절되고 말았다.

그렇다면 왜 걱정만 하고 있단 말인가? 이때가 바로 정치적 해법을 사용할 때인 것이다.

부채와 인플레이션의 상호작용

정부 부채와 인플레이션 사이의 연관성은 긴 역사 속에서 꽤 확실하게 드러나 있다. 역사적으로 정부 부채가 많이 쌓였을 때는 그 뒤를 이어 인플레이션이 발생했다. 그 연관성에 대한 분명한 사례는 1920년대의 독일이나 1980년대 초의 아르헨티나와 같은 개별 국가들이 보여주고 있다. 그러한 시기에 정부와 중앙은행의 궁극적 관계는 항상 우려를 낳는다. 중앙은행은 정부의 은행이므로 새 돈을 찍어낼 권한을 가지고 있다. 중앙은행은 새로 발행된 정부 국채를 사들이고 새 돈을 정부에게 내줌으로써 항상 새로운 돈을 만들어낸다. 이 과정이 경제 성장률에 발맞추어 이루

제2의 불확실성의 시대

어진다면 물가상승률은 안정적으로 낮은 수준으로 유지될 것이다. 그러나 정부가 금융 시장이 감당 가능하다고 생각하는 것보다 더 빠른 속도로 국채를 발행한다면 시장은 소화불량에 걸리고 금리는 오르고 정부는 어느 시점엔가는 벽에 부딪혀 더 이상 시장에 국채를 팔 수 없게 될 것이다. 중앙은행이 정부의 늘어나는 국채를 사들임으로써 이 제약에서 벗어나게 해준다면 필요한 양 이상의 돈을 쉽게 만들 수 있게 된다. 만약 이런 일이 발생한다면 밀턴 프리드먼이 말한 '상품에 비해 돈이 너무 많은 현상'이 벌어져 인플레이션은 증가한다.

이처럼 정부와 중앙은행의 긴밀한 관계는 필요하다. 정부는 중앙은행을 소유하고 있고 중앙은행은 정부의 은행이므로 그들의 대차대조표는 서로 얽혀 있다. 나라에 새로운 돈을 발행하려면 중앙은행이 정부의 국채를 매입해야 한다. 그렇게 해서 대차대조표의 균형을 맞추는 것이다. 하지만 이 관계에서 잠재적 위험은 정부 부채가 감당하기 어려울 정도로 불어날 때에만 생기는 것이 아니다. 정부는 항상 재선을 바라보고 있다. 그리고 유권자가 행복해야 현 정권이 집권을 유지할 수 있다. 그리고 유권자들을 가장 행복하게 해주는 것이 일자리가 많고 임금이 상승하는 풍요로운 경제다. 이것이 정부에게는 선거를 치를 때까지 추가 지출을 하고 경제를 부양하려고 노력해야 하는 강력한 동기가 된다. 경기부양책을 대대적으로 시행해 인플레이션 압박이 증가하면 유권자들은 선거가 끝날 때까지 그 사실을 모를 가능성이 크다.

이런 긴장 관계로 인해 대부분의 선진국에서는 중앙은행에게 물가상승 목표치에 따라 독립적으로 운영하도록 권한을 부여하고 있다. 추가적인 보호장치로 중앙은행 총재들의 임기는 일반적으로 선거 주기와는 별개다. 정부가 선거 직전에 경제를 과도하게 부양하면 미래의 인플레이션 압박을 예의 주시하고 있는 독립적인 중앙은행은 금리를 올리고 경제 성장률을 안정적으로 유지시켜 기본적으로 정부의 노력을 상쇄시킬 것이다. 정부는 일반적으로 권력의 견제와 균형을 유지하고자 하는 체계를 받아들이고 있다. 하지만 항상 그런 것은 아니며 당연히 모든 경우에 그런 것도 아니다.

5장에서 살펴본 것처럼 세계 정부들의 부채는 지난 20년 동안 꾸준히 상승했고, 코로나19 위기 중에 갑자기 크게 증가했다. 중앙은행들은 금융 시장을 안정시키고 경제 붕괴를 막기 위해 자주 엄청난 양의 국채를 매입하며 위기 속에서 정부와 긴밀히 협조했다. 매우 강도 높은 재정 및 통화 정책이 시행된 전례 없는 상황은 중앙은행의 독립성과 미래 인플레이션 가능성에 대해 일부 의문을 불러오기도 했다. 그리고 정부 부채에 대한 비전통적인 사고방식의 등장이 이러한 우려에 불을 지폈다. 이 사고의 주창자들은 이것을 '현대통화이론(modern monetary theory)'이라고 부른다. 경제학에 대한 전문지식이 부족한 독자들의 경우 이 새로운 사고방식이 선진 경제 정부들이 포스트 코로나 시대에 마주하게 될 부채 부담을 경감시켜줄 길을 열어주었다고 믿는다 해도 무리는 아닐 것이다.

이 이론을 주창한 대표적인 인물은 스테파니 켈튼(Stephanie Kelton)으로, 그녀는 2020년 출간된 저서 〈적자의 본질(The Deficit Myth)〉에서 정부는 화폐 발행 권한을 가지고 있기 때문에 정부의 재정 적자에 대한 불안은 부적절한 것이라는 주장을 내놓았다. 국가 통화를 통제할 수 있는 정부는 결코 파산하지 않는다고 그녀는 주장한다. 그 임무를 다하기 위해 항상 더 많은 돈을 찍어낼 수 있기 때문이다. 유감스럽게도 이 이론에 대한 많은 언론 보도는 이 정도의 설명에서 그친다. 중요한 세부 내용은 다루지도 않고 정부는 무엇이든 공짜로 얻을 수 있다는 인상만 심어준다. 언론에서 놓친 세부 사항 중 가장 중요한 것은 현대통화이론의 주창자들은 경제가 수용력의 한계에 도달한다면, 즉, 화폐 발행을 계속했을 때 인플레이션이 발생하는 상황이라면 정부가 새 화폐 발행을 멈추어야 한다는 점을 인정하고 있다는 사실이다. 다시 말해서 정부는 물가가 상승하기 시작할 때까지만 새 화폐를 발행해 예산을 충당해야 하며, 그 이후로는 중앙은행보다는 투자자들에게 돈을 빌리던 옛날 방식대로 예산을 충당해야 한다는 것이다.

추가적인 세부 내용을 이해하고 나면 현대통화이론이 1936년에 존 메이너드 케인스가 예측한 내용과 거의 동일하다는 것을 알 수 있다. 그는 일반 이론서에서 통화 정책이 자연적인 한계에 도달하면 경제에 무슨 일이 발생하는지에 대해 설명했다. 자연적인 한계란, 케인스가 그 책을 집필하고 있었던 대공황 당시와 같이 금리를 더 이상 내릴 수 없는 시점을 말한다. 이는 코로나19가 발생한 후 전 세계가 처해 있는 상황이다. 케인스는 이러한 상황에서는 통화 정책이 금리를 가능한 낮게 책정할 것이고 경제를 부양할 능력은 바닥날 것이라고 주장했다. 그는 이와 같은 상황을 '유동성 함정'이라 불렀다. 중앙은행이 통화 체계에 계속해서 훨씬 더 많은 유동성을 주입한다면 통화 체계는 제자리걸음을 하게 될 것이기 때문이다. 가계와 기업들은 돈을 빌리거나 지출할 동기부여를 받지 못할 것이다. 케인스는 이런 상황에서 경제가 제자리를 찾아 완전 고용을 이룰 수 있도록 돕는 유일한 방법은 정부의 적자 지출을 이용하는 것이라 주장했다.

현대통화이론을 옹호하는 학자들도 그와 정확히 동일한 것을 제안한다. 금리가 바닥을 쳤을 때, 정부는 중앙은행에서 새로 발행한 화폐를 빌려서 그것을 경제에 지출함으로써 경기 회복을 위한 행보에 나서야 한다. 현대통화이론은 현대적이지 않다. 통화량과 상관이 있는 것도 아니다. 지출액이 실제로 어디에서 융통되는지와 상관없이 정부가 구상한 경기부양책은 정부 지출에서 나오는 것이기 때문이다. 또한 어떤 체계를 갖춘 이론이라고 보기에도 부족하다. 새로운 화폐 발행의 표준적인 절차를 정부의 대차대조표와 연결시키는 회계에 기반을 두고 있기 때문이다.

쉽게 말하자면 현대통화이론을 옹호하는 이들은 경제가 어려울 때 중앙은행이 인플레이션 목표치를 달성하기 위해 필요한 만큼만의 화폐를 발행해야 한다고 권고한다. 비록 통화 정책을 일반적으로 그런 방식으로 설명하지는 않지만 그것을 기준으로 보자면, 중앙은행은 약 30년 동안 이미 그렇게 해왔다. 더 정확히 표현하자면 중앙은행은 인플레이션 목표를 유지할 수 있는 경제 전망에 맞춰 금리를 선택한다. 이 논리는 중앙은행의 대차대조표와 새 화폐가 발행되는 속도에도 반영되어 있다. 결국 화폐 발행은 앞서도 언급한 것처럼 국채의 직접 매입과 직접적으로 연결되어 있다. 따라서 새로운 지출 능력을 정부의 손에 쥐어주는 것이다. 계산은 간단하다. '현대통화이론'과 '사회적 통념'은 통화 및 재정 정책과 관련해 실제로는 동일한 의미를 내포하고 있다고 봐도 무방하다. 하지만 눈에 띄는 차이점이라면 현대통화이론의 경우 만약 시장이 정부의 재정 적자를 메꾸는 일을 방해하기 시작한다면 출구가 보이지 않는다는 것이다.

그러나 한 가지 중요한 역사적 사건이 있었다. 현대통화이론가들이 오늘날 추천하고 있는 정책을 시행하려고 결정했을 때였다. 1960년대 후반에 베트남 전쟁을 위한 자금을 조달해야 하는 부담감은 미국 정부의 재정을 압박하고 있었다. 그 재정 통화 실험의 결과는 1970년대에 발생한 세계적인 대 인플레이션(Great Inflation)이었다. 그 상황을 바로 잡는 데는 거의 20년이라는 긴 세월이 걸렸다.

대 인플레이션은 전 세계적으로 확산되었기 때문에 붙여진 이름이다. 1950년대와 1960년대에는 대다수의 선진 경제국에서 물가상승률이 낮은 수준을 유지했었다. 그 시대에는 많은 경제학자들이 인플레이션과 실업 사이에 상호 절충적인 면이 존재한다고 믿었다. 약간의 인플레이션을 허용함으로써 국가는 경제를 더 호황으로 이끌면서 조금 더 낮은 실업률을 달성할 수 있었다. 그러나 2차 세계대전 후 주요 경제국들의 물가상승률은 기본적으로 미국에 의해 통제되고 있었다. 주요 경제 국가들이 브레튼우즈 체제로 함께 묶여 있었기 때문이다. 그래서 대부분의 주요 통화들은 미국 달러, 즉, 금 가격에 연동되어 있었다. 한 국가에서 가격이 오르면 다른 모든 국가에서도 가격이 올랐다.

이 시스템은 미국이 베트남 전쟁 비용을 대기가 어려워지자 1960년대 중반에 압박받기 시작했다. 군비가 크게 확대되자 정부의 재정 적자는 갑작스럽게 불어났고 경제는 초과 수요 상태에 빠지고 물가는 상승했다. 미국 연준은 1965년 후반에 인플레이션 압박을 제어하기 위해 금리를 올렸고, 연준이 금리를 낮게 유지하기를 원했던 존슨 대통령과의 대치 상황이 벌어졌다. 미 연방준비제도이사회 의장이었던 윌리엄 맥체스니 마틴(William McChesney Martin)은 연준이 실행하는 정책의 독립성을 주장하며 존슨 정부의 입장을 거스르고 금리를 인상했다. 당시 특히 중요한 지각 변동 요인으로 말미암아 인플레이션 전망에 관한 논쟁은 뜨거웠다. 세계 인구의 연령대가 꾸준히 낮아지고 있었고 베이비붐 세대가 노동 시장에 진입하고 있었기 때문이다. 연준 내에서 벌어진 인플레이션 논쟁의 최종적인 결과로 금리는 적정 수준으로만 상승했고 통화 확대는 빠른 속도를 유지했으며 인플레이션 압박은 계속 증가했다. 그 압박은 1970년에 마틴의 후임인 아서 번스(Arthur Burns)가 연준을 이끌기 시작하면서 확실한 견인력을 얻게 되었다. 아서 번스는 베트남 전쟁이 닉슨 정부에 지워준 재정적 압박에 대해 더 동정하는 입장을 취하는 것으로 알려져 있었다. 기본적으로 전쟁으로 인해 발생한 정부의 적자는 이미 과열된 경제 상황에서 연준이 화폐를 발행해 부분적으로 자금을 댔다.

이런 상황으로 인해 미국의 물가는 6% 이상 급상승했다. 인플레이션은 미국 달러에 대해 고정환율제를 유지하고 있는 여러 국가들로 자동적으로 확산되었다. 고정환율제는 인플레이션 압박으로 붕괴했지만 이미 세계 모든 나라에서 물가가 상승했고, 일부 국가들은 다른 국가들보다 더 큰 피해를 입었다. 인플레이션 압박은 아랍 석유 금수 조치로 인해 1970년대 초에 유가가 크게 상승하면서 더욱 가중되었다. 동시에 대부분의 국가에서 실업률이 상승하고 있었다. 실업률 상승과 인플레이션 상승의 조합은 과거에는 관측된 적이 없었고 주류 경제 모델에 상충하는 것이었다. 따라서 인플레이션 압박을 진정시키기가 어려운 것은 물론이요, 정책 담당자들이 상황을 이해하기가 아주 까다로운 경우였다. 정책 담당자들은 실업률이 높을 때 금리 인하를 고려해야 하는 것처럼 인플레이션율을 낮추기 위해 금리 인상을 고려하고 있었다.

중앙은행이 이 상황을 바로 잡는 데는 10년 이상이 걸렸다. 1979년에 지미 카터(Jimmy Carter) 대통령이 미 연방준비제도이사회 의장으로 임명한 폴 볼커(Paul Volcker)는 물가 상승을 진정시키라는 분명한 임무를 받

제2의 불확실성의 시대

고 연준을 이끌게 되었다. 기대 인플레이션을 적정한 수준으로 끌어내리기 위해서는 극도로 높은 금리와 경기 침체, 높은 실업률, 그리고 수년 동안의 국민소득 손실을 경험해야만 했다. 그 시절 볼커가 받은 정치적 압박은 아주 컸다. 그의 선임이었던 (1978년에 아서 번스에게서 바통을 이어받았던) G. 윌리엄 밀러(G. William Miller)가 2년이 채 안 되는 기간 동안 연준을 이끌다가 카터 정부의 재무장관이 되면서 상황은 훨씬 더 불편해졌다.

인플레이션을 진정시키기 위해 들어간 높은 경제 비용은 지불할 가치가 있는 것으로 판단되었다. 현재 일어나고 있는 높은 인플레이션과 관련된 경제 비용도 포함되어 있었기 때문이다. 물가상승률이 높고 가변적인 경제는 비효율적이다. 개인과 기업 모두가 정보가 부족한 상태에서 경제나 금융에 관한 의사결정을 내리게 되기 때문이다. 그런 상태에서는 경제가 물가상승률이 더 낮았을 때보다 날마다 더 적은 국민소득을 창출하게 된다. 인플레이션은 경제 성장에 붙는 세금처럼 작동한다. 그리고 그 세금은 평생 동안 많은 분실 소득으로 누적될 수 있다. 1990년대 초부터 경험한 더 낮고 안정적인 인플레이션은 동시에 더 낮고 안정적인 실업률도 실현시켜 주었다.

그럼에도 불구하고 1970년대의 대 인플레이션이 부채 가구들에게 재정적인 선물이 되었다는 점은 인정해야 한다. 이는 두 가지 형태로 나타났다. 첫째, 부동산 가격이 껑충 뛰어올랐다. 토론토를 예로 살펴보자면, 1970년과 1980년 사이에 평균적인 단독 주택의 가격이 약 150% 상승했다. 둘째, 1970년에 받은 주택담보대출금은 1980년에 사실상 (1970년에 책정되었던) 원래 가치의 절반도 되지 않는 가치로 떨어졌다. 그래서 이 두 가지는 전형적인 주택소유주들, 특히 주택담보대출금이 있는 이들에게는 큰 이득이 되었다. 부채가 없는 사람들에게는 그다지 도움이 되지 않았다. 주식과 특히 채권은 아주 수익이 저조했다. 전문 투자자들은 예상치 못한 높은 인플레이션으로 인해 고비용을 치렀다. 반면 주요 자산이 부동산인 그다지 부유하지 못한 가계들은 큰 수익을 얻었다.

그렇다면 정부의 경우는 어땠을까? 1970년대에 100% 이상의 누적 인플레이션으로 인해 정부의 미불 채무의 실제 가치는 절반 이상 줄었다. 1980년대에는 인플레이션이 평균 연 8%에 달해 정부의 미불 채무의 가치가 더 떨어졌다. 그러나 1990년대부터는 평균 인플레이션율이 연 2%에 아주 가까워졌다. 여전히 점진적인 가치 하락이 있기는 하지만 그 시기 동안 채권 보유자들은 인플레이션율을 훨씬 넘어서는 금리로 보상받았다.

요약하자면 1970년대와 1980년대의 인플레이션은 투자자들에게서 정부와 부채가 있는 가구들로 부의 이전을 이루어냈다. 이로써 정부와 많은 수의 유권자 모두가 높은 인플레이션을 선호하는 이유를 어렵지 않게 이해할 수 있다.

인플레이션 리스크라는 위험한 폭탄

각국 정부들은 1960년대 후반에 인플레이션을 가속화하려 하거나 정부의 부채 부담을 줄이기 위해 투자자들의 부를 환수하려고 나서지 않았다. 그 시대에 주류로 인정받았던 경제 모델들은 1970년대에 일어날 사건들을 예상하지 못하고 있었다. 그래서 존 케네스 갤브레이스의 〈불확실성의 시대〉라는 책이 나온 것이다. 대 인플레이션은 정책 실수의 결과로, 아주 드물게 발생한 가장 심각한 사건 중 하나로 기록되어 있다. 당시에는 정책 담당자들을 혼란스럽게 만들고 경제 모델을 거꾸로 뒤집은 여러 지각 변동 요인들이 작동하고 있었다. 노동력은 점점 연령대가 낮아지고 있었고 기술 발전은 전후 초기에 비해 둔화되었으며 정부 부채는 사상 최고치를 기록하고 있었다. 무엇보다도 세계는 비싼 유가와 금본위의 국제 통화제도의 폐지에 대응해야 할 필요가 있었다. 코로나19 팬데믹으로 인해 정부가 1970년대의 트라우마를 다시 겪게 되기를 원할 리 없다. 그러나 지각 변동 요인들이 코로나19의 좋지 못한 결과들과 섞여서 인플레이션 리스크라는 위험한 폭탄을 만들어낼 수 있다.(이는 정책 실수가 나오기 쉬운 환경일 수도 있다.) 투자자들은 이를 매우 심각하게 받아들여야 한다.

이 리스크의 근원에는 4차 산업혁명이 존재한다. 4차 산업혁명은 팬데믹으로 인해 그 속도를 더해가고 있는 것처럼 보인다. 산업혁명은 역사적으로 가격 하락을 동반했고 현재에도 똑같이 그럴 것이다. 그러나 3차 산업혁명을 통해 경험한 바처럼 중앙은행이 책정한 인플레이션 목표는 기술 주도의 일반적인 디플레이션을 막아줄 것으로 기대된다. 가까운 미래에 기술 발전의 가속화는 곧 강화된 경제력을 의미하게 될 것이다. 실질적으로 생산성 향상을 통해 인플레이션이 없이 경제 성장이 빨라지는 것이기 때문이다. 이를 제약하는 것이 인구 노령화의 결과로 세계 노동 인구의 성장이 눈에 띄게 둔화하는 것이다. 따라서 기술 발전의 결과가 더 분명해질수록 노동자들은 일자리에서 밀려나고 소득 불평등은 심화될 것이다. 이 모두가 정치인들에게는 가장 시급한 사안이 될 것으로 예상된다.

물론 이러한 긴장 상황에 대처할 수 있는 정부의 정책들이 존재한다.

유연한 소득 재분배 계획, 보편적 기본 소득 보장, 또는 실업 안전망 강화 등이 가장 대표적인 예이다. 최저 임금 인상도 이에 해당할 것이다. 그러한 정책들은 노동 참여율 하락, 실업률 증가, 고용주들의 비용 증가를 포함해 의도치 않은 결과 또한 가져올 수 있다. 그러한 사회적 조치들은 정치적으로 효율적으로 활용하는 것이 간단치가 않다. 경쟁적인 이해관계와 애매한 경제 분석이 유권자들 사이에서 의견 대립을 불러일으킬 수 있기 때문이다. 더욱이 그보다 더 큰 제약도 있다. 특히 정부 측에서 부채 비율이 높아지는 경우 그것이 변수가 될 수 있다. 포스트 코로나 시대의 재정 상황은 새로운 사회적 조치의 실행을 더 어렵게 만들 것이다. 정책 논쟁은 장기적으로 어떤 경제적 혜택이 있을지보다는 결국 재정적으로 얼마의 비용이 들 것인가의 문제로 귀결될 것이다.

이러한 정치적 긴장이 어떻게 해소될 것인지 예측하기란 불가능하다. 그러나 상황은 실제로 효과가 좋은 정책을 택하기보다는 정치적으로 구미에 맞는 정책들을 채택하게 될 위험성이 높아 보인다. 그 선택지들은 가장 하위 계층의 소득을 지원해 주기 위해 분명 국제 무역에 더 많은 제약을 둘 것이다. 유감스럽게도 앞서 언급한 것처럼, 반세계화는 잠재적으로 인플레이션을 불러올 수 있는 정책일 뿐만 아니라 국민소득을 하락시키고 전반적으로 실업을 상승시킬 수 있는 정책이다. 이와 같은 주장은 과거에 그랬던 것처럼 아무도 들으려 하지 않을 것이다. 반세계화의 위험은 미래에 인플레이션을 높일 수 있는 위험으로 비춰져야 한다.

실제로 2020년에 출간된 찰스 굿하트(Charles Goodhart)와 마노즈 프라단(Manoj Pradhan)의 〈인구 대역전(The Great Demographic Reversal)〉에서는 이미 때는 늦었다고 주장하고 있다. 그들은 세계가 중국의 개방과 세계화로 인해 지난 25년 동안 장기간 이어진 디스인플레이션의 덕을 봤다고 지적한다. 그러나 그 부작용 중 하나라면 선진국들의 많은 제조업 노동자들이 중국이나 다른 신흥 시장의 임금 수준과 경쟁할 수 없어 협상력을 잃어버렸다는 것이다. 이로 인해 비용과 인플레이션에 작용하던 상승 압박의 전통적인 근원이 사라진 것이다. 이와 같은 복합적인 요인들이 중앙은행이 지난 20년 동안 인플레이션을 통제하는 데 성공할 수 있게 도와준 공신들이라고 굿하트와 프라단은 주장한다. 이제 반세계화 추세가 가속화되면 이 요인들은 작동을 멈출 것이고 정반대의 상황이 벌어질 것이다.

　이 모든 제약들과 정치 양극화를 고려해 볼 때, 일부 정치인들이 유권자들이 가지고 있는 부채의 상당 부분을 탕감하는 데 도움이 될 거라는 생각에 더 높은 인플레이션 공약을 내놓는다면 그것이 지나친 행동일까? 정부가 독립적인 중앙은행의 입장을 무시하고 일정 기간 동안 인플레이션율이 목표치를 웃돌게 하려고 한다면 그것이 지나친 행동일까? 정부가 현대통화이론의 피상적인 매력에 굴복하고 현대통화이론을 시도한다면 그것이 지나친 행동일까? 많은 부채로 허덕이는 가계들이 이 정책에 동의하고 투표한다면 그것이 지나친 행동일까?

　나는 그렇게 생각하지 않는다. 중앙은행과 대중 모두가 1970년대의 인플레이션을 통해 얻은 교훈을 잊지 않고 있다고 굳게 믿고 있지만 정치는 가능성의 예술이다. 또한 예측이 불가능한 상황에서 재고도 없이 높은 인플레이션 가능성을 일축한다는 것은 어리석은 일이다. 굳이 정치적인 부분을 고려하지 않더라도 지각 변동 요인들 사이의 잠재적 상호작용이 1960년대 후반에 그랬던 것처럼 가장 독립적인 선의의 중앙은행조차도 정책 실수를 범할 수 있는 환경을 조성하게 될 것이다.

중앙은행의 독립성

미래의 인플레이션 리스크를 완화하는 데 중요한 역할을 하는 것이 바로 독립적인 중앙은행이다. 하지만 실제로 중앙은행의 독립성은 생각보다 더 애매하다. 우리는 중앙은행의 권한이 점진적으로 진화하는 것을 목격하고 있고 이는 미래의 인플레이션 리스크를 더 높일 것으로 보인다.

중앙은행의 독립성은 공식적으로 보편적이지 않다. 일부 국가에서는 중앙은행에게 독립성을 부여한 것이 최근의 일이다. 미국에서는 연방 준비 제도 이사회의 정치적 독립성이 당연한 것으로 간주되고 있다. 연준이 내리는 결정은 정부의 승인을 필요로 하지 않으며 일상적인 업무 비용도 정부에 의존하고 있지 않기 때문이다. 유럽 중앙은행은 가장 분명하게 독립적인 권한을 보장하고 있다. 1998년에 창설되어 현대적인 사고를 가장 많이 반영하고 있는 것이다. 영국 중앙은행도 같은 시기에 법적인 독립성을 부여 받았다.

캐나다 중앙은행이 가지고 있는 독립성은 약간 색다르다. 캐나다는 중앙은행의 독립성을 법적으로 명시하고 있지는 않지만 중앙은행의 물가상승 목표제 운영체계가 독립성에 준하는 합당한 권한을 보장하고 있다. 캐나다 중앙은행법에서는 현 정부가 중앙은행의 정책에 완강히 반대하는 경우 명령권을 발동함으로써 중앙은행의 정책을 기각할 수 있다고 명시하고 있다. 그러나 재무장관은 정부가 반대하는 사유를 밝히고 중앙은행이 정확히 어떻게 해야 하는지를 명시하도록 되어 있다. 이와 같이 정부의 명령권이 발동되고 난 후에는 통상적으로 중앙은행 총재가 사임하게 되어 있다. 그렇게 정부와 중앙은행 간의 미묘한 세력 균형을 맞추는 것이다. 이와 같은 절차는 1960년대 중반에 정부와 당시 중앙은행 총재였던 제임스 코인(James Coyne) 사이에 벌어졌던 의견 충돌 이후 만들어졌다. 그는 금리를 인하하라는 정부의 요구에 저항했다. 오늘날 캐나다의 통화 정책은 인플레이션 목표를 기준으로 결정된다. 인플레이션 목표는 캐나다 중앙은행과 연방 정부 사이의 합의를 바탕으로 하며 이는 5년마다 한 번씩 다시 논의해서 새로 설정된다. 중앙은행은 향후 5년 동안 '운영에 관한 독립성'을 가지고 이 인플레이션 목표를 추구한다. 만약 현 정부가 중앙은행이 향후 5년 동안 인플레이션 목표에 집중하기보다는 더 낮은 실업률을 목표로 정책을 운영하기를 원한다면 정부는 그에 관한 권고를 전달할 수 있다. 그리고 이것은 금융 시장에 큰 반향을 불러올 수 있다.

중앙은행의 독립성이 법에 명시되어 있든 아니든 세계 금융 위기와 그 뒤를 이은 대침체는 주요 중앙은행들의 명성을 크게 높여주었다. 중소기업가들은 아마도 긍정적인 결과가 나온 것에 대해 중앙은행의 공로를 크게 인정하며 그 결과 중앙은행에 너무 많은 것을 기대하게 되었는지도 모른다. 경제 결과에 대해 사람들이 지나치게 많은 책임을 중앙은행에 돌리게 될 위험성을 많은 이들이 인식함에 따라 그 위험을 완화하기 위해 중앙은행의 투명성을 높이는 등의 적극적인 조치도 취하고 있다. 중앙은행의 책임을 강화하기 위해 기자간담회를 더 자주 개최하고 의사록과 예측 보고서, 금융 시장 선제 안내를 공개하며, 주요 사안에 대해서는 대중의 의견을 묻는 등의 노력을 기울이는 한편 동시에 중앙은행이 경쟁적인 목표에도 관심을 기울인다는 사실을 보여주기도 한다.

구체적인 사례로 살펴보자면, 2020년 초에 미 연방준비제도에서 보강된 정책 목표를 추구하겠다는 결정을 내린 것이었다. 연방준비제도는 항상 '양대 책무'라 불리는 목표를 추구해왔다. 그것은 2%의 인플레이션율과 '완전 고용'이다. 앞으로 연방준비제도는 인플레이션율이 2%를 넘어서지 않는 한 완전 고용에 훨씬 더 많은 무게 중심을 둘 것이고 경제 상황의 한계점을 탐색하면서 고용의 질을 높이려 할 것이다. 그리고 인플레이션율이 2%를 벗어나게 되면 그때만큼은 인플레이션율을 다시 2%로 돌려놓기 위해 통화 긴축을 단행할 것이다. 과거에 연준은 인플레이션율이 2% 수준을 유지하도록 선제적인 대응을 하곤 했다. 그래서 이러한 결과 중심의 접근법은 앞으로 미국의 평균 인플레이션율의 상승을 불러올 것이다. 이와 같은 움직임은 경제적 결과에 대해 더 많은 책임을 지는 정도를 넘어 인플레이션율을 많은 부분 기술적으로 통제하는 것을 전제로 하고 있다.

이같은 통화 정책 목표의 변경이 다른 국가들에게까지 확산될지는 좀 더 두고 볼 일이다. 하지만 세계 경제와 금융 시장에서 미국이 가지는 중요도와 중앙은행의 지적 능력을 감안해 볼 때 이와 같은 고려는 세계 인플레이션율을 더 높일 위험성을 가중시킨다. 중요한 점은 중앙은행들이 지난 10년 동안 인플레이션을 목표치까지 끌어올리는 데 어려움을 겪으면서 인플레이션을 긴밀히 통제하는 능력은 아직 제대로 발휘하지 못했다는 것이다. 인플레이션 통제는 선순환에 의지하고 있다. 안정적인 인플레이션이란 기대 인플레이션이 잘 고정된 것을 의미한다. 그 결과 중앙은행이 끼어들 여지가 충분해진다. 그 선순환이 신뢰할 수 있는 것이라면 통화 정책을 활용하는 것이 자연스러운 방향이다. 그러나 기대 인플레이션이 디앵커링(de-anchoring 기대 인플레이션이 고정된 수준에서 벗어나는 현상)의 조짐을 보인다면 더 큰 정책 오류의 가능성과 함께 중앙은행의 인플레이션 통제력도 줄어들 것이다. 중앙은행에게 더 야심 찬 정책 목표를 추구할 것을 요구하기에 앞서 아직 중앙은행의 독립성을 보장하지 않는 국가들에게 중앙은행의 독립성을 법적으로 명확히 보장할 것을 권하고 싶다.

코로나19 팬데믹은 민감한 주제일 수 있는 중앙은행의 독립성 문제를 화두로 꺼낼 수 있는 계기가 되었다. 코로나19가 발생했을 때 세계의 금리가 바닥까지 떨어진 상황에서 경제를 안정시키기 위해 재정을 지출할지에 대한 결정은 정부에게 달려 있었다. 이런 상황으로 말미암아 필연적으로 재정 당국과 통화 당국 사이에는 훨씬 더 분명한 동반자 관계가 형성되었다. 정부들은 엄청난 액수의 빚을 졌고, 그들 중 큰 부분은 중앙은행이 시스템 유동성 유지를 위해 가지고 갔고, 정부는 금리가 낮게 유지될 것이므로 채무 변제가 가능하다고 시장을 안심시켰다. 경제와 금리가 정상화되면 이러한 미묘한 균형은 쉽게 깨질 수 있다. 이 긴장감은 잠재적으로 통화 정책의 '재정적 우위'를 낳을 수 있다. 이는 정부가 금리를 더 오랜 기간 낮게 유지하기 위해 중앙은행에 의지하기가 상대적으로 쉬운 상황이다. 그렇게 해서 인플레이션을 목표치를 상회하도록 끌어올려 대중의 부채 부담을 완화해 줄 수 있다는 것이다. 이러한 상황에서 정부는 중앙은행의 독립성을 분명히 보장해 줄 필요성을 강하게 느끼게 된다. 중앙은행에 독립성을 부여하지 않으면 기대 인플레이션은 상승하고 금리는 하락하고 재정 계획은 지속 불가능해질 것이기 때문이다.

지각 변동 요인들의 합류 지점은 인플레이션에 더 큰 변동성과 예측 불가능성을 가져오게 마련이다. 평균 약 2%의 인플레이션으로 돌아가게 될 가능성이 가장 높은 때라 할지라도 말이다. 투자자들은 지각 변동 요인들이 인플레이션 리스크라는 잠재적으로 위험한 폭탄을 만들어낼 수 있다는 사실을 인정할 필요가 있다. 특히 양극으로 분열되어 있는 정치를 하나로 묶어 줄 수 있는 조건들인 경우에 더욱 그렇게 될 소지가 크다. 그에 따라 개인과 기업, 투자자들은 앞으로 2%의 인플레이션을 상정하고 계획을 세우는 것이 적절하지만 세계적으로 인플레이션율이 점차 높아질 위험도가 20~30년 전보다 더 커졌다는 점을 인정하고 더 높은 인플레이션에도 대비할 필요가 있다. 팬데믹으로 인해 재정 및 조직적 역량이 큰 압박을 받게 된 특정 신흥 시장의 경우 특히 더욱 그렇다.

인플레이션 전망은 포스트 코로나 경제에서 노동력 배치의 재최적화에 의해서 뿐만 아니라 4차 산업혁명의 영향으로 불확실성이 배로 높아질 것이다. 기술 진보는 1990년대에 목격한 것처럼 인플레이션을 하락 추세로 이끌 것이다. 그와 비슷하게 팬데믹 기간 동안의 재택근무 경험으로 고용주와 피고용인 모두가 더 많은 선택권을 가질 수 있는 하이브리드 근무 환경으로 나아가게 될 것이다. 그로 인해 생산성은 향상되고 인플레이션율은 더 하락할 것이 거의 분명하다. 이 효과들을 모두 수량화하기는 어렵지만 인플레이션에 큰 영향을 끼치는 복잡한 요인들에 대한 판단은 중앙은행의 몫이다.

중앙은행의 독립성을 법적으로 분명히 보장하면서 저인플레이션 유지를 지원하는 정부들은 안정적인 금융 시장과 지속적인 저금리의 소득을 수확하게 될 것이다. 저금리는 많은 부채에 시달리는 정부가 재정 정책을 지속하는 데 아주 중요한 요소이다. 주택담보대출이 있는 가계와 자본 구조에 부채를 안고 있는 기업들의 경우도 역시 마찬가지다. 인플레이션 리스크와 저금리가 불러오는 결과로 인한 투자 심리는 가볍게 받아들일 부분이 아니다. 반인플레이션은 1980년대에 신뢰를 얻기가 매우 어려운 것으로 드러났고 비교적 신뢰를 잃기가 쉬웠다. 인플레이션 발생이 허락된다면 새로운 정치적 합의는 인플레이션을 억제하려 할 것이고 저인플레이션으로의 회귀는 고용 및 소득 감소 차원에서 치러야 할 대가가 아주 클 것이다. 경제학의 법칙은 늘 한결같다.

포스트 코로나 환경에서는 위에서 언급한 이유들로 인해 인플레이션 전망을 새로운 시각에서 바라보고 있다. 아마도 비트코인에 대한 관심이 높아지고 있는 이유도 이와 비슷할 것이다. 어떤 자원의 희소성은 이론적으로 미래 인플레이션으로부터 투자자들을 보호해 줄 수 있다. 금과 부동산과 같은 더 전통적인 인플레이션 방어책 또한 팬데믹으로 인해 수요가 높아졌다. 그들은 비트코인과는 달리 적어도 수 세기 동안 인플레이션 방어책으로서의 유용함을 보여줄 수 있는 유리한 위치에 있다.

2%의 인플레이션 목표율을 추구하는 완전히 독립적인 선의의 중앙은행조차도 미래에 지각 변동 요인들이 만들어낼 불확실한 환경에서는 정책적 오류를 범하기가 더 쉬워질 것이다. 중요한 정책적 실수들은 1960년대 후반에서 1970년대 초반 사이에 나타났다. 당시에는 경제 모델들이 불완전했고 보이지 않는 지각 변동 요인들은 일반적인 통념을 뒤집고 있었기 때문이다. 여기서 말하는 지각 변동 요인들은 오늘날 작동하고 있는 요인들과 동일한 것이다. 그런 실수는 또 다시 발생할 수 있다. 그리고 자업자득의 결과를 불러올 수 있는 가장 최적의 공간은 바로 고용 시장이다.

10장

The Next Age of Uncertainty

고용 시장의 미래

회상: 학위 수여식

부모들이 가장 걱정하는 것 중 하나가 자녀들의 미래 일자리 문제일 것이다. 그들은 어떤 직업을 가지게 될까? 학교에서는 무엇을 배워야 할까? 자녀들이 미래에 가질 수 있는 선택지를 최대로 늘리려면 어떻게 해야 할까? 아이들이 취업할 때가 되면 어떤 직업들이 존재할까? 아이들은 이런 것들에 아무 관심이 없어 보이지만 부모들은 이러한 문제에 대해 많은 생각을 한다. 이 문제와 관련해 부모가 조언을 하면 자녀는 종종 무관심으로, 혹은 적대감을 가지고 반응하기도 한다.

대학교 학위 수여식만큼 이 문제가 분명히 드러나는 곳은 없을 것이다. 부모들은 수년 동안의 노력과 금전적 투자에 대한 결실로 자녀가 단상에 올라가 학위를 받는 모습을 자랑스럽게 지켜본다. 졸업한 자녀가 결국 무슨 일을 하게 될지는 모르는 채 말이다.

나는 최근에 운 좋게도 두 군데에서 명예 학위를 받았다. 트렌트 대학교에서는 2017년에 내게 법학 명예 학위를 수여했다. 나는 피터버러에 방문했을 때 트렌트 대학 캠퍼스가 아주 마음에 들었던 것 외에는 그 학교와는 별로 상관이 없었다. 학위를 수여한 동기는 특이했다. 트렌트 대학은 오샤와에 큰 캠퍼스가 있는데, 학교 당국은 '성공한' 오샤와 출신의 인물이 트렌트 더럼 캠퍼스의 졸업생들에게 축사를 해주기를 원했던 것이다. 피터버러에 위치한 본교에서 학위 수여식 전날 있었던 저녁식사 자리는 특히 흥미로웠다. 우리는 트렌트 대학을 나온 몇 명의 유명 졸업생들을 만났다. 나는 근처 커브레이크(Curve Lake) 퍼스트네이션스(First Nations)의 수장인 키스 노트(Keith Knott)와 아주 즐거운 대화를 나누었다. 그도 명예 학위를 받으러 온 것이었다. 아내와 나는 처갓집이 그곳에서 멀지 않았기 때문에 커브레이크를 자주 방문했었다. 우리는 그곳에 있는 상점에 들러 예술품과 독특한 물건들을 구경하는 것을 즐겼다. 트렌트 대학교에는 토착 문화학과도 있었다.

나는 2019년에 웨스턴 온타리오 대학교에서도 명예 학위를 받았다. 학위 수여의 이유는 비슷했다. 내게는 거의 40년 전에 웨스턴 온타리오 대학교에서 받은 경제학 박사학위가 있었다. 1978년에 웨스턴 온타리오 대학 캠퍼스에 처음 가본 것이 어제 일처럼 생생하다. 리치먼드 가를 따라 운전해서 위풍당당한 정문을 통과해 언덕에 위치한 대학 본관 건물까지 펼쳐진 전경을 바라보면 아직도 가슴이 벅차오른다. 건물 및 외관을 놓고 보자면 내가 항상 큰 애착을 가지고 있는 퀸스 대학교와는 상당히 대조적인 모습이다. 대학 4년 동안 인생이 완전히 뒤바뀌는 경험을 한 사람이라면 대부분 내가 왜 퀸스 대학교에 각별한 애착을 가지고 있는지 이해할 것이다. 솔직히 말해서 살아본 장소 중 내가 가장 좋아하는 곳은 킹스턴이다. 아버지가 처음으로 퀸스 대학교까지 태워다 주셨을 때가 아직도 기억난다. 우리는 학교에 도착했는지 확실히 알 수가 없었다. 그 이유는 대학교에 정문이 없었기 때문이다. 그저 석회암으로 지은 오래된 건물들이 보이기 시작하면 그것으로 학교에 도착했음을 알 수 있을 뿐이었다.

나는 이 자부심에 차 있는 웨스턴 온타리오 대학교 졸업생들에게 무슨 말을 해주어야 할지 매우 고민스러웠다. 그들은 모든 가능성으로 가득차 있었다. 1974년에 오샤와에서 고등학교를 졸업했을 때가 생각났다. 당시는 경제적으로 아주 어려운 시기였다. 그 당시 존 케네스 갤브레이스는 BBC에서 방영 예정인 시리즈물 〈불확실성의 시대〉를 작업하고 있었다.

제2의 불확실성의 시대

이제와서 되돌아보니 내가 고등학교를 졸업할 때 친구들에게(나의 미래의 배우자도 여기에 포함되어 있었다) 졸업생 대표로 전한 고별사는 그 시대의 경제에 관한 이야기였다. 경제학에 대한 전문적인 지식도 없이 나는 동기들에게 상황이 바뀔 수 있는 요인들이 작동하고 있으므로 어려운 경제 상황이 오래가지는 않을 것이라고 말했다. 나중에 그 말은 사실로 드러났다.

그리고 나는 다시 2010년대 후반에 웨스턴 온타리오 대학교에 와서 그때와 비슷한 생각을 하고 있었다. 이번에는 경제학적 지식과 실제 경험을 기반으로 그 생각이 더 확고했다. 나는 졸업생들이 "내가 무엇을 알고 있고 또 그것을 어떻게 활용할 것인가?"라는 고민에서 한 발 더 나아가 "이제 배우는 방법을 알았으니 다음에는 무엇을 배우는 게 좋을까?"로 사고의 프레임을 전환해 보라고 조언했다. 수년 동안 지식 암기 학습에 치중했으므로 이와 같은 생각의 전환이 쉽지는 않다. 하지만 빠르게 변화하는 현대 세계에서 배우는 법을 아는 사람들은 분명 성공할 것이고 다른 이들보다 앞서가게 될 것이다. 이 졸업생들은 내가 졸업 후 경험한 것보다 더 자주 경제 변화와 일자리 파괴에 적응해야만 할 것이다. 나는 '배움을 습관화하라'라고 조언했다. 다른 이들에게 배우는 법을 배워라. 그것이 자기 스스로 배우는 것보다 훨씬 더 효율적이다. 이는 사실이다. 어떤 주제에 대해 수십 권의 책을 읽는 것보다 실제로 현장에서 일하는 사람을 만나 30분 동안 대화를 나눔으로써 더 많은 것을 배울 수 있다.

웨스턴의 학위 수여식에서 나는 운이 좋게도 공학계열의 졸업생들을 대상으로 연설하게 되었다. 평생토록 공상과학을 아주 좋아하는 팬이자 학생으로서 나는 이 졸업생들은 걱정할 것이 하나도 없다는 사실을 알고 있었다. 〈스타트랙〉에서 보면 어떤 문제가 발생하든 중심 인물들 사이에서 얼마나 많은 지적 능력이 발휘되든 결국에는 항상 스코티나 조디, 마일스처럼 새로운 것을 배워서 그것을 실제로 적용하는 데 능숙한 스타플릿의 여러 기술자들 중 한 사람이 문제를 해결하게 된다. 나는 공대 졸업생들과 그들을 자랑스러워하는 부모들에게 그렇게 말했다. 그들은 그런 공식적인 자리에서 중앙은행 총재로부터 그런 이야기를 듣게 되리라 기대하지 않았을 것이다. 일자리 문제는 다섯 개 지각 변동 요인들의 가장 중요하고도 가장 개인적인 교차점이다. 노동 시장은 모든 것과 연결되기 때문이다. 미래에 대한 불확실성이 과거에 비해 크게 확대됨에 따라 사실상 다섯 개 요인들과 그와 연관된 변동성의 영향으로부터 자유로운 사람은 아무도 없다.

노동 시장은 한시도 균형과 평정을 유지하고 있는 것처럼 보이지 않는다. 항상 무언가가 끊임없이 변화하고 있기 때문이다. 완전히 다른 두 개 경로를 통해 일어나는 노동 시장의 긴장을 생각해 보라. 하나는 고용 시장에 일시적인 타격을 빈번하게 주는 경제 변동성이고, 다른 하나는 구조적 혹은 영구적인 경제 변화에서 기인하는 파괴적인 혁신이다. 물론 현실 세계에서는 두 가지 일이 동시에 일어나며 가장 기본적인 단계에서는 그 둘을 구분하는 것이 불가능할 수도 있다. 가장 큰 차이는 변동성은 기복이 있으며 그 기간이 일반적으로 짧다는 것이다. 반면 파괴적 혁신은 변화하고 있는 경제에서 영구적인 일자리 소멸을 암시한다. 지각 변동 요인들은 두 가지 경로 모두를 통해 작동할 수 있다. 상호작용하는 힘들은 대체로 더 많은 경제 변동성을 발생시킬 것이다. 반면 기술의 진보는 완전히 다른 새로운 일자리를 창출하는 동시에 일부 일자리들을 영구히 사라지게 할 것이다.

일자리 변동성

이 책의 중심적인 생각은 상호작용하는 다섯 개의 지각 변동 요인들이 미래 경제에 더 크고 빈번한 변동을 몰고 오게 될 것이라는 생각이다. 본질적으로 그러한 변동성에는 양면성이 존재한다. 변동성으로 인해 개인은 좋은 일과 나쁜 일 모두를 경험할 수 있다는 의미다. 모든 변화는 노동 시장에서 느껴질 것이다. 가장 낮은 단계에서는 노동자들이 정리해고를 당하는 기간이 더 빈번하게 나타날 것이다. 그리고 간간이 기업들이 노동자들을 다시 채용하려고 서로 쟁탈전을 벌이는 기간도 끼어 있을 것이다. 이러한 사건들은 아마도 경제의 전 분야에 동시에 영향을 미치게 될 것이다. 여기서 변동성의 개념은 거시경제와 관련된 것이기 때문이다.

참고로 우리는 정기적으로 주기적인 경기 침체를 경험해왔다. 대략 10년마다 한 번씩, 그러니까 1974년, 1981년, 1991년, 1998년, 2008년, 2020년에 경기 침체가 찾아왔다. 그때마다 경기 침체를 불러온 동인이 달랐기 때문에 지각 변동 요인이 야기할지도 모르는 경기 침체의 빈도를 예측하는 것은 불가능하다. 그러나 우리는 그러한 경기 순환이 더 자주 반복되고 더 큰 영향을 미칠 것이라는 사실을 잘 알고 있다.

거시경제적 사건이 발생하면 그것이 긍정적인 일이든 부정적인 일이든 정부와 중앙은행에서는 정책적 대응을 하게 될 것이다. 현실 세계에서 관측되고 개인이 경험하는 것은 그 사건의 순 효과와 정책 대응에서 비롯되는 부분적인 상쇄 효과이다. 이론적으로는 경제에 영향을 미치지 않고도 거시경제적 사건을 완벽하게 상쇄하는 정책을 설계하는 것이 가능하다. 하지만 실제로 이러한 완벽함은 결코 성취될 수 없으며 지각 변동 요인들이 만들어내는 변동성 높은 환경은 정부 계획에 더 무거운 짐을 지우게 될 것이다. 이 주제는 12장에서 다룰 예정이지만 이 장에서의 필요에 따라 기본적으로 순 변동성이 과거보다 훨씬 더 높아질 것이라는 추정을 바탕으로 이야기하려 한다.

기업들은 피고용인들과 함께 더 많은 변동성을 경험하게 될 것이다. 경제 상황이 좋지 않을 때는 고통스러운 감원 결정을 내려야 하고 경제 상황이 나아지면 다시 직원 채용을 위해 다른 기업들과 경쟁해야 한다. 시간이 갈수록 변동성이 완벽하게 균형이 잡힌다 할지라도 잦은 일자리 변동이 좋은 것은 아니다. 고용주에게도 피고용인에게도 비용 손실이 큰 일이기 때문이다. 노동 시장에는 주로 구직이나 구인과 관련된 비용으로 인해 항상 마찰이 생긴다. 그리고 변동성이 더 큰 세상에서는 이 마찰이 더 커진다.

사업 기반이 약해지면 기업은 노동자를 대량 해고하고, 노동자는 다른 일자리를 찾는다. 그러면 그 기업은 사정이 나아졌을 때 적합한 경력을 가진 새로운 일꾼을 구하기가 어려워진다. 이러한 마찰은 미래 어느 시점에 경제 상황과 상관없이 더 실업률을 상승시키게 될 것으로 보인다. 경제학자들이 '자연실업률'이라고 부르는 이 실업률은 물가 상승을 발생시키지 않고 실현할 수 있는 가장 낮은 수준의 실업률이다.

자연실업률에 가까운 실업률은 과거에 나타난 적이 있었다. 미국에서는 자연실업률이 약 4%인 것으로 알려져 있다. 2019년에 물가 상승을 일으키지 않고 실업률이 흔치 않게 낮은 수준으로 떨어졌을 때가 그에 대한 근거라 볼 수 있을 것이다. 1950년대와 1960년대에 실업률은 약 5%였다. 하지만 1970년대에 스태그플레이션 중 경제 및 금융의 변동성이 아주 높아졌을 때 자연실업률은 6%를 훨씬 웃돌았다. 자연실업률은 인플레이션 율이 낮아지고 노동 시장의 효율성이 높아짐에 따라 거의 40년 동안 아주 조금씩 줄어들었다. 다섯 가지 지각 변동 요인들로 인해 변동성이 높아지면서 나타나는 아주 중요한 결과는 마찰적 실업률이 증가할 것이라는 점이다. 즉, 자연실업률이 세계적으로 증가하게 될 것이다.

결과적으로, 예측되는 비즈니스 변동성 증가의 많은 부분은 노동자들에게 영향을 끼치게 될 것이다. 경기 호황기에 임금 수준이 아주 탄력적이라 해도 짐작건대 경기 침체기에도 탄력적일 것이다. 더욱이 높아진 경제 변동성은 마찰적 실업률과 자연실업률의 증가를 의미한다. 그에 따라 평균적으로 개인이 실업 상태로 살아가는 시간이 과거보다 더 많아질 것이다. 노동자들은 평균 소득이 변동성이 적은 경제에서와 동일하다 할지라도 고용과 소득에 대한 불확실성이 높아짐에 따라 과거보다 형편이 좋지 못하다고 느낄 것이다. (이는 중요한 지점이다.)

변동성은 점차 줄어드는 안정감을 훨씬 뛰어넘어 실질적인 비용을 발생시킨다. 가계 부채 수준이 증가할수록 한시적 실업은 증가한다. 이를테면 소득의 40%를 주택담보대출금에 대한 이자를 지불하는 데 지출하는 가계는 부채 이자에 그 절반(소득의 20%)을 지출하는 가계보다 실업 기간 동안 집을 잃게 될 확률이 더 높다.

개인이 추가적인 경제 불확실성의 부담을 불공평하다고 생각할 것임은 당연하다. 알다시피 많은 노동자들은 이미 소득이 불공평하게 분배되고 있다고 느끼고 있으며, 소득 불평등은 4차 산업혁명이 진행되면서 계속 증가할 것이 분명해 보인다. 보상이 바뀌면 행동도 바뀐다. 사람들은 이처럼 더 어려운 고용 환경에 어떻게 적응하게 될까?

한 가지 가능한 답변은 노동자들이 더 발전된 시대까지 노동 인구로 남아 있을지도 모른다는 것이다. 노령화 인구는 노동 인구가 더 늦게 성장하는 것을 의미한다. 아마도 기업들은 적합한 기술을 가진 적당한 직원들을 보유하기 어려워질지도 모른다. 그에 따라 기업들은 노동자들이 더 오랫동안 남아 있도록 장려하기 위해 보상 제도를 강화하게 될 것이다. 더 높아진 경제의 불확실성을 직면하게 된 가계들은 퇴직 연령이 다가옴에 따라 미래에 대해 불안감을 느끼게 될 것이다. 그들은 자신의 예금이 퇴직을 위한 저축 목표 금액에 훨씬 못 미치는 부정적인 변동성을 충분히 경험했을 것이다. 다시 말해서, 사람들은 평생 동안 더 길게 일해야 할 필요성을 느끼게 될 것이다.

노동자 측에서의 또 다른 가능한 답변은 고용주와 더 높은 임금이나 고용 안정성과 같은 더 나은 조건으로 협상하기 위해 노력할 것이라는 예측이다. 1970년대와 1980년대의 사례 중에는 북미 지역의 자동차 제조업체들과 노동조합 사이에서 합의한 중재안이 있다. 정리해고된 노동자들은 정부에서 제공하는 실업 보조금에 더해 임금의 일부분을 지급 받았다. 이런 방법으로 기술력을 갖춘 정리해고된 자동차 제조업체들의 노동자들이 다른 일자리를 찾지 않고 대기 상태로 남아 있을 수 있게 할 수 있었다. 자동차 제조업체들은 다시 생산을 늘려야 하는 때가 왔을 때 기술자 채용을 위해 들이는 시간과 노력을 절약할 수 있었다. 이 구상에 관해서는 13장에서 자세히 다룰 예정이다.

나라마다 상황이 다르긴 하지만 수년 동안 선진 경제국에서는 노동조합 활동이 감소해왔다. 대략 30년 전에 미국에서의 노동조합 가입률은 노동 인구의 20% 정도였다. 그리고 현재에는 그 절반 수준이다. 독일의 경우 노동조합 가입률은 거의 30%에서 약 17%로 떨어졌고, 영국에서는 약 30%에서 20%를 조금 넘는 수준으로 떨어졌다. 노동조합 가입률이 아주 높은 스웨덴에서조차 노동조합 가입률은 90% 이상에서 60% 남짓으로 떨어졌다. 노동조합 가입률 하락은 여러 요인들이 작용한 결과이다. 전체 경제에서 제조업 부문이 차지하는 비중이 크게 줄어든 것과 경제 번영으로 인해 노동조합이 그다지 필요하지 않다는 1990년대의 일반적인 인식 등을 꼽을 수 있겠다.

최근 몇 년 동안 전체 경제에서 차지하는 노동자들의 총 소득 비중은 꾸준히 줄어들고 있다. 선진 경제에서는 그 비중이 1970년대에 55%에서 최근 50%로 감소했다. 미국에서 그 비중은 1980년대와 1990년대에 60% 중반에 머물러 있었지만 2000년대 들어서 감소하기 시작해 50% 중반으로 하락했다. 앞서 언급한 바대로 이는 대체로 세계화로 앞당겨진 기술 진보와 그와 관련된 승자 독식 현상에서 기인한 것이다. 이는 또한 전체 경제에서 금융 부문의 고용 비중이 높아진 것과도 연관이 있다. 금융 부문의 소득은 상위로 갈수록 아주 편향되어 있기 때문이다. 가장 낮은 단계에서는 노동자의 생산성보다 임금이 더 천천히 오르는 추세로 나타난다.

이 분석은 노동조합에 대한 노동자들의 관심을 되살리는 강력한 자극제가 된다. 일부 아마존 노동자들, 그리고 우버 운전기사들과 같은 긱 이코노미 노동자들을 포함해 경제의 다양한 부문에서 노동조합을 건설하려는 시도가 보이는 것도 놀랄 일이 아니다. 그렇다고 노동조합이 실제로 르네상스를 맞이할 것이라는 뜻은 아니다. 실제 결과는 노동자와 기업들 간의 쌍방 타협에 달려 있다. 노동자들의 이러한 압박에 대해 사전에 대책을 강구하고 관리하는 기업들은 노동조합 결성을 막을 수 있다. 중요한 것은 지각 변동 요인들이 더 많은 경제적 변동성을 야기하면서 고용주-노동자 계약의 성격이 변화할 것이라는 점이다.

고용 시장 파괴

지각 변동 요인이 고용에 미치는 두 번째 영향은 구조적 파괴다. 기술 진보의 지속적인 영향은 가까운 미래에 파괴를 영구적인 조건으로 만들 것이다. 구조적 변화는 창조적 파괴의 또 다른 이름이다. 경제의 한쪽 편은 기우는 한편 다른 편은 떠오르는 과정이다. 그 영향력은 직접적이고 즉시적이다. 신기술은 일자리를 대체하고 일자리의 성격을 변화시키고 경제 성장의 경로를 바꾸기도 한다. 지각 변동 요인들 중 4차 산업혁명과 기후 변화로 인한 에너지 전환으로 일어나게 된 기술 진보는 상당한 영구적 파괴 효과를 보일 것이다.

경제는 거의 항상 투트랙으로 진보한다. 하나는 여러 부문에서 구조 조정이 일어나는 느린 트랙이고 다른 하나는 새로운 것들이 등장해서 만들어지는 빠른 트랙이다. 경제학자들은 이를 K자형 경제 구조로 설명한다. 고용을 파괴하는 구조적 변화는 일부 사람들을 K자의 하단으로 보내고, 재훈련이나 지역 재배치를 통해 그들을 K자의 상단으로 다시 이동시킬 수 있다. 지각 변동 요인들이 합류하는 지점은 언제라도 더 많은 노동력이 K자의 하단에 놓이게 될 것임을 의미할 수 있다. 4차 산업혁명의 영구적인 성격은 개인이 오랫동안 K자 하단에서 살게 될 것이고 일부 사람들은 결코 상단으로 올라갈 수 없음을 의미한다.

세계 노동 시장이 어떻게 4차 산업혁명에 적응하게 될 것인지에 관한 유용한 연구가 2020년에 세계 경제 포럼에서 진행되었다. 이 연구는 세계 770만 명의 노동자들을 대변하고 세계 경제의 약 80%를 대표하는 국가와 부문들을 아우르는 291개 글로벌 기업들을 대상으로 한 포괄적인 설문조사를 기반으로 하고 있다. 코로나19의 타격으로 고용 파괴가 가속화되고 있음에도 불구하고 향후 5년 동안 기술 주도의 고용 창출은 여전히 고용 파괴를 앞서갈 것으로 예상되고 있다. 연구에서는 신기술 활용이 가속화되면서 포스트 코로나 시대에는 1990년대의 고용 없는 경기 회복을 반복하게 될 위험성이 높아지고 있다고 결론짓고 있다. 2025년까지 약 15%의 세계 노동자들이 고용 파괴의 위험에 처하게 될 것이고 6%는 완전히 신기술로 대체될 것이다. 추정치에 따르면 2025년까지 약 8500만 개의 일자리가 기계로 대체될 것으로 예상되고 있다.

좋은 소식은 이 동일한 기업의 경영자들이 최대 9700만 개의 새로운 일자리가 생겨날 것이라 기대하고 있다는 것이다. 물론 이들은 (창조적 파괴의 창조적인 측면에서 생겨나는) 새로운 일자리들이다. 그러나 동일 기업 내에서도 창조와 파괴 두 가지 측면 모두가 발생할 것이다. 무려 84%의 고용주들은 업무 프로세스를 디지털화할 중요한 기회를 엿보고 있으며, 원격 근무나 하이브리드 업무 모델 지원도 고려하고 있다.

연구의 저자들은 미래에 큰 타격을 입게 될 직업군을 밝히고 있다. 컴퓨터 조작원, 사무 보조, 문서 정리원, 데이터 입력, 경리 직원 등이 그에 해당한다. 성장성이 높은 분야는 클라우드 컴퓨팅, 인공지능, 데이터 과학, 암호화, 로봇 공학, 전자 상거래, 개인 관리와 같은 분야들이다. 흥미로운 사실은 수요가 증가할 것으로 예상되는 직업 목록에서 20위를 차지한 직업이 위험 관리 전문가였다. 이 책의 결론을 고려했을 때 아주 고무적인 사실이다. 세계 경제 포럼의 연구는 개인에게 미래 전망에 대한 구체적인 통찰을 제공한다. 그러나 전체적으로나 거시적 수준에서 이루어지는 적응의 역학 관계에 대해서는 많이 다루지 않고 있다.

앞서 언급한 바대로 기술 발전에는 세 개의 적응 경로가 존재한다. 첫째, 신기술은 기존의 일자리를 파괴하거나 뒤바꾼다. 둘째, 과거에는 없었던 직업을 만들어낸다. 셋째, 신기술은 과거에 존재하지 않았던 소득을 창출하는 한편 많은 상품의 가격을 낮추고 모두에게 새로운 구매력을 선사한다.

일자리 파괴 효과는 즉시 대다수의 관심을 끈다. 새로운 일자리 창출은 가시적으로 드러나는 일이지만 언론에서는 그다지 효과가 크지 않다. 이 새로운 일자리들은 종종 신기술로 일자리를 잃게 된 노동자들의 기술 수준을 완전히 넘어서거나 특이한 일자리로 묘사되기도 한다. 그러나 경제적 측면에서 가장 중요한 효과는 세 번째 것이다. 이것은 거의 관심을 받지 못한다. 가시적이지도 않고 그것의 존재를 증명하기가 매우 어렵기 때문이다. 신기술이 발생시킨 새로운 소득과 가격 하락이 불러온 전체적인 구매력 상승은 경제 전반에 걸쳐 수요를 증가시킨다. 신기술이 대중의 구매력을 상승시킴으로 인해 수요가 확대되는 것이다. 따라서 일자리가 전 분야에 걸쳐 생겨난다. 노동자에 대한 수요는 모든 부문과 모든 기술 수준에서, 그리고 상품과 서비스 부문 모두에서 증가한다.

신기술의 경제적 효과에 대해 더 전통적인 방식으로 생각하자면, 그것이 신기술 분야에 일자리를 창출하는 동시에 옛날 방식으로 일하는 노동자들을 자리에서 밀어낸다는 것이다. 세계 경제 포럼 연구에서 지적한 것처럼 우리가 직면해 있는 문제는 실직한 노동자들 중 새롭게 생겨난 일자리에서 일할 수 있는 자격을 갖추고 있는 노동자가 별로 없다는 것이다. 자리에서 밀려난 50세 생산직 노동자가 갑자기 생계를 위해 컴퓨터 코드를 작성하는 일을 할 수는 없다. 유용한 관측이긴 하지만 이것은 문제의 절반만을 고려하는 것이다. 이는 기술 진보의 세 번째 효과이자 가장 중요한 효과를 간과하고 있다.

널리 연구된 실제 세계의 사례, 즉 3차 산업혁명을 통해 생각해 보자. 앨런 그린스펀(Alan Greespan)이 미 연방준비제도 이사회 의장으로 있었던 임기 후반기를 한번 생각해 보라. 당시는 1990~1992년 경기 침체의 뒤를 이어 나타난 고용 없는 경기 회복기였다. 고용 없는 경기 회복은 견고한 경제 성장과 기대보다 낮은 인플레이션을 특징으로 한다. 통화 정책 체계가 작동하고 있었다는 점을 고려해 볼 때, 금리는 이전에 예상한 것보다 훨씬 더 오랫동안 낮은 수준을 유지했다. 우리는 이제 이 정책이 금융의 취약성을 높였으며 이것이 세계 금융 위기와 그 뒤를 이은 대침체를 불러왔다는 사실을 알고 있지만 그 부분은 잠시 접어두려 한다.

2018년 늦은 여름에 와이오밍에 위치한 잭슨 홀에서 미 연방준비제도 이사회 의장 제롬 파월(Jerome Powell)이 잘 설명한 것처럼 미국의 통화 정책은 불확실성이 높아진 1990년대 중반을 잘 극복하는 데 도움이 되었다. 그린스펀 의장과 그의 동료들은 미국 경제의 최대 성장 역량을 측정하는 데 아주 큰 어려움을 겪고 있었다. 당시 많은 논평가들은 경제 상황이 한계선을 넘어섬에 따라 그린스펀이 인플레이션이 증가할 수 있는 상당한 위험을 무릅쓰고 있다고 평가했다. 그린스펀은 2007년에 출간된 그의 저서 〈격동의 시대(The Age of Turbulence)〉에서 빌 클린턴(Bill Clinton) 당시 대통령조차 인플레이션이 없는 최대 성장률을 둘러싼 경제학자들 사이의 공방에 대해 잘 알고 있었다고 썼다. 클린턴 대통령은 1996년 초에 그린스펀을 연준 의장으로 재신임한 시기에 맞춰 이 문제를 공론화했다. 많은 이들은 그의 재신임을 정치적 관점에서는 놀라워했지만 그린스펀 의장이 보여준 성과를 고려했을 때 그렇게 놀라운 일은 아니라고 평가했다. 그린스펀의 말에 따르면, 경제가 6년 연속 성장세를 이어가고 있었던 시기에 대통령은 경제가 어느 정도까지 더 빠른 성장과 더 높은 임금, 새로운 일자리 창출을 달성할 수 있는지 보고 싶어 했다.

사실상 다음 몇 년 동안은 아주 운이 좋았다. 경제는 확장세를 이어갔고 인플레이션은 낮게 유지되었다. 그린스펀은 컴퓨터 기술이 광범위하게 도입되면서 경제의 생산성이 더욱 높아지기 시작했다고 진단했다. 기술 도입으로 말미암아 경제가 새로운 성장과 일자리를 대량으로 만들어낼 때조차도 인플레이션은 낮게 유지되었고, 그에 따라 실업률은 인플레이션 수준까지 떨어졌다. 그린스펀은 다른 부분보다도 인플레이션을 낮게 유지하는 일에 중점을 두고 있었으므로 금리를 인상할 필요성을 느끼지 못했다. 비록 경제 모델상으로는 금리 인상이 요구되는 시기였지만 금리를 인상했다면 경제 확장이 중단되었을 것이기 때문이다. 이는 행운이었다. 신기술로의 경제 이행이 1차 산업혁명과 2차 산업혁명 당시 관측된 것보다 훨씬 더 순조롭게 이루어졌기 때문이다. 1, 2차 산업혁명 당시에는 더 엄격한 금본위제를 중심으로 정책이 시행되었다.

우리는 과거의 경험을 통해 기술 진보가 1995년 경부터 미국 경제를 크게 성장시켰다는 사실을 알고 있다. 2005년에는 신기술 활용이 국민

제2의 불확실성의 시대

소득 수준을 10년 전 경제학자들이 기대한 수준에 비해 10% 포인트 이상 상승시켰다. 그러나 이 현상의 중요성이 관측자들의 전망에 반영된 것은 약 2000년 경이었다. 그들은 1990년대 후반 내내 수 차례 경제 성장률을 과하게 낮게 잡았다. 경제 성장률이 계속 관측자들의 예상을 뛰어넘고 인플레이션은 증가하지 않자 그들은 경제 능력 추정치를 상향 조정했다. 그것이 불가능한 일을 가능하게 만드는 유일한 방법이었다. 우리는 이제 미국 경제의 장기 성장 가능성이 이 기간 동안 평균 연 약 1.25%의 차이로 과소 평가되고 있었음을 알 수 있다. 그린스펀은 모델의 이점과 일관적인 경제 예측을 활용하지 않고도 경제의 새로운 한계선을 직감적으로 살피고 있었다.

1990~1992년 사이의 경기 침체 후 고용 없는 경기 회복이 컴퓨터 기술을 채택한 결과였음은 이제 분명한 사실이다. 그리고 10년 동안 잠재적 산출량이 10% 상승한 것은 기술 활용이 가져다주는 사회적 이점의 좋은 요약 지표라 할 수 있다. 일반 소비자들에게 이는 두 가지 형태로 드러날 것이다. 첫째, 비록 성과는 기술 기업이 모두 가져가는 분위기였고 당시 생산은 세계화되는 추세이긴 했지만, 더 높은 생산성이 더 높은 임금 소득으로 이어질 것이라는 점이다.

둘째, 기술의 확산은 경제 전반에 걸쳐 비용과 가격을 낮췄다. 그것은 곧 모든 소비자들의 구매력이 더 높아지는 것을 의미한다. 가격 하락과 구매력 향상 둘 다 시간이 걸리는 동적 과정이다. 어쩌면 오랜 시간이 걸릴 수도 있다. 새로운 일자리의 창출은 기술 발전으로 인한 즉각적인 직업 파괴를 지연시키고 고용 없는 경기 회복기를 가져온다.

신기술의 결정적인 혜택은 두 번째 단계에서 얻을 수 있다. 낮은 인플레이션으로 인해 미 연방준비제도가 예상보다 훨씬 더 오랜 기간 저금리 기조를 유지하게 되었을 때다. 경기 확장은 스스로 점점 확대된다. 호황과 저금리 시대를 누리는 기업들은 새로운 사업에 투자하고 시간이 지날수록 전반적으로 경제력을 키운다. 이 결과를 가져오는 기저의 동력은 대부분의 관측자들에게 보이지 않으며 당연히 실시간으로 측정하기도 어렵다. 마치 이론상으로 존재하는 우주의 암흑 물질처럼 말이다. 2000년대에 들어 3차 산업혁명의 혜택이 완전히 실현되면서 미국 경제는 최저 실업률을 기록했고, 여전히 목표치에 못 미치는 인플레이션율을 보였다.

경제학자들은 3차 산업혁명 중 가장 낮은 단계에서 K자형 확장을 관측했다. 최상위층에서는 산출과 고용 모두에서 큰 성장을 보였다. 그리고 최하위층에는 신기술 활용에 어려움을 겪는 기업들과 일자리에서 밀려난 노동자들, 그리고 신경제로 이행하기 위해 필요한 기술을 갖추지 못한 노동자들이 위치해 있다. 하지만 신기술에서 얻은 더 크고 거시적인 혜택은 국민소득의 10% 포인트 이상이 상승했다는 것이다. 이는 미래 경제 전망에서 아주 큰 발전이라 할 수 있다. 총 소득은 이전에 가능하다고 기대한 수치보다 10% 더 상승했다. 2005년에만 국한된 것이 아니라 그 이후 매년 그러했다. 미국 경제만 놓고 봐도 이는 매년 영원히 2조 달러 이상의 추가적인 소비력이 발생하는 것에 해당하는 금액이다.

이 추가적인 2조 달러는 소비되었고 지금도 여전히 주택 구입, 주택 개조, 자동차 구입, 의류 구입, 휴가, 외식 등 경제 전반에 걸쳐 소비되고 있다. 그로 인해 정보 통신 기술과 정보 통신 기술 서비스 분야에서 새로 생겨난 일자리 외에도 전 분야에 고용의 증가를 가져오고 있다.

전 세계적으로 신기술이 도입되면서 1995년에서 2005년 사이에 다른 국가에서도 똑같은 일이 벌어지고 있었다. 기술 진보가 일으키는 각각의 물결은 목표에 비해 인플레이션을 낮추고 실질 소득은 높이고 소비는 늘려서 종국에는 대다수의 개인들이 경제 발전의 느린 트랙에서 빠른 트랙으로 갈아타도록 만들기에 충분한 일자리 창출을 시사하고 있다. 이 경험은 처음 두 차례의 산업혁명과는 판이하게 달랐다. 경제 국가들이 금본위제가 아니라 인플레이션 목표를 기반으로 한 통화 정책을 실행했기 때문이다.

4차 산업혁명을 목전에 두고 있는 요즈음 자주 인용되는 예측은 자율주행차량이 대중화될 것이 예상되면서 트럭 운전사의 일자리가 사라질 것이라는 예측이다. 이러한 구조적 변화는 그것이 마치 한 주에 모두 일어나기라도 할 것처럼 묘사되곤 한다. 하지만 운송 트럭은 수년 동안 사용하기 위해 만들어지며, 트럭을 자율주행차량으로 교체하기 위한 자본 조건은 새로운 자율주행 트럭의 비용에 좌우될 것이다. 즉, 운전자가 일자리를 잃게 되는 점을 감안할 때 차량 비용이 상쇄되고 돈이 절약되기 시작하는 시점이 언제부터인가에 달려 있다는 것이다. 자율주행차량은 만들어지면 추적 관찰과 관리, 유지 보수가 필요하다. 다시 말하자면 자동화 차량은 인간의 감독을 받아야 한다. 이 공공기반 시설과 이와 관련된 서비스는 트럭 소유주에게 비용이 드는 부분이며 아직 존재하지 않는 새로운 직업들을 많이 창출하게 될 것이다. 현재 도로를 달리고 있는 트럭들을 자율주행차량으로 교체하는 데에는 수십 년이 걸릴 수도 있다. 트럭 운전사들의 은퇴 시기에 발맞추어 자율주행차량으로 교체하는 안도 생각해 볼 수 있겠다. 그렇게 되면 현재의 운전사들의 적응이 아주 용이해질 것이다.

그렇다 하더라도 일자리를 잃게 된 미래의 트럭 운전사들이 다음에 무슨 일을 해야 하는지에 대해서도 생각해볼 필요가 있다. 그에 대한 답은 자율주행 트럭 설계자와 제조자, 프로그래머, 감독자, 유지보수 담당자가 그들의 새로운 소득으로 무엇을 하는지에 달려 있다. 우선 첫째로, 자율주행차량과 관련해 새롭게 생긴 일자리에서 일하는 사람들은 주택을 구입할 것이고, 그러면 주택을 건설 개조하고, 난방기를 보수하고 가구를 만드는 등의 일자리가 생겨날 것이다. 이는 신기술로 인해 총 소득이 증가하는 전반적인 거시경제적 효과 중 하나에 불과하다. 신기술 분야뿐만 아니라 일자리에서 밀려난 트럭 운전사들에게 다양한 기회를 제공하며 경제 전반에 걸쳐 일자리가 생겨날 것이다. 트럭 운전사가 난방기 기술자, 전기 기술자, 건식벽체 설치 기사, 지붕 설치 기사, 그 밖의 일을 하는 건축 기사가 되기 위해 별도의 기술 교육을 받는 것이 불가능해 보이지는 않는다. 안타깝게도 이렇게 일자리가 창출되는 중대한 성장 효과는 애초의 기술 진보의 공으로 돌아가지 않는다. 사람들은 이것을 그저 정상적인 경제 성장의 과정으로 바라볼 뿐이다.

이것은 과거에 모든 산업혁명의 뒤를 이어 일어난 일이지만 위의 심층 분석을 통해 알 수 있는 것은 정책 담당자들이 시간이 흐를수록 그러한 파괴를 관리하는 데 더 능숙해진다는 사실이다. 따라서 4차 산업혁명이 몰고 올 잠재적인 일자리 전환에 대한 우울한 예상은 잘못된 것일 수 있다. 일자리 전환이 고통스럽지 않을 것이라는 말은 아니다. 많은 가정이 K자의 하단 부분에서 보내는 오랜 기간이 아주 힘겨울 것이다. 특히 큰 부채 부담을 안고 있는 가정의 경우는 더욱 힘들다. 그러나 정책 담당자들이 4차 산업혁명을 잘 관리해준다면 밝은 미래를 기대할 수 있을 것이다.

인구 노령화와 미래 일자리 배치

미래 일자리에 대한 세계경제포럼의 연구에서 발견한 또 하나의 중요한 사실은 미래에는 개인 관리 분야의 노동자의 중요성이 커진다는 점이다. 찰스 굿하트와 마노즈 프라단은 〈인구 대역전〉에서 이 문제에 대해 독특한 분석을 내놓았다. 베이비붐 세대가 나이가 들어감에 따라 노인 부양률은 높아질 것이다. 즉, 그 노인들을 부양할 젊은이의 수가 적어질 것이다. 노인 부양률이 높아진다는 것은 과거보다 훨씬 더 높은 수준의 개인 관리를 필요로 하는 다양한 형태의 치매 관련 질병을 가지고 살아가는 사람들의 비중이 높아지고 있음을 의미한다. 이는 전문 간병인에 대한 요구가 증가하는 것을 암시하지만 많은 가정에서는 개인이 노동 인구에서 벗어나 고령의 가족을 무급으로 부양하는 쪽으로 에너지를 전환하는 것을 의미할 것이다. 어느 쪽이든 이는 경제 성장에 역풍으로 작용할 것이다. 더 많은 사람들이 생산성 증가가 없는 분야에서 일하고 있을 것이기 때문이다. 게다가 이민자 수가 적정 수준 이상으로 증가하지 않는 한 전반적으로 노동자 부족 현상도 심화될 수 있다.

세계보건기구는 2018년에 치매 환자를 돌보는 비용이 전 세계적으로 1조 달러에 이르는 것으로 추산했고, 이 비용은 2030년에는 두 배로 증가할 것이라 전망했다. 이는 세계적으로 대두되고 있는 아주 커다란 문제다. 물론 이상적인 해결책은 치매의 의료적 처치일 것이다. 하지만 사회는 의료적 처치가 제때 이루어지지 못하는 경우에 대비해야만 한다.

사회가 어떻게 이런 압박에 적응할 것인지에 대해 곰곰이 생각해 보는 것은 흥미롭다. 현재 존재하는 것보다 더 많은 간병인이 필요해질 뿐만 아니라 치매라는 질병의 특성상 간병인들은 그 일에 감정적으로 상당한 충성심을 보일 것이다. 한 가지 가능한 안은 간병인들이 환자의 심각성에 비례하게 시간을 할당해 각각의 고객에 대해 하루의 일부만을 할애하는 것이다. 일종의 보호시설 생활과 같은 종일 관리를 필요로 하는 이들도 있을 것이다. 제도적으로 보호시설을 활용하는 것은 향후 상당한 공공 투자가 필요한 부분이다.

지각 변동적 요인들의 상호작용은 포스트 코로나 시대에 더 큰 경제 및 금융 변동성의 뉴노멀을 제시할 것이다. 이 추상적인 개념이 개인적인 문제가 될 수 있는 이유는 거시경제에서 드러나는 모든 변동은 노동 시장과 관계가 있기 때문이다. 지각 변동적 요인들은 개인의 앞날에 대해서도 불확실성을 높일 것이므로 개인적인 결정을 내릴 때 더 큰 위험이 따르게 됨을 의미한다. 변동성은 불운과 행운과 평균적으로 합리적인 결과가 섞여 있는 것을 의미한다. 하지만 사람들을 압박하는 것은 결과를 둘러싼 불확실성이다. 수심이 15cm인 시내를 건너면서도 빠져 죽을 수 있는 것이다.

개인, 기업, 정부는 모두 더 위험성이 높은 새로운 환경에서 그들의 행보를 변경할 것이다. 사람들은 더 자주 실직할 것이고 더 자주 새로운 일자리를 구하게 될 것이므로 직장을 옮겨다니며 보내는 시간이 더 많아질 것이다. 그로 인해 자연실업률은 더 높아질 것이다. 기업의 행보나 정부의 정책에 변화가 없다면 높은 고용 불안은 중요한 가족 결정에 중요한 영향을 미치게 될 것이다. 이를테면 주택 구입이나 대출 여부, 저축을 어느 정도 수준으로 유지할 것인가 등의 문제를 결정할 때 고려해야 한다. 다시 말해서 사람들은 위험도가 높아진 뉴노멀 시대에 재정적으로 더 보수적이 되어갈 것이고, 정부와 고용주가 더 높은 위험을 관리할 수 있도록 도와주기를 기대할 것이다. 그에 따라 정부는 정책 조율을 하게 될 것이다. 이 주제는 12장에서 다룰 예정이다. 기업들 또한 행보를 바꿀 것이고 이 것에 관해서는 13장에서 살펴볼 것이다.

정부와 기업이 어떻게 다음 시대의 불확실성에 적응할 것인지에 대해 이야기하기에 앞서 개인과 가계가 집중하고 있는 중심적인 사안이 무엇인지 알아보자. 그것은 바로 주택 문제다. 노령 인구의 증가와 지속적인 고용 시장 파괴, 주택 소유 비용의 증가는 옛날 방식의 일과 생활의 배치, 즉, 동거하면서 서로 돕는 모델로 회귀하도록 만들까? 〈다운튼 애비〉에 서는 위층에 크롤리 가문 3대가 살면서 아래층에는 충성스러운 고용인들이 살고 있고 4대는 바로 길 아래쪽에 살고 있다. 시리즈의 뒷부분으로 접어들면서 아래층의 일꾼들은 불만을 드러내기 시작한다. 소득 불평등과 항상 쪼들리는 재정 상황으로 인한 문제였다. 〈다운튼 애비〉에서처럼 여러 가족이 함께 살며 서로 돕는 상황에서 더 현대적이고 복잡한 보상 체계가 갖추어져 있다면 두 가지 사회 문제를 동시에 해결하는 것이 가능 할까? 이 질문은 주택 문제와 직접적으로 연관이 있는 부분이며 이 주제에 대해서는 다음 장에서 자세히 실펴보자.

11장

The Next Age of Uncertainty

주택의 미래

회상: 가족 주택

나의 부모님은 지니고 있을 만한 가치가 있는 유일한 자산이 부동산이라고 믿었다. 금융 저축과 연금의 혜택을 받은 적은 없었다. 저녁 식사 자리에서 주식 시장에 관한 대화를 나눈 적도 없었다. 냉소적으로 "그건 다른 세상 얘기지"라고 말할 때를 제외하고는 말이다. 그리고 부모님이 쌓은 저축의 대부분은 집을 개선하는 데 들어간 노력 지분이었다.

부모님은 시골에 꿈에 그리던 집을 짓기 위해 1960년에 무리하게 대출을 받았다. 먼저 그리어슨 가에 있던 집을 팔고 새 집을 짓기 위해 은행에서 대출을 받았다. 그리고 도급업자를 고용해 계획에 따라 집을 지었다. 아버지는 당신이 직접 많은 작업을 했다. 바닥이 움푹 들어가게 설계한 거실은 어머니가 자랑스러워했던 그 집의 특징이었다. 7년 후 우리가 그곳을 떠날 때 건축 당시 예산이 부족해서 바닥재를 합판마루로 했었던 것이 그대로 남아 있었던 것이 생각난다.

실업이 장기화되어 그 집을 포기하게 되었을 때 경제적 피해는 컸고, 큰 집을 다시 사기에는 수익금이 충분하지 못했다. 하지만 우리가 할아버지 집에 사는 동안 부모님은 또 한 번 꿈의 집을 판 돈과 많은 노력 지분을 할아버지 집에 투자해 부동산 편향을 과시했다. 또한 오래지 않아 카와사 레이크스(Kawartha Lakes)에 위치한 조그만 집을 계약하기도 했다. 오늘날과는 다르게 그 당시에는 휴가용 별장을 소유하는 것이 그렇게 큰 돈이 드는 일이 아니었다. 부모님은 그 집을 매입하기 위해 대출을 받아야 했지만 금액이 적어서 매도인이 대출자가 되어주기로 했다. 그래서 노력 지분을 투자하는 성향이 그 부동산으로 옮겨진 것이다.

할아버지와 할머니 두 분 다 돌아가시고 난 뒤 가족이 살던 집은 팔렸고 그 수익금은 배분되었다. 그래서 부모님은 또 다른 부동산을 매입했고 후에 더 큰 집으로 이사했다. 부모님은 첫 번째 집도 팔고 방이 조금 더 큰 다른 집을 샀다. 아버지가 은퇴한 후 부모님은 오타와에 사는 첫 손주와 가까운 곳에서 살고 싶어 다시 이사했다. 그 집은 팔렸고 수년 만에 아버지는 어머니가 돌아가신 이후에 딱 한 번 작은 집으로 이사했을 뿐이다. 아버지가 돌아가셨을 때 아버지는 대부분 부동산의 형태로 그리 많지 않은 유산을 남겼다.

이는 사정에 맞게 최적화한 것일 뿐 일관성 있는 종합 계획은 아니었음이 분명하다. 부동산을 가장 많이 보유하고 있었던 정점은 사랑스러운 가족과 호숫가의 아주 잘 꾸며진 집을 가지고 있었던 50세 무렵이었다. 그 보유 자산은 아버지가 60대에 접어들었을 때 가장 중요한 하나의 부동산으로 줄었다. 그리고 어머니가 돌아가신 뒤 부동산 자산은 다시 절반으로 줄었고 아버지는 작은 집으로 이사했다. 아버지는 퇴직 연금을 제공하는 회사에서 근무한 적이 없었다. 금융 계획은 단순했다. 부동산에 대한 투자를 최대한으로 늘리고 예금은 정부 연금을 보충해 줄 수 있는 정도로만 했다. 오랜 세월에 걸쳐 일곱 개의 집과 두 개의 시골 별장으로 옮겨 다니며 편안하고 여유로운 은퇴 생활을 하기에 충분한 자산을 모을 수 있었다.

높아지는 경제 및 금융의 변동성이 고용 시장에서 가장 먼저 느껴진다면 그 다음으로 체감지수가 높은 곳은 주택 시장일 것이다. 주택 시장의 변동은 모두에게 영향을 미친다. 일을 하고 있든 하고 있지 않든 상관없이 말이다. 경제적 불안은 주택 부문의 활동(매입과 매도, 건설)과 집값 모두에게로 번진다.

제2의 불확실성의 시대

내 나이 또래의 사람들은 우리 부모님이 경험한 것과 같은 집값 상승을 경험해봤다. 집값이 하락해서(이를테면 1990~1992년 사이의 경기 침체와 세계 금융 위기 중에) 주춤한 적도 있었다. 그러나 이러한 기억들은 집값의 지속적인 상승세에 가려 묻혀버리고 만다. 이 과거의 경험과 미래 사이에는 두 가지 중요한 차이점이 존재하게 될 것이다. 첫째, 주택 시장의 기복은 더 커질 것이다. 둘째, 변동은 더 잦아질 것이다. 주택 가격이 하락하는 기간이 더 눈에 띄고 기억에 남게 되면서 항상 오르기만 하는 집값에 대한 기대는 뒤바뀔 것이다. 주택 시장에 대한 사람들의 태도는 분명히 바뀔 것이다.

주택 시장 및 집값의 변동성과 주택 시장의 거품은 별개의 문제이다. 최근 몇 년 사이 특히 팬데믹 기간 동안 가격 상승이 가속화되면서 주택 시장에 대한 불안감은 가파르게 상승했다. 집값이 어느 때고 붕괴될 수 있는 거품이라는 점을 우려하는 것도, 중앙은행이 금리를 너무 오랜 기간 너무 낮게 유지하는 상황을 탓하는 것도 당연하다.

하지만 상황은 그보다 훨씬 더 복잡하다. 우선, 주택 가격이 어느 때고 꺼질 수 있는 거품이라고 결론짓기 위해서는 다른 상품들의 가격을 감안했을 때 주택 가격이 얼마여야 한다는 구체적인 이해가 필요하다. 분석가들은 부동산 투기나 비이성적 과열이 없다면 가격이 어떻게 될지를 예측해 주는 모델을 필요로 할 것이다. 하지만 앞서 언급한 것처럼 경제 모델들은 그런 결론을 뒷받침해줄 만큼 신뢰성이 높지 못하다. 또한 지각 변동 요인들이 작동할 때는 모델의 예측이 실패할 확률이 매우 높아진다. 현재가 바로 그런 상황이다. 경제의 다른 부분에서도 그렇듯이 주택 시장을 이해하기 위해서는 지각 변동 요인들이 움직이는 역학을 이해해야 한다. 그러나 목표는 다음에 무슨 일이 일어날지 예측하는 것이라기 보다는 미래에 더 높아지는 위험도를 관리할 수 있도록 준비 태세를 갖추는 것이 되어야 한다.

자가 소유는 삶의 초석이다

자가 소유는 대다수의 선진국에서 삶의 초석으로 여겨진다. 미국, 일본, 영국, 프랑스, 이탈리아, 멕시코, 한국, 호주, 캐나다를 포함해 대부분의 주요 경제국에서는 60~70%의 자가 소유율을 보이고 있다. 경제협력개발기구(OECD) 국가들 중 단 두 국가만이 자가보다 임차의 비중이 높다. 바로 스위스와 독일이다. 스위스와 독일은 약 40%만이 완전히 자기 소유이거나 주택담보대출을 통해 주택을 소유하고 있다. 자가 소유율이 극도로 높은 국가들도 있다. 인도는 80%를 웃돌고, 중국은 약 90%에 달하며 루마니아는 거의 95%에 육박한다. 이 차이는 일부 문화적인 차이이거나 자가 소유자 혹은 임차인에게 더 유리한 세금 제도로 인해 나타난 현상이다. 과거에 소비에트 연방의 일부였던 국가들이 높은 자가 소유율을 보이는 것은 국유 주택들을 좋은 조건으로 입주자들에게 넘겨주게 된 결과이다. 어떤 경우이든 주택 시장은 거의 모든 이들에게 중요한 의미를 지닌다. 현재 주택을 소유하고 있는 사람들에게도 언젠가는 소유주가 되고 싶은 임차인들에게도 말이다.

내가 보기에 임차보다는 소유권을 선호하는 인간의 성향은 자신의 둥지를 만들고자 하는 욕구에서 비롯되는 것 같다. 이는 대자연이 모든 종

제2의 불확실성의 시대

에게 심어놓은 뿌리 깊은 본능이다. 종종 집주인들은 세입자들의 이 욕구를 알아채고 그들의 둥지를 만들 수 있도록 허락하기도 한다. 가끔은 세입자들이 집을 개선하거나 개조하는 것이 임대 주택의 시장 가치를 높이는 일이라 판단될 때에는 집주인이 그 비용을 일부 부담해 주기도 한다. 물론 세입자는 집을 개선하는 일을 즐기겠지만 곧 이사할 계획이라면 그 이득은 주택 소유주에게로 돌아갈 것이다.

자신의 보금자리를 더 편안하게 만들고자 하는 것은 자가 소유주에게는 자연스러운 욕구다. 집을 개선함으로써 입주자의 경험을 향상시키고 다음 세대에게 물려줄 자산을 축적하는 것이다. 부동산과 노력 지분에만 집중했던 내 아버지의 금융 계획은 그리 유별난 것이 아니었다. 아버지는 부동산에만 집중 투자함으로써 은행 예금을 했다면 얻었을 수익보다 훨씬 더 높은 수익을 벌어들였고 당신의 노동력을 쏟아부어 그 수익에 더 높은 가치를 부가했다. 주식에 투자를 많이 하는 것이 그 당시에는 상대적으로 특이한 행동으로 비추어졌다. 특히 아주 소액 투자자들의 경우에는 더욱 그랬다.

다시 말해서 자가 소유에 대한 욕구는 주로 자연스러운 동인에서 나온다. 정부에서 유도한 것이 아니다. 그럼에도 역사적으로 보면 정부는 정치적인 이유로 이와 같은 기본적인 욕구에 자주 관여해왔다. 자가 소유를 촉진하거나 부추겨 사람들이 꿈을 향해 나아가도록 도왔다고 스스로의 공을 주장하기도 한다. 이것이 이를테면 미국과 네덜란드, 인도와 같이 다른 국가들의 정부가 담보 대출 이자에 대해 소득 공제 혜택을 주는 이유이다. 경제협력개발기구에 따르면 그와 비슷한 종류의 가장 너그러운 조세 감면 정책을 제공하는 국가는 노르웨이, 영국, 네덜란드, 스웨덴인 것으로 나타났다. 그리고 미국, 벨기에, 캐나다가 그 뒤를 이었다.

캐나다는 주택 부문을 정부에서 지원해온 오랜 역사를 가지고 있다. 2차 세계대전이 끝난 후 캐나다 연방정부 주택청을 창설한 것은 경제를 부양하고 참전 용사들이 살기 좋은 집으로 귀환하는 것을 도우려는 취지에 그 뿌리를 두고 있다. 나의 조부모님도 그 지원책으로 오샤와에 건설된 집에서 거주했다. 그 후에 이어진 정책은 자가 소유를 더욱 부추기는 방향으로 변화해갔다. 캐나다 연방정부 주택청에서 주택담보대출을 보장해줄 수 있는 것은 전반적으로 위험도가 낮아짐에 따라 은행들이 주택담보대출을 더 많이 제공할 의향이 있음을 의미했다. 시간이 지나면서 주택 구입을 위해 필요한 계약금은 더 낮아져 자가 소유의 가능성이 더 활짝 열리게 되었다.

역사적으로 주택 투자는 일반적으로 경제의 약 5%를 차지했다. 금융 위기 이후 경제에서 주택 투자의 비율은 대부분의 주요 경제국에서 7~8%에 가까운 수준이었다. 장기간 지속되어온 저금리 유지 정책으로 인해 주택 구입은 더 접근이 용이해졌고 시장 참여도는 높아졌다. 인구 노령화에 대한 분석에 따르면 이같은 상황이 아마도 한 세대 이상 지속될 것으로 보인다.

현재 60대인 사람들은 자녀가 주택담보대출 이자로 지불하는 금액이 아주 낮은 것에 놀랄 것이다. 그러나 그렇다고 해서 현재의 젊은이들이 부모 세대가 지불한 이자보다 더 낮은 금액을 지불하고 있는 것은 아니다. 그만큼 주택 가격이 상승해서 낮은 이자율에서 얻은 혜택이 상쇄되었기 때문이다. 실제로 총 가처분 소득에서 주택담보대출금이 차지하는 비중(혹은 채무상환비율)은 몇 년 사이 조금 변화했다. 이는 가계들이 상황이 허락하는 한 이율이 어떻든 상관없이 더 많은 주택을 구입하는 경향이 있음을 시사한다. 다시 말해서 주택담보대출의 규모보다는 소득 대비 월 지불액의 규모가 변수로 작용한다는 것이다.

주택 가격의 기본 원리

주택 구입에는 두 가지 큰 의미가 있다. 주택은 한 번 구입하면 미래에도 장기간 계속 유지되는 것이며 평생 가치를 축적할 수 있는 자산이라는 것이다. 회사가 주식 소유권을 통해 수익을 얻는 것처럼 말이다. 중요한 점은 미래 주택 서비스의 흐름에 대한 현재의 가치는 주택담보대출금에 대한 이율이 낮을수록 더 커진다는 사실이다. 이율이 낮을 때 특정한 수익의 흐름으로 인해 기업의 주가가 더 높은 것처럼 말이다. 그에 따라 저금리는 두 가지 별개의 효과를 나타낸다. 주택담보대출을 받는 것을 더 용이하게 해준다. 그에 따라 주택 수요는 더 높아지고 자산 평가 채널을 통해 주택 가격은 더 상승하게 된다. 금리와 집값 사이의 이와 같은 상호작용은 이자 비용 자본화 효과로 알려져 있다. 이론적으로 금리가 변함이 없다는 가정 하에서 인구가 증가하는 속도로 새 주택을 건설하면 집값은 거의 그대로일 것이다. 단, 지리적인 문제와 관계된 두 가지 주의사항을 염두에 둘 필요가 있다.

첫 번째 사항은 새로운 주택을 건축할 대지가 부족할 수 있다는 점이다. 이 경우 인구 증가는 용지 비용 상승으로 인해 주택 가격에 상승 압력으로 작용한다. 그 분명한 사례로 홍콩과 밴쿠버가 있다. 이 지역들은 자연적인 지리적 제약들이 주택 가격 상승의 원인이 된다. 두 번째 주의사항은 설사 용지가 충분하다 할지라도 편리한 곳에 위치한 용지는 항상 부족해서 도시의 규모가 커질수록 용지는 더 부족해진다는 점이다. 역사적으로 사람들은 도시 중심에 더 가깝게 살기 위해 기꺼이 더 많은 비용을 지불해왔다. 그렇게 함으로써 통근 시간과 비용을 절약할 수 있다. 도시들이 더 커지면 기존의 집값은 상승하고 집이 도심에 더 가까운 위치일수록 집값은 더 상승한다. 이와 같은 가격 효과는 지리적 위치와 미개척지의 땅값, 새 주택 공급, 혹은 이자율과 상관없이 발생한다.

이 점은 제대로 평가받고 있지 못하다. 넓게 트인 지역에 새롭게 도시를 세운다고 가정해 보자. 중심부에 모든 기업체들을 위치시키고 가장 중심지에서부터 외곽으로 둥글게 퍼져나오며 입주권을 부여한다고 가정해 보자. 더 많은 사람들이 이 신도시에 관심을 가지게 되면서 시내 중심부에 위치한 사무 공간에 대한 수요는 더 증가하게 될 것이다. 도심지를 벗어난 외곽에 집을 짓는 사람들의 경우에는 용지비는 더 싸겠지만 매일 직장까지의 통근 시간이 더 오래 걸릴 것이다. 그리고 그보다 더 외곽에 사는 사람들은 훨씬 더 통근 시간이 오래 걸릴 것이다. 따라서 사람들은 더 먼 외곽에 사느니 비용을 더 내고 중심부에서 가까운 곳에 살고자 할 것이다. 도시가 성장함에 따라 외곽에서 중심부로 통근하는 비용은 계속 증가한다. 여기에는 단순히 대중교통 수단의 비용(이동 거리와 상관없이 고정된 요금일 수도 있다)만 포함되는 것이 아니라 출근하는 데 소요되는 시간 비용도 포함된다.(시간 비용은 꽤 큰 부분을 차지할 수 있다.) 출근하는 데 이동해야 하는 거리가 먼 사람일수록 직장에서 가까운 곳에 살기 위해 기꺼이 비용을 지불하려 할 것이다. 도시는 사람들이 중심부에 모여 함께 일

제2의 불확실성의 시대

할 때 발생하는 시너지를 활용하기 위해 존재한다. 따라서 도시의 본성상 많은 일상적인 활동들이 도심에서 일어나야 한다. 이런 이유로 많은 사람들이 날마다 그곳으로 이동해야만 하는 것이다.

이 논리로 도심지에는 마천루 숲이 형성되고 외곽에서 도심으로 가까워질수록 집값은 상승하게 되었다. 경제학자들은 이것을 '임대료 곡선'으로 설명한다. 임대료 곡선은 도시 외곽에서 시작해 가장 중심부에서 끝나는 주택 가격 차트를 말한다. 모든 도시의 임대료 곡선은 한가운데에 이를 때까지 꾸준히 상승한다. 도시의 규모가 더 클수록 통근 시간은 더 길어지고 중심부의 임대료 곡선은 높아진다. 이때 물가상승률이나 금리는 상관이 없다.

인구가 변함이 없다 해도 금리 변동에 대한 반작용으로 주택 가격은 크게 움직인다. 가상의 세계에서 우리가 금리를 낮춘다면 언젠가 집을 살 계획을 가지고 있는 사람들은 집을 더 빨리 사야 할 이유가 생기는 것이다. 하지만 자본화 효과는 기존의 집값이 동시에 상승하도록 만든다. 미래 주택 서비스 흐름의 현재 가치는 이자율이 하락하면 올라가기 때문이다.

주택 가격이 평가 절상되는 과정은 무질서하게 이루어지기가 쉽다. 낮은 금리는 수요를 높이기도 한다. 그래서 가격이 자본화 효과보다도 더 많이 끌어올려질 수 있다. 언젠가 집을 살 계획이 있지만 아직 주택담보대출을 받을 수 있는 자격이 되지 않는 사람들은 집값이 오르면 그들의 꿈이 사라지게 되는 것이다. 집을 장만할 기회를 잃어버릴지도 모른다는 두려움이 생긴다. 새로운 주택 공급은 늘어난 수요를 감당하지 못할지도 모른다. 공사가 지연되거나 (캐나다에서 가장 흔히 발생하는 경우로) 지방 정부가 주택을 건설하고, 수도와 배수, 가스, 전기 시설을 설치할 새로운 용지를 허가해 주는 속도가 느리기 때문이다. 이런 경우 종종 주택 가격은 단순한 주택 가격 모델에서 나타난 것보다 더 가격이 상승한다. 이렇게 가격이 크게 상승하면 투기꾼들이 몰려든다. 아직 지어지지 않은 집을 사서 완공되었을 때 수익을 남기고 팔 계획이거나 아니면 집을 사서 몇 달 뒤에 되팔 계획인 것이다. 주택 가격은 갑자기 기약 없이 상승할 수 있어 언제 하락할지도 모르는 일이다. 이는 큰 액수의 주택담보대출을 받아 최근에 주택을 구입한 이들에게는 나쁜 소식일 것이다. 나중에 주택 가격이 하락했을 때 주택담보대출 금액이 주택 지분 가치보다 더 클 가능성이 높기 때문이다.

현실에서는 두 가지 역학이 함께 발생해 프라이스 액션을 심화시키는 경우가 많다. 코로나19 팬데믹은 주택 시장의 변동성이 지각 변동 요인들과 어떤 관련이 있는지 보여주는 좋은 사례이다. 금리는 역대 최저 수준으로 떨어졌고 자본화 채널과 주택 구입 부양책을 통한 주택 가격 인상은 주택 가격을 한층 더 높여 놓았다. 한편 사무실 근무가 재택근무로 바뀌는 큰 변화가 일어났고 근교나 지방을 선호하는 주택 수요도 늘어났다. 그 결과 주택 가격은 전반적으로 상승했지만 도시 외곽 지역의 가격이 중심부의 가격보다 더 빨리 상승함에 따라 임대료 곡선은 평평해졌다. 기업들과 피고용인들은 온라인 플랫폼을 사용하면서 그 유용성을 깨닫게 되었다. 그래서 그 변화들 중 일부는 영구적으로 자리를 잡게 될 것이다. 회사마다 상황은 다르겠지만 우리가 하이브리드 업무 모델로 변화해가고 있다는 데에는 모두가 동의하고 있다. 하이브리드 업무 모델이라 함은 이를테면 직원들이 일주일에 며칠은 사무실에서 일하고 나머지 날들은 집에서 일하는 것이 그 예이다. 지각 변동 요인들은 지표면 아래에서 서로 작용하며 앞으로 우리가 부동산을 바라보는 시각을 더욱 크게 변화시킬 전망이다.

주택 시장의 지각 변동

몇 세대를 지나오면서 주택 가격 오름세를 둔화시킬 수 있는 것은 아무 것도 없어 보였다. 그 이유는 특히 도시에서의 인구 증가와 지방 정부와 건설업자들이 충분한 공급을 제공하지 못하는 무능함에 있었다. 시간이 흐르면서 인구통계학적 추정은 변화하겠지만, 더 중요한 점은 다섯 가지 지각 변동적 요인들이 연합해 작용함으로써 주택 시장에 새로운 국면의 변동성을 가져올 것이라는 점이다. 경제 성장과 고용에 영향을 미치는 충격은 주택 시장의 활동 속도와 가격에 타격을 줄 것이다. 금리 변동은 자본화 효과를 통해 주택 가격에 부침을 가져올 것이다. 요컨대, 우리는 주택 가격이 상승할 수도 하락할 수도 있다는 사실을 높아진 변동성이 증명해줄 것이라 기대할 수 있다. 그리고 가격 변동은 더 자주 발생할 것이다.

이렇게 변동성이 높아진 환경에서 가계의 행동이 바뀌는 것은 당연하다. 주택 가격의 변동성이 크다는 인식이 증가함에 따라 보통 주택 투자는 과거보다 더 위험한 투자로 여겨질 것이다. 일반적으로 주택 소유는 가끔 갱신되어야 하는 주택담보대출이 동반되기 때문에 금리의 변동성이 높아지면 주택 소유의 위험도도 높아질 것이다. 다시 말해서 더 변동성이 높은 환경으로 인해 자가 소유보다 임차 쪽을 선호하는 쪽으로 바뀔 가능성이 높다는 것이다. 그에 따라 집주인은 가계를 대신해 더 높은 리스크를 감수하게 된다.

이 논리는 자가 소유에 대한 대자연의 선호 성향에 대립되는 것이다. 이 선호 성향은 인구 노령화로 인해 실질 금리가 하락하게 되는 추세로 말미암아 되살아나고 있다. 다른 지각 변동 요인들이 없다면 인구 노령화는 자가 소유율의 지속적인 증가와 주택 건설, 유지 보수, 개조가 경제에서 차지하는 비중의 증가를 의미할 것이다. 또한 인구가 노령화되고 실질 금리가 저금리를 유지하는 동시에 인구 증가가 계속됨에 따라 기존 주택들의 가격 상승을 의미하기도 한다.

그러나 지각 변동 요인들 사이의 상호작용은 주택 매매와 가격, 금리에 커다란 변동성을 불러와 자가 소유와 관련된 리스크를 높이고 주택에 대한 수요를 잠재적으로 감소시키게 될 것이다. 이렇게 정반대의 요소들이 자가 소유 결정에 영향을 미쳤을 때 그 최종 결과는 사람들이 더 높은 리스크를 어떻게 관리할 것인가에 달려 있다. 예컨대, 이사할 의향이 없는 일부 가계들은 주택 가격의 변동을 끝까지 지켜볼 수 있을 것이다. 갑자기 높은 이자율로 주택담보대출을 갱신해야만 하는 위험성은 단기 갱신을 선택하고 후에 저금리로 묶어놓음으로써 관리할 수 있다. 더 잦아진 실업으로 인해 발생한 소득 격차는 더 예금을 많이 함으로써 관리할 수 있을 것이다. 치솟는 주택 가격으로 인해 자가 소유가 좌절되면 부모님이 가족 주택 건설을 완성할 때까지(가족 주택이 있다면) 기다리며 인내심을 발휘해야 할지도 모른다.

가계 부채와 우울

이제 이것은 일부 사람들에게는 모두 상관없는 말로 들릴지도 모른다. 하지만 다른 이들은 이 모든 이야기에 심기가 불편해진다. 정부는 사람들에게 주택을 소유하라고 부추기면서 은연중에 많은 부채를 떠안을 것을 부추기기도 한다. 특히 주택 부족 현상으로 주택의 상대적인 가치가 크게 올라간 시장에서 말이다. 그 결과 가처분 소득 대비 가계 부채는 많은 선진국에서 아주 높은 수준에 도달해 있다. 덴마크, 노르웨이, 네덜란드, 스위스, 호주와 같은 나라들에서 소득 대비 부채의 최고 비율은 200%를 넘는다. 캐나다, 영국, 스웨덴, 한국과 같은 나라들은 부채 비율이 보통 150%를 넘는 반면 미국과 일본은 100% 선에 가깝게 머물고 있다. 눈에 띄는 것은 미국의 부채율이 세계 금융 위기 직전에 150%를 훨씬 넘었다는 사실이다. 이때 미국의 주택 시장은 최대의 격변기를 겪었고 가계는 디레버리징을 추구한 시기였다.

이 가계 부채 수준은 우리 부모님과 같이 대공황을 겪으며 성장한 사람들에게는 분명 어마어마한 수준으로 보일 것이다. 그리고 아직 그때의 가르침을 소중히 간직하고 있는 다음 세대들에게도 가계 부채는 큰 걱정거리로 남아 있다. 중요한 점은 그러한 가계 부채 요약 지표가 모든 가계들의 평균을 나타낸다는 것이다. 부채가 전혀 없는 가계도 많기 때문에 부채가 있는 가계들의 평균 부채 수준은 훨씬 더 높다. 평론가들은 미래의 재앙을 막기 위해서는 정부가 가계 대출을 더 제한해야 한다고 말한다. 이 재앙의 성격은 항상 분명히 드러나는 것은 아니지만 보통 가계가 너무 대출을 많이 받고 그것을 상환하지 못하고 집을 잃고 영원히 극빈자로 전락하는 상황을 말한다. 금융 체계는 이러한 심판의 날에 취약한 것으로 평가 받고 있다. 모든 문제에서 그렇듯 문제를 바라보는 시각은 하나만 존재하는 것이 아니다. 그리고 문제를 여러 다양한 시각에서 바라봄으로써 중요한 관점을 추가할 수 있게 되는 것이다.

가계 부채에 대해 말하는 평론가들은 거의 한 세기 전의 삶을 기준으로 한 인생 계획을 염두에 두고 말하는 것처럼 보인다. 당시의 인생 계획은 다음과 같았을 것이다. 가정이 꾸려지고 자녀가 태어나면 가계는 집을 장만할 만큼 충분한 저축액이 마련되기 전에 집을 확장할 필요가 생긴다. 그러면 그들은 집을 사기 위해 대출을 받는다. 그리고 25~30년 동안 대출금을 갚고 은퇴하기 직전에 대출금을 모두 청산하게 된다. 그러면 그 가정은 부동산의 형태로 예금을 보유하고 있는 것이나 마찬가지이며 필요하다면 퇴직 후 소득을 보충하기 위해 그것을 사용할 수 있다. 자녀들이 독립하고 난 후 더 작은 집으로 이사할 수도 있고, 아니면 퇴직 후 집을 세를 놓아서 임대료에서 나온 수익금을 퇴직 소득을 벌충하는 데 사용할 수도 있을 것이다.

임대 vs. 자가 소유

알고 보면 이와 같은 인생 계획이 모두에게 해당되는 것은 아니다. 이를테면 런던, 파리, 시드니, 밴쿠버, 홍콩과 같은 일부 도시들의 평균 주택 가격은 평균 소득을 버는 일반 시민이 대출을 받아 살 수 있는 수준을 넘어선다. 보수적인 관측자들에 따르면 그에 대한 해결책은 집을 사기보다는 빌리는 것이다. 그러기 위해서는 가족들이 생활하기에 적당한 집을 구하고 좋은 집 주인을 찾고 평생 임대료를 지불해야 한다. 퇴직 후 소득에 도움이 될 추가 수입을 기대한다면 그들은 그 시기를 대비해 별도의 예금을 마련해 둘 필요가 있다. 결국 그들은 세입자로 남아 퇴직 소득에 의존하며 부족한 부분은 평생 동안 저축한 예금을 이용해 삶을 이어가게 된다.

대출금에 대한 전통적인 인식이 어떻게 이 두 인생 계획에 영향을 미치는지 살펴보는 것은 흥미롭다. 캐나다의 몽크턴과 같은 작지만 매력적인 도시에서 한 가족이 성장해서 일하며 글자 그대로 자가 소유를 추구하는 표준적인 인생 계획을 따르며 산다고 가정해 보자. 그리고 또 다른 가족은 밴쿠버에서 성장해서 일하며 산다고 가정해 보자. 밴쿠버에 사는 가족은 대출금을 최소 25년, 어쩌면 30년 동안 상환해야 하는 것이 그들의 소득을 고려했을 때 큰 장벽으로 여겨져 집을 사는 대신 빌리는 쪽을 선택한다. 밴쿠버 가족은 퇴직 후 몽크턴 가족과 금전적으로 동등한 위치에 서려면 집세 이외에도 저축을 더 해서 몽크턴 가족의 주택 가치와 동등한 가치의 예금을 보유하고 있어야 할 것이다. 이를 달성했다고 가정한다면 두 가족은 두 개의 다른 경로로 똑같은 결승점에 도달한 셈이다. 하지만 안타깝게도 밴쿠버 가족은 자가 주택을 소유하거나 보금자리를 직접 꾸며보는 기쁨을 경험해보지 못했을 것이다.

대출금을 25~30년 동안 분할 상환하는 관습적 조건을 제거하면 어떨지 한번 상상해보라. 40~50년 동안 상환할 수 있다고 가정해 보면 어떨까. 실제로 평생 동안 상환해도 되어 밴쿠버 가족이 자가 소유를 할 수 있게 되었다고 가정해 보자. 그러면 밴쿠버 가족은 이제 더 이상 평생 동안 집주인에게 집세를 지불하지 않아도 되지만 대신 은행에 이자를 지불해야 한다. 매달 원금을 조금씩 갚아나감으로써 집을 빌리는 동안 저축했을 금액과 비슷한 금액의 집의 가치를 축적한다. 은퇴할 때 집을 팔아서 그 수익금으로 남아 있는 대출금을 갚을 수도 있고, 축적된 가치를 이용해 임대를 줄 수도 있다. 주택 매매를 통해 회수한 가치를 이용해 퇴직 소득에서 부족한 부분을 벌충할 수도 있다. 혹은 죽는 날까지 그 집에서 계속 살 수도 있다. 주택 소유주가 사망하면 그 집은 매매가 가능하며 저 당권은 소멸되며 축적된 주택 지분 가치는 그들의 재산으로 환급된다.

밴쿠버 가족에게 있어 이 계획과 평생 집을 빌려서 사는 계획 사이에 는 단 두 가지의 실질적인 차이가 존재할 뿐이다. 첫째, 그들은 집주인이 아니라 은행에 이자의 형태로 '집세'를 지불한다. 둘째, 그들은 부가 자산 을 보유함으로써 직장인으로서의 삶을 마감할 때 저축액에 양도 소득을 추가한다. 실제로 캐나다를 포함한 많은 국가에서는 임차보다는 자가 소 유를 우대하는 방향으로 조세제도가 설계되어 있다. 세후 기준으로 주택 임차를 기반으로 한 인생 설계는 주택을 구입하는 쪽보다 더 돈이 많이 든 다. 평생 주택담보대출금을 갚으며 사는 밴쿠버 가족은 기본적으로 은행 과 함께 집의 공동 소유주인 셈이다. 은행이 아닌 그 가족이 주택의 모든 시장 가치 변화(혹은 평가 절하)를 감수해야 한다는 점만 제외하고 말이다.

부채에 대한 보수적인 편견만 버린다면 투자 결정과 주택 구입 결정 을 효율적으로 분리해서 판단할 수 있다. 분석에서 감정을 배제하려면 두 가지 인생 계획을 세울 필요가 있다. 하나는 주택 임차와 금융 자산 축적 에 근거한 계획이고 다른 하나는 자가 소유에 근거한 계획이다. 자가 소 유에서는 주택의 본래 매입 가격과는 상관없이 가치의 축적이 주택 임차 인의 금융 자산 축적과 대등한 것으로 여겨진다. 그것은 세후 기준으로 분석해야 한다. 일부 국가의 경우 자가 소유에 더 유리한 세금 제도를 가 지고 있는 반면 다른 국가들은 주택 임차에 더 유리한 세금 제도를 가지 고 있기 때문이다.

아주 효율적인 은행 시스템을 통해 대출을 받는 것을 제한하는 것은 과거의 윤리를 오늘날의 대출자와 대출 기관에게 강요하는 것과 마찬가지다. 주택담보대출은 대출자와 대출 기관 사이의 문제이다. 죽을 때까지 주택담보대출을 안고 너무 비싼 주택에 산다 할지라도 그 자녀들은 대출금이 청산된 뒤 남아 있는 주택 지분 가치를 상속받게 될 것이다.

주택 구입과 주택담보대출의 딜레마를 바라보는 또 하나의 시각은 소득 대비 부채 비율을 따지기보다는 자산 대비 부채 비율을 따지라는 것이다. 소득 대비 부채 비율은 부채를 갚을 수 있는 능력에 도달하려는 시도를 의미한다. 더 적합한 측정법은 총부채원리금상환비율일 것이다. 총부채원리금상환비율은 대출금 상환을 위해 매년 소득에서 얼마씩 할당되어야 하는지를 나타낸다. 물론 현대의 치밀한 은행들은 해당 가계가 부채를 상환할 수 있는지의 여부를 결정하는 능력이 탁월하다. 만약 그들이 틀린 경우에도 은행들은 발생하는 어떤 손실도 흡수할 수 있을 정도로 큰 규모를 가지고 있다. 궁극적으로 주택담보대출은 대출자와 대출 기관 사이에 이루어지는 계약이다. 그런데도 왜 정부나 규제 당국이 이 합의에 그들의 가치를 강요하려 하는가? 그들의 가치는 어쨌든 대공황 시절에 나온 아주 구식 사고방식에 기반을 두고 있다.

이 분석을 삶에서 또 하나의 커다란 금융 거래에 해당하는 자동차 구입과 비교해 보면 재미있다. 주택과 마찬가지로 자동차는 교통 수단을 제공하는 동시에 실질 자산으로 여겨진다. 중요한 차이점은 주택은(적절히 관리만 해준다면 가치 하락을 막을 수 있다) 일반적으로 가치를 상승시키는 반면 자동차는 자산의 가치를 떨어뜨린다는 것이다. 어떤 이는 자동차를 자기 자본으로 구입해 운송 수단으로서의 이용은 전혀 하지 않고 자동차의 가치가 서서히 하락해 0이 되는 것을 지켜본다. 또 다른 이는 대출을 받아 자동차를 구입해 매달 대출금을 지불하고 자동차의 가치가 0에 가까워질 때쯤 대출금을 모두 갚는다. 세 번째 사람은 자동차를 빌려서 매달 비용을 지불한다. 이것은 기본적으로 임대차 계약 기간 동안 운송 서비스를 빌리는 것이다. 대여 비용은 자동차의 전체 가치에 대한 이자에 자동차의 가치 하락분을 더한 것이다. 대여 기간이 종료되면 자동차는 반납되고 그 과정은 반복된다.

이 세 개 시나리오 사이의 차이는 무엇일까? 세 사람 모두 자동차의 가치 하락에 대해 비용을 지불한다는 것이다. 첫 번째 사람은 이 비용을 가장 먼저 지불한다. 두 번째 사람은 시간이 지나면서 이자를 포함해 지불한다. 세 번째 사람 또한 이자를 지불하지만 자동차를 소유하지는 못한다. 그들이 자동차를 소유하기 위해 지불한 예금은 (즉시든 오랜 시간에 걸쳐서든) 다른 곳에 투자될 수도 있었다. 아마도 가치가 상승하는 자산에 말이다. 대여의 경우 운송 서비스와 운송 서비스를 제공하는 자산을 뚜렷이 구분지어 준다. 요점은 그 세 가지 경우 사이에 실질적인 차이가 존재하지 않는다는 것이다. 차이점이 있다면 사람들은 가장 좋은 선택지로 옮겨갈 것이고 경쟁의 힘이 다시 그들을 동일하게 만들 것이다.

그렇다면 왜 전문가들은 자동차를 이용하기 위해 가계가 지고 가는 부채 부담에 대해 그토록 걱정하는가? 가계가 그들의 개인적 선호를 충족시키기 위해 효율적인 금융 시스템을 이용하고 있는데도 말이다. 그것은 주택 시장에서와 마찬가지로 자동차 시장에서도 동일한 반부채 도덕률이 작동하고 있기 때문이다.

실질 금리가 매우 오랜 기간 낮은 수준을 유지할 것으로 보이므로 가계들은 예전보다 부채를 상환하기가 더 수월해질 것이다. 사람들이 부채를 이용하는 것을 막는 규칙이 필요할까? 금융 당국이 대출과 관련해 규제 한도를 조정해야 한다면 대출 행위가 전체 금융 시스템을 위험에 빠뜨린다는 판단이 선행되어야 할 것이다. 규제에는 금융 시스템과 대출을 받는 가계가 고용과 금리, 집값 변동에 따른 높은 리스크를 관리할 수 있도록 금융 완충 장치를 마련하는 것도 포함된다. 그러나 한도가 신중하게 정해지고 나면 사람들이 인생에서 어떤 시기에 놓여 있는지 고려하지 않은 채 부채에 반대하는 윤리적 주장을 하는 것은 옳지 못하다.

당신이 꿈에 그리던 집을 빌리는 일이 꿈에 그리던 자동차를 빌리는 일만큼 간단해서는 안 될 이유는 없다. 자가 소유의 점진적인 가치 축적을 대여 방식에 적용하는 것은 간단한 연산이다. 사실상 임차인이 원금을 지불하는 공동 소유 모델인 것이다. 세입자와 집의 많은 지분을 보유하고 있는 금융 기관이 집에 대한 양도 소득을 공유하는 것 또한 간단한 일이다. 세입자가 집을 수리하고 노력 지분을 쏟아부은 것은 추적하기 어렵지 않다. 오늘날의 현대적인 금융 시스템에서는 1930년대에 부채에 대해 가지고 있었던 태도를 견지할 여유가 없다.

자기자본 대비 부채 프레임워크

부채를 살펴보는 가장 확실한 방법은 비슷한 것들끼리 비교해 보는 것이다. 즉, 부채를 자산에 대비해 판단하는 것을 의미한다. 주택 구입을 고려하고 있고 주택담보대출을 받을 자격이 되는 가계의 경우 일반적으로 최소 10~20%의 계약금을 치러야 한다. 500,000달러 가치의 집을 자기 자본 20%에 구입한다는 것은 자기 자본으로 100,000달러의 계약금을 지불하고 400,000달러를 주택담보대출금으로 지불한다는 의미이다. 이것을 모든 가계가 인생의 어느 시점에 겪어야 하는 일이라 가정했을 때 그들의 부채 대 자기자본 비율은 어떻게 될까? 일부에서는 4:1이라 말하고 10%의 계약금은 9:1을 의미한다. 그러나 그 말은 이제 500,000달러 가치의 중요한 자산을 보유하게 된 사실을 간과하고 있다. 따라서 실제 부채 비율은 0.8:1 혹은 0.9:1이며, 이는 새로운 주택 구입자들에게만 해당하는 것이다.

이미 언급했듯이 캐나다에서는 가처분 소득 대비 가계 부채가 거의 170%에 육박한다. 그러나 부채 상환 부담은 소득의 약 15%로 수년 간 유지해오고 있다. 하지만 대차대조표에서 자산 쪽을 한 번 살펴보자. 캐나다인들의 가계 자산은 약 14조 달러에 달한다. 약 절반은 금융 자산이고 나머지 절반은 비금융 자산이다. 그리고 채무는 약 2조 달러밖에 되지 않는다. 그러므로 순자산은 대략 12조 달러이며 총 소득의 약 5배에 달한다. 12조 달러 중 부동산은 6조 달러를 차지하고 있고 미지불 주택담보대출금이 1조5천억 달러이며 이외의 융자금은 약 8천억 달러이다. 캐나다 가계 부동산의 총 부채율은 약 1:4, 혹은 0.25:1이다.

기업 부문에서는 가계의 경우보다 부채에 대해 훨씬 더 논리적인 접근을 보여주고 있다. 기업이 자금을 대는 프로젝트의 전형적인 구조는 부채가 60%이고 자기자본이 40%이다. 따라서 부채 대 자기자본 비율은 1.5:1이다. 진행 중인 사업을 지원하기 위해 기업들은 거의 항상 부채와 자기자본을 조합해서 사용한다. 기업에 어느 정도의 레버리지를 일으키는 것이 투하자본이익률(return on invested capital)을 높이기 때문이다. 부채 비율은 산업과 기업에 따라 다르다. 캐나다에서 전체 경제의 평균 부채 대자기자본 비율은 약 1:1이지만, 1:1과 1.5:1이 가장 일반적이다. 그렇다면 지각 있는 부채 논평가들이 말하는, 가계가 선호하는 부채율은 어느 정도일까? 그 비율은 아마도 퇴직 훨씬 전에는 0:1일 것이다.

가계 부채의 문제점을 지적할 때 많은 이들이 간과하는 또 다른 요소가 있다. 그것은 바로 유산 효과(legacy effect)다. 캐나다에서 주택담보대출 미지불 개인 부동산은 약 6조 달러에 이른다. 그것은 1인당 약 170,000달러에 해당하는 금액이며, 미지불 주택담보대출금을 청산하고 나면 1인당 125,000달러에 해당한다. 이 1인당 수치는 모든 개인을 포함하며 심지어 어린 아이들조차 포함하고 있다. 한 사람이 사망하면 그의 재산은 사라지지 않으며 재산의 대부분은 세금이 부과되지 않는다. 그것은 누군가에게 상속된다. 분명 큰 주택담보대출을 받는 청년들은 부모가 언젠가는 그들에게 유산을 남길 것임을 알고 있다. 물론 그들은 부모님이 돌아가실 때 얼마나 많은 자본을 남겨줄지와 그게 언제일지에 대해서는 모르고 있다. 하지만 부동산은 누군가의 소유로 되어 있으며, 그 가치는 상속될 것이다. 이 효과를 추산하기는 어렵지만 우리는 이것이 청년들의 행동에 영향을 미친다는 사실을 알고 있으며 영향을 미치는 것이 당연하다.

2014년에 출간된 〈빚으로 지은 집(House of Debt)〉에서 아티프 미안(Atif Mian)과 아미르 수피(Amir Sufi)는 우편번호 별로 나누어 미국의 주택 시장 분석에 착수했다. 그들은 2008~2009년 미국의 주택 시장 붕괴 당시 주택의 가격이 갚아야 할 대출금 액수 아래로 떨어진(언더워터 상태에 놓인) 사람들은 집을 팔 생각이 없을 때조차도 개인 소비를 줄인다는 사실을 보여주었다. 집을 팔 수밖에 없게 된 사람들은 어쩔 수 없이 원래 대출금보다 낮은 가격에 팔 수밖에 없다. 하지만 집을 계속 보유하고자 하며, 집값이 회복되어 다시 애초의 구매 가격보다 더 높게 상승하는 것을 목격한 사람들의 경우 소득 수준이나 이자율과 관계없이 일상적인 지출을 줄이는 것으로 나타났다. 그 결과 미국의 경기 침체는 사람들이 소비를 줄이지 않았더라면 그렇지 않았겠지만 더 악화되고 장기화되었다. 사람들이 소비를 줄인 것은 소득이 하락했기 때문이 아니라 단순히 일부 가구들이 그들의 부가 줄어들었음을 인식했기 때문이었다. 이는 경기 불황 중에 긴축 통화 정책을 시행한 것과 동일한 효과이다.

미안과 수피는 주택 가격 리스크에 대한 경제의 취약성을 줄이기 위한 방안으로 책임 분담 모기지(shared-responsibility mortgage(SRM)) 개발을 지지하고 있다. 이 개념은 기존 모델과는 달리 대출 리스크를 대출자와 대출 기관이 공유해야 한다는 것이다. 일반적인 담보대출에서는 모든 리스크(금리 변동이나 실업, 주택 가격 하락과 관련된 리스크)가 대출자에게 귀속된다. 대출 기관은 문제가 발생하면 대출자를 퇴거시키고 집을 팔 수 있다. 대출 기관은 그러한 위험 부담을 안고 가기에 대출자보다 훨씬 더 유리한 입장에 놓여 있는 것이다. 가계는 리스크를 다각화할 수 있는 여지가 거의 없지만 대출 기관은 리스크를 다각화할 여지가 충분하기 때문이다.

책임 분담 모기지 하에서는 은행이 대출자에게 일정 정도의 하방 보호를 제공하게 된다. 그리고 대출자는 주택 소유에서 발생하는 양도 소득의 일정 부분을 은행에 지급할 것을 약속한다. 주택은 기본적으로 공동 소유이며 은행이 보유하고 있는 지분은 점점 줄어든다. 책임 분담 모기지에 합의한 경우, 특정 지역에서 주택 가격이 하락하게 되면 매달 지불하는 대출금 또한 동일한 비율로 하락하게 될 것이다. 전면에 드러나지 않을 수도 있지만 은행이 주택 가격 하락의 리스크를 흡수함에 따라 주택담보대출의 원금 또한 하락할 것이다. 한편 구매자가 소유한 (이제 가격이 떨어진) 주택의 순수 자산 가치는 변함없이 유지될 것이다. 그러나 주택 가격이 다시 상승하면 주택담보대출금과 미지불 원금 또한 상승한다.

대출 기관은 책임 분담 모기지를 제공하게 되면 평상시보다 더 많은 비용을 청구하기를 원할 것이다. 추가 비용은 주택 가격과 전형적인 변동성의 정도에 대한 기대감에 따라 달라질 수 있다. 계산이 복잡하긴 해도 미래에 대출 기관에게 지급할 주택에 대한 양도 소득의 지분을 조정함으로써 쉽게 비용을 맞출 수 있다. 미안과 수피가 미국 주택 시장의 역사를 기준으로 분석한 바에 따르면, 미래 양도 소득의 5%를 대출 기관에 할당하고 가계에 95%를 할당한다면 대출 기관이 책임 분담 모기지를 통해 제공하는 하방 리스크 보호에 대한 보상이 충분히 되고도 남을 것이다. 구체적인 예를 들어 설명하자면, 주택 소유주가 언젠가 주택을 팔아서 100,000달러의 양도 소득을 얻게 된다면, 그 중 5,000달러는 은행의 몫이 된다는 얘기다. 이는 모든 잠재적인 하방 리스크에 대한 보호를 약속받는 대가로 지불하기에는 저렴한 비용이다.

주택담보대출을 순수 채무가 아니라 더 자본에 가깝게 만들어 주는 공동 소유 모델이 경제와 금융 시스템을 더 안정화시킬 것임을 의심하는 이는 별로 없다. 첫째로 대출 기관이 미래에 발생할 수 있는 모든 하방 리스크에 대한 부담을 공동으로 지게 되면 주택 가격의 거품을 만들어내려고 하지 않을 것이기 때문이다. 또 다른 이유로는 주택 구입자들이 주택 구입 기회를 놓치게 될까 두려워 무리해서 대출을 받는 일이 줄어들 것이라는 점이다. 그렇게 되면 가계 재정의 취약성도 감소할 것이다. 그러나 가장 중요한 점은 주택 가격 리스크가 (어떤 방향으로든) 경제의 변동성을 장기화하는 데 더 이상 중요한 역할을 하지 않을 것이라는 사실이다. 그에 더해 다섯 가지 지각 변동적 요인들로 인해 위험도가 높아질 것이 예측되고는 있지만 그것이 미래 주택 시장에 큰 영향을 미칠 가능성은 낮아 보인다.

미래에 작용하는 지각 변동적 요인으로 대두될 주택 시장의 긴장은 그런 생각을 훨씬 더 인기 있는 리스크 관리로 만들 수 있을 것이다. 책임 분담, 혹은 지분 공유 모기지 모델은 신용협동조합과 같은 지역사회 기반의 금융 기관들에게는 자연스럽게 여겨질 것이다. 또한 더 안정적인 금융 시스템과 취약성이 보완된 경제의 이점을 누릴 수 있다는 점에서 캐나다의 대형 은행들에게도 매력적으로 비춰질 것임이 분명하다.

주택 시장은 개인적이고 감정적인 판단이 결부되는 분야이므로 객관적인 분석이 어렵다. 가격이 비슷한 두 개의 주택 매물을 보고 두 가구는 매우 다르게 인식할 것이다. 이것이 바로 주택 시장이 아주 특별하며 정책 담당자들에게 중요하게 작용하는 이유이다.

지각 변동적 요인들은 주택 시장에 새로운 불확실성을 가져올 것이다. 포스트 코로나 시기에 대부분의 주요 도시에서 임대료 곡선이 평평해지는 추세라고 해서 그것이 주택 가격 상승이 멈출 것을 의미하지는 않는다. 인구 노령화로 인해 과거보다 인구가 천천히 늘어난다 할지라도 순 인구 성장은 지속될 것이다. 선진국의 더딘 노동 인구 성장과 기후 변화 압박으로 인해 선진 경제국으로의 순 이민은 증가할 것으로 보인다. 전형적인 도시의 임대료 곡선은, 지금은 통근을 덜 하기 때문에 더 평평하지만 도시의 규모가 커짐에 따라 불가피하게 다시 증가할 것이다. 설사 시 당국이 도시 접경지의 처녀지 개발에 나선다 해도 말이다.

이민자들은 주요 도시로 몰려든다. 점점 서비스 중심으로 변화하는 경제 속에서 새로운 사업들은 이민자들을 지원해 주기 위해 이미 확장되어 있는 시장에서 시작할 수 있다. 도시가 더 커지면서 기존에 존재했던 주택의 가격은 새로운 주택 가격보다 훨씬 더 빠른 속도로 다시 상승할 것이다. 실질 금리는 가까운 미래에 매우 낮게 유지되면서 세계적으로 주택 시장에 탄탄한 기반이 마련될 것으로 전망된다. 그렇다 하더라도 아주 큰 경제 변동과 금리 변동성은 좋든 싫든 주택 소유주들에게 영향을 끼치게 될 것이다.

냉소가들은 아마도 대부분의 국가에서 자가 소유율이 지나치게 높다고 볼지도 모른다. 하지만 그것은 자가 소유를 부추기는 정부 정책에 의해 왜곡된 수치이다. 높은 비율의 자가 소유는 일반적으로 가계 부채가 많음을 의미한다. 그래서 이것이 경제를 금리 또는 경제 변동에 취약하게 만든다. 경제의 많은 지분을 주택에 쏟아붓는 것은 경제 전반에서 사업에 투자할 여력의 부족과 더 낮은 생산성 향상을 의미하기도 한다. 모두 맞는 말이다. 그러나 가계에 가장 바람직한 것이 무엇인지 안다고 생각하고 이 모든 것을 바꾸려 하는 불쌍한 정치인들을 딱하게 봐야 한다. 정책 담당자들은 지금까지 대부분의 사람들의 삶에서 가장 큰 결정을 둘러싼 더 많은 금융 혁신을 부추기는 일에 능숙하다. 그 결과 더 위험 관리를 잘하게 되어 커다란 거시경제적 혜택을 얻게 되었다.

정책 담당자들은 사회적 행복을 침해하는 다른 모든 사안들과 함께 주택 부문에서도 일상적으로 문제를 해결해야만 하는 상황에 부딪힌다. 지각 변동 요인들이 어떻게 정부와 중앙은행의 정책들에 영향을 미치는지에 대해 지금부터 알아보자.

12장

The Next Age of Uncertainty

위험이 높아지면
정책 담당자들의
부담도 높아진다

회상: 정책 결정에 동참하고자 하는 열망

내가 경제학 분야에 발을 들여놓게 된 가장 큰 동기는 정책 결정에 참여하고 싶다는 열망이었다. 경제 정책 시행을 통해 모두의 삶을 일제히 향상시킬 수 있다는 것이 내게는 아주 큰 매력으로 다가왔다. 이와 같은 고귀한 목적을 염두에 두고 있었으므로 캐나다 중앙은행에서 내가 하는 일은 항상 큰 의미가 있다는 인식을 가지고 있었다. 그리고 이 느낌은 중앙은행장이 된 후 더 뚜렷해졌다. 이것은 진심으로 굉장한 느낌이다.

캐나다 중앙은행장의 역할에서 가장 좋은 것 중 하나는 다른 중앙은행장들과 협력할 수 있다는 부분이다. 스위스 바젤의 국제결제은행(Bank for International Settlementes(BIS))에서 두 달에 한 번씩 중앙은행 총재들의 회의가 열린다. 이 정기적인 회의 일정 외에 보통 1년에 두세 차례의 G20(주요 20개국) 재무장관 및 중앙은행장 회의와 두어 차례의 G7(주요 7개국) 회의, 매년 두 차례 국제통화기금(IMF)에서 주관하는 회의, 와이오밍주의 잭슨홀에서 개최되는 캔자스시티 연방준비은행이 주관하는 연례 여름 콘퍼런스가 있다. 대부분의 경우, 국제결제은행 경제 자문 위원회를 구성하는 중앙은행 총재들의 작은 그룹(미국, 유럽 중앙은행, 일본, 독일, 프랑스, 영국, 이탈리아, 캐나다, 스웨덴, 벨기에, 중국, 브라질, 인도, 멕시코)이 국제결제은행 사무총장, IMF 총재, 경제협력개발기구 사무총장과 함께 참석한다.

내가 느끼기에는 국제결제은행에서의 회의가 가상 생산석이었나. G20 회의는 비록 유용한 정보는 많이 얻을 수 있었지만 가장 생산성이 떨어졌다. 당연히 생산성의 정도는 회의의 규모에 달려 있는 경우가 많다. G20

회의는 60명 이상의 참석자들이 배석자와 함께 참석한다. 참석자들은 실시간으로 상호작용하기 보다는 미리 준비된 대본대로 회의를 진행하는 경우가 많다. 그럼에도 시간이 흐르면서 회의 막간에 복도에서 친밀한 친분이 쌓이기도 한다. 반면 G7 회의는 훨씬 더 진짜 대화같이 진행된다. 그러나 BIS 회의는 둘 다 대회의장에서 진행되며(약 80명의 중앙은행 총재들이 참석한다) 일요일 저녁에는 친밀한 분위기에서 소그룹으로 저녁 만찬 모임을 하기(15명의 경제자문위원회 회원들) 때문에 진정한 국제 정책 조정을 위한 자리라 볼 수 있다. 회의 규정은 항상 '바젤에서 일어나는 일은 바젤에 남겨둔다'이다.

중앙은행 총재로 취임하고 몇 주 지나지 않아 참석한 나의 첫 번째 BIS 회의가 떠오른다. BIS 타워의 꼭대기 층에 도착했을 때 내가 가장 처음으로 마주친 사람은 미 연방준비제도이사회 의장인 벤 버냉키(Ben Bernanke)였다. 나는 "의장님, 저는 캐나다 중앙은행의 스티브 폴로즈입니다"라고 소개하며 손을 내밀었다.

버냉키 의장은 나와 정중히 악수를 한 후 나즈막히 말했다. "스티브, 당신이 누군지는 알고 있어요... 여기에서는 모두가 저를 벤이라고 부르지요."

그렇게 간단히 인사를 주고받으며 우리는 대화의 분위기를 설정했다. 그리고 중앙은행 신참 총재로서의 기분이 어떤지에 대해 잠깐 동안 이야기를 나눴다. 그때 영국 중앙은행 총재이자 경제자문위원장이며 이 저녁 만찬을 주최한 머빈 킹(Mervyn King)이 우리에게로 다가왔다. "스티브! 다시 만나서 반갑네요. 취임을 축하드리며 BIS에 오신 것을 환영합니다. 이 저녁 만찬이 제게는 마지막이고 당신에게는 처음이니 저와 벤과 동석하

제2의 불확실성의 시대

시지요." 진심으로 나는 이것이 꿈이 아닌지 내 볼을 꼬집어보고 싶었다.

수년 동안 나는 다른 중앙은행 총재들과 친밀한 관계를 발전시켰다. 나는 벤 버냉키와 벤의 후임 의장이 된 재닛 옐런(Janet Yellen), 제롬 파월과 함께 일하는 즐거움을 누렸다. 그리고 그 세 사람과 캐나다와의 각별한 관계는 충분히 명백했다. 모든 회의에는 크리스틴 라가르드(Christine Lagarde)와의 비공식적인 회의가 포함되었는데, 처음에는 IMF의 총재로서, 그 다음에는 유럽 중앙은행의 총재로 참석했다. 크리스틴은 세심한 성격으로 항상 내게 아내 밸러리의 안부를 물어본다. 두 사람은 브리티시컬럼비아주의 휘슬러에서 열린 G7 회의 때 알게 되었다. 이 회의들을 통해 나도 나의 전임자였던 마크 카니와 친밀한 관계를 유지해 나갈 수 있었다. 그는 '신참 총재'를 두 번이나 해보았고 캐나다가 발전하는 모습을 아주 가까이에서 지켜보고 싶어 했다. 한번은 스웨덴 중앙은행 총재인 스테판 잉베스(Stefan Ingves)가 스톡홀름에서 열리는 노벨상 시상식에 나와 밸러리를 초대했다. 이 경험은 정말 인상 깊었다. 나는 언젠가 '다운튼 애비'에 식사 초대를 받게 될 날을 대비해 아직도 나비 넥타이와 연미복을 준비해 두고 있다.

BIS의 만찬 테이블은 둥글다. 구성원 모두가 동등한 위치에 있음을 상징하고 있다. BIS의 만찬 자리는 중앙은행 총재로서 나에게 가장 유익한 소통 채널이었다. 머릿속에 있는 아이디어를 끄집어내고 좋은 소식과 나쁜 소식을 공유하고 가끔 웃기도 하며 관계를 형성할 수 있는 자리였다. 좌석 배치는 매번 바뀌었다. 한 번은 독일 중앙은행 총재 옌스 바이트만(Jens Weidmann)과 네덜란드 중앙은행 총재인 클라스 노트(Klaas Knott) 사이에 앉았고, 또 한 번은 유럽 중앙은행 총재 마리오 드라기(Mario Draghi)와 멕시코 중앙은행 총재 알레한드로 디아즈 데 레온(Alejandro Diaz de Leon) 사이에 앉았다. 하지만 의장이 주의를 집중시키고 특정 주제에 대해 토론을 이끌어갈 때까지 대화는 자유롭게 오갔다. 그 다음날 우리는 더 대규모의 세계 경제 회의에 참석할 것이었고 그곳에는 더 많은 중앙은행 총재들이 참석할 것이었다. 그곳에서도 많은 친밀한 관계들이 피어났다.

나는 항상 중앙은행의 활동이 막후에서 대부분 이루어지는 것이라 믿었고 또 그렇게 되기를 희망했다. 물론 나는 활발한 소통과 중앙은행에 대한 투명한 대중적 신뢰도를 아주 중요하게 생각한다. 그러나 세계가 훌륭한 정책 결정 덕분에 안정을 찾아 오랫동안 평안을 유지한다면 사람들은 중앙은행의 존재에 대해 잊어버릴 수 있게 될 것이다. 나는 이런 상태가 성공한 것이라 생각한다.

나는 내 전임자가 세계 금융 위기의 어려움 속에서 벗어나기 위해 노력하며 그 과정에서 누구나 이름을 들으면 다 아는 사람이 되는 것을 지켜봤다. 2013년에 내가 중앙은행 총재가 되었을 때 나는 내 임기 동안 그런 일이 일어나지 않기를 바랐다. 거의 이름이 없이 총재직을 수행하고 퇴임해도 상관없었다. 나는 2014년에 내가 계획한 대로 흘러가고 있다고 생각했다. 바젤에서 개최되는 정례 회의에 참석하기 위해 나는 토론토에서 취리히까지 저녁 비행기를 타고 가고 있었다. 승무원이 내게 음료수를 가져다주며 이전에 동일한 노선의 비행기에서 나를 본 것을 기억해내고는 이렇게 물었다.

"무슨 일로 취리히에 이렇게 자주 가시나요?" 분명히 그녀는 내가 자주 비행기를 탄다는 것은 알아챘겠지만 캐나다 중앙은행 총재라는 사실은 모르고 있었다.

"바젤에서 정례 회의가 있어서요." 나는 애매하게 대답했다.

"금융계에서 일하시나봐요?"

"아, 네... 중앙은행에서 일해요." 또 다시 애매하게 대답했다.

"어머, 세상에! 그럼 마크 카니를 아시겠네요?"

"네, 사실은, 잘 알지요."

"와, 대단하시네요! 실제로 만나보면 TV에서보다 더 멋진 분이신가요? 그 분이 경제 위기에서 우리를 구하셨잖아요!"

"아 네, 그는 특별한 사람이죠. 내일 저녁에 함께 식사 하기로 되어 있답니다."

"아, 좋으시겠네요! 그는 너무 훌륭해요... 심지어 영국 중앙은행으로 스카우트되셨잖아요... 그럼 마크 카니의 후임으로 누가 오셨나요?"

나는 머뭇거리며 답했다. "제가 바로 그 후임인 것 같네요."

그 승무원은 나를 알아보지 못해 당황스러웠겠지만 경제 위기 상황도 아니었고 중앙은행이 뭔가를 잘못해서 욕을 먹고 있었던 때도 아니었으므로 못 알아보는 것이 당연한 거라고 그러니 걱정하지 말라고 그녀를 안심시켰다.

그러나 그 일이 있고 난 다음 해에 유가가 붕괴되고 경제가 중대한 어려움을 맞이하면서 캐나다 중앙은행은 다시 신문 헤드라인에 오르내리게 되었다. 중앙은행은 2015년 1월에 금리 인하를 단행했고 수 개월 뒤 다시 금리를 인하함으로써 충격을 완화했다. 이처럼 중앙은행은 발빠르고 강력하게 대응함으로써 경제 피해를 줄일 수 있었다. 그 다음 한두 해 동안은 투트랙 전략을 구사했으나 비교적 빨리 다시 이전의 상황으로 돌아왔다.

그 사건은 해결하기 어려운 일이었고 논란도 많았지만 코로나19가 등장하자 그에 비하면 그 사건은 아무것도 아니었다. 코로나19 위기가 닥쳤을 때 다른 중앙은행 총재들과의 돈독한 관계는 아주 훌륭한 이점으로 작용했다. 비록 BIS 회의들이 어쩔 수 없이 온라인 회의로 변경되었지만 말이다. 제롬 파월은 마크 카니가 그만둔 후 팬데믹 중간에 BIS 글로벌 경제 회의의 의장이 되었다. 2020년 6월에 있었던 나의 마지막 BIS 온라인 회의 때 제롬은 나에 대해 아주 칭찬을 많이 해주었다. 대부분은 사실이긴 했지만, 회의 참석자 모두에게 마이크를 열고 일제히 박수를 치도록 지휘했다. 너무도 감동적인 순간이었다. 친한 친구들 사이에서 이루어지는 더 전통적인 고별 의식과는 달랐지만 그와 마찬가지로 너무 좋았다. 그리고 그때 맺어진 돈독한 관계들 중 다수는 현재까지도 친분이 유지되고 있다.

세계 각국의 정책 담당자들은 코로나19에 대응해 그들의 역할을 수행했다. 그들의 공격적인 대응은 가히 주목할 만했다. 그중에서도 가장 중요한 사실은 2018~2020년 사이에 통화 정책 도구가 거의 맥을 못 추며 세계 경제가 침체되어 있는 상황에서 가장 어려운 문제를 해결하기 위해서는 재정 정책의 활용이 필요하다는 의견은 별다른 이견 없이 전 세계에 받아들여졌다는 것이다.

이번 장에서 다루는 문제는 포스트 코로나 경제에서 재정 및 통화 정책 결정의 미래에 관한 것이다. 이 문제를 다루기 위해서는 팬데믹으로 인해 크게 늘어난 정부 부채를 감안해야만 하고 정책 담당자들이 미래에 어떤 어려움에 대처해야 할지를 물어야 한다. 팬데믹의 여파로 일각에서는 정책 담당자들이 가까운 미래에 또 다른 팬데믹에 대처할 만한 충분한 능력이 있는지에 대해 합당한 궁금증을 드러내기도 했다. 그 질문을 다르게 표현해보면, 정부가 미래에 비슷한 사건을 겪게 된다는 것을 알고 있다면 2020~2021년 사이에 정책 도구를 그렇게 공격적으로 활용할 수 있었을까? 아니면 재정적 자원을 일부 남겨두려 했을까? 대부분의 관측자들은 팬데믹 기간 동안 정책 담당자들에게 빗발친 지나친 요구는 유별난 것이었고, 아마도 (감사하게도 드물게 일어나는) 전쟁 시기가 아닌 이상 반복될 리 없다고 생각하는 것 같다. 그러나 내 견해로는 다섯 가지 지각 변동 요인들이 합류하는 지점은 앞으로도 정기적으로 정책 담당자들을 한 계점까지 몰아세울 것이라는 생각이다.

정책 담당자들이 마주하게 될 도전은 두 가지 측면에서 생각해 볼 수 있겠다. 첫 번째는 구조적 측면이다. 지각 변동 요인들의 작용으로 정부 계획에 대한 기본적인 요구는 의료 서비스에서부터 노인 연금, 실업자와 장애인을 위한 지원책에 이르기까지 점점 더 높아질 것이다. 두 번째 측면은 높아지는 변동성 및 리스크와 관련된 것이다. 시민들은 당연히 정부가 보호해 줄 것이라 기대하며 지원책에 크게 의존하고 있을 때 지각 변동 요인들은 서로를 강화시킬 것이고 정치와 결합해 경제 및 금융 변동을 더 자주 발생시킬 것이다. 경제 상황을 이해하고 앞날을 예측하기가 훨씬 더 어려워지는 경제 환경에서 개인과 기업이 내리는 매일의 결정도 훨씬 더 위험해질 것이다. 개인과 기업은 이렇게 높아지는 위험을 관리하기 위해 공히 정부와 중앙은행에 기내려 할 것이다. 필요한 경우에만 사용하고 더 많은 정책 역량은 비축해둘 필요가 있을 것이고 그 후에도 예비 역량은 만일의 사태를 위해 준비해 두어야 할 것이다. 이 모든 것들은 팬데믹으로 인해 거꾸로 뒤집힌 재정 정책에서 시작된 것이다.

문제는 정부와 중앙은행이 지각 변동 요인에서 기인하는 구조적 압박과 그들이 발생시키는 변동성 둘 다에 대응할 능력을 가지고 있는가의 여부다. 단적으로 답변하자면, 그 구조적 압박은 기존의 정책 도구로 다루기에는 역부족일 가능성이 높다.

지각 변동 요인은 재정 부담을 가중시킨다

다섯 가지 지각 변동 요인들은 정부의 늘어나는 재정 부담을 의미한다. 예상되는 경제 및 금융 리스크 증가와는 거의 별개로 말이다. 국가 안보와 치안, 그리고 해양 경비를 위한 군대와 같은 공공재화를 제공하는 것은 정부의 가장 핵심적인 역할이다. 이는 개인 시장에서는 스스로 조달할 수 없는 것이다. 이것이 바로 사회 기반 시설에 대한 투자를 정부에서 하는 이유다. 정부의 또 다른 전형적인 역할은 국민소득을 가장 필요로 하는 이들에게 재분배하는 일뿐만 아니라 교육과 의료 서비스, 노인 돌봄 서비스를 제공함으로써 사회의 안전과 행복을 보호하는 일이다.

노령 인구가 증가하고 수명이 꾸준히 늘어나면서 대부분의 국가에서는 의료 시스템과 관련해 아주 큰 재정적 압박을 느끼게 될 것이다. 그에 대한 사례로 캐나다의 의료 시스템을 통해 기본 사항을 살펴보겠다. 캐나다 보건정보연구소(Canadian Institute for Health Information)에 따르면 지난 40년 동안 국민 건강 증진을 위한 지출이 꾸준히 증가한 것으로 나타났다. 1970년대에 국민소득의 약 7%에서 현재에는 약 12%로 증가한 것이다. 고령자들이 이 지출에서 많은 부분을 흡수하는 것은 당연하다. 고령자가 인구의 20% 미만을 차지한다고 했을 때 약 44%를 사용한다. 이렇게 의료 비용은 베이비붐 세대가 나이가 들어 더 많은 의료 서비스를 필요로 함에 따라 향후 20~30년 동안 계속해서 증가할 것이다. 시간이 지나면서 인구 집단들 간의 지출 할당이 크게 다르지 않다 할지라도 인구에서 노인이 차지하는 비중이 점점 높아지면서 앞으로 의료 시스템이 한계에 도달하게 될 것이다.

이와 관련된 문제로 정부의 연금 제도가 있다. 노동자들을 위한 연금 제도이든 일반 대중을 위한 연금 제도이든 이 또한 향후 약 30년 내로 한계에 도달할 것이다. 연금 가입자의 숫자가 증가한 것에 더해 낮은 실질 금리로 인해 연금을 지급하는 데 필요한 안전한 수익을 발생시키기가 더 어려워지고 있다. 미래에까지 영향을 미치게 될 정부 연금 수당의 현재 가치는 금리가 높을 때 훨씬 더 높아진다.

이 모든 일은 인구 노령화가 서서히 경제 성장을 둔화시키면서 일어나게 될 것이다. 세율이 결정되고 나면(그 세율이 기업에 적용되든 개인 소득에 적용되든) 정부 세입은 현재의 달러 가치로 측정했을 때 경제 성장과 거의 비슷한 성장률을 보일 것이다. 정부 세입은 인플레이션에 의해 더 늘어난다. 예를 들면, 물가상승률이 2%이고 실질 경제 성장률이 1%라면 정부 세입은 연간 약 3% 성장할 것이다. 물가가 상승하지 않는다면 정부 서비스에 대한 요구는 늘어나는 데 반해 정부 세입은 인구 노령화로 인해 둔화될 것이다.

한편 4차 산업혁명은 가속화되어 노동자의 일자리 재배치를 야기할 것이다. 미래의 혜택이 궁극적으로 모두의 일자리를 창출하는 것이라 할지라도 하단이 점점 무거워지는 K자형 경제는 지속적인 실업과 빈번한 정부 소득 지원 프로그램에의 의존을 의미할 것이다. 소득 불평등은 계속해서 증가할 것이다.(이미 전 세계 여러 곳에서 증가한 상태다.) 더 평등한 소득 분배에 대한 요구는 팬데믹 기간 중 거세어졌고 코앞에 와 있는 기술 변화라는 중요한 변화의 물결이 그 시급성을 더해줄 것이다.

대부분의 정부들은 마치 국민의 기대에 부응하려면 한참 멀었다는 듯이 팬데믹 기간 동안 그들의 재정 여력의 많은 부분을 사용해버렸다. 세계의 정부 부채는 2020~2021년 사이에 세계 소득의 20% 이상으로 상승했다. 일부 국가들의 경우, 재정적 혹은 제도적 여력이 거의 남아 있지 않은 상태다. 다행스럽게도 가장 재정상의 제약이 많은 국가들이 비교적 젊은 인구가 많은 국가들이기도 하다. 그들은 선진 경제국들보다 지각 변동 요인들로 인해 재정적으로 어려움을 겪는 일이 더 적을 것이다.

따라서 정부들은 향후 재정 지원에 대한 구조적 요구가 크게 증가하는 것을 경험하게 될 것이다. 동시에 세계 경제 성장이 조금 늦춰지는 추세를 감안했을 때 정부 세입은 현재의 세율로 아주 완만하게 증가할 것이다. 이러한 구조적 요구에 부응하기 위해 국가 채무를 늘리는 것은 현재의 부담을 미래 세대들에게 지우는 것이고 많은 이들은 그것을 받아들을 수 없는 일이라 생각한다. 미래에 예상되는 어려움까지 수용할 수 있는 신뢰성 있는 재정 계획을 세우는 일은 아주 중요하다. 그렇지 않으면 채권 투자자들이 정부 부채에 대해 더 높은 실질 금리를 요구할 것이고 정부는 다음 10~20년 동안 기존의 부채를 상환하는 것이 훨씬 더 어려워질 것이기 때문이다.

어떻게 해서든 정부는 높아지는 구조적 요구를 관리하고 신뢰할 수

있는 장기적인 재정 계획을 유지하기 위해 더 많은 세입이 필요해질 것
이다. 정부가 사용할 수 있는 채널로는 기본적으로 다음의 두 개의 채널
이 존재한다.

새로운 세금 vs. 경제 성장

세계적으로 정부 세입 부족 문제를 해결하기 위한 방법은 두 가지 선택
지로 좁혀진다. 직접적으로 세금을 올리는 방법, 혹은 정책을 활용해 경
제를 부양함으로써 현재의 세율로 간접적으로 더 많은 정부 세수를 발생
시키는 방법이다.

　세금을 더 많이 내고 싶어 하는 사람이 없다는 것은 두말할 필요가
없는 사실이다. 하지만 여기엔 개인적인 선호보다도 더 큰 문제가 숨어 있
다. 많은 이들에게 세금은 경제 성장을 방해하는 요소이다. 기업에게 더
높은 세금을 부과하면 혁신을 추구하거나 새로운 성장에 투자할 동기는
줄어들며 창업에 대해 느끼는 매력도 줄어든다. 개인에게 더 높은 소득세
를 부과하면 일을 열심히 하려는 사기가 줄어든다. 어느 쪽이든 경제 성
장의 부진은 정부 세수의 증가가 둔화되는 것을 의미한다. 더 높은 세금
은 실제로 정부 세수를 낮추게 될 수 있다. 상황은 보기보다 훨씬 더 복잡
함에도 불구하고 이 주장은 훌륭하다.

　과거에는 세금을 인상하기가 어려웠다면 현재의 정치적 분위기는 세
금 인상이 거의 불가능하다. 오늘날의 중요한 재정 계획은 반대 의견을 가
진 자들과의 토론이 언론과 소셜미디어로 증폭되어 불협화음을 발생시

킨다. 이런 상황에서 정치적 합의는 요원해지고 만다. 분열된 정치 상황은 미래의 재정 계획을 마련하기 위해서는 더 세심하고 균형 잡힌 접근이 필요할 것임을 시사한다. 세금 이동 방지와 최소 법인세율에 관한 국제적인 합의의 등장은 이런 차원에서 새로운 가능성을 보여준다. 그러나 제안된 세계 세금 조정안이 전면적으로 시행된다 하더라도 정부 세수의 큰 증가를 가져오지는 못할 것이다.

미래의 재정 계획은 더 빠른 경제 성장을 촉진하는 데 더 주력해야 할 것이다. 그렇게 함으로써 세금 부담을 크게 늘리지 않고도 정부 세입을 늘리는 것이다. 역설적이게도 이것이 재정 정책을 다룰 때 항상 가장 바람직한 접근법이었다. 아마도 과거에는 항상 기준 경제 성장률이 존재해서 정부가 특정한 이해관계를 만족시킬 목적으로 복합세를 활용할 수 있었을 것이다. 그리고 그에 수반되는 경제 손실은 그렇게 크게 눈에 띄지 않았다. 그러나 베이비붐 세대가 노동 인구에서 이탈하게 되면서 경제 성장이 둔화되자 정치가 양극화되는 상황에도 불구하고 소수점 이하의 경제 성장률까지도 신경 쓰는 듯하다.

대다수의 관측자들은 경제 성장을 결정짓거나 저해하는 전반적인 조세제도 구조의 중요성을 과소평가하고 있다. 조세제도는 복잡하다. 어떤 세금이 이것을 촉진하면, 다른 세금은 저것을 촉진한다. 그래서 개개인의 제안과 그것이 초래할 수 있는 예기치 못한 다양한 결과에 대한 활발한 논쟁이 벌어질 수 있다. 하지만 조세제도의 다양한 부분들이 상호작용한다는 사실(그리고 세금보다 더 간단한 도구가 세수를 동일한 정도로 끌어올려주어 우리에게 더 많은 경제 성장을 가져다 줄 수 있는지의 여부)이 고려되는 경우는 거의 없다.

예컨대, 소득세 징수는 일할 의욕을 저하시켜 경제 성장에 역효과를 가져오는 것으로 알려져 있다. 오늘날 대다수의 국가들이 높은 소득세를 부과하듯이 높은 소득세를 부과하지 않는다면 참여 노동 인구도 더 높아지고 경제 성장률도 더 높아질 것이다. 개인 소득에 대해 세금을 부과하는 것뿐만 아니라 기업에는 다양한 지불 급여세가 부과되고 있어 새로운 기업과 일자리의 창출을 저해하고 있다.

효율성과 성장 관점에서 바람직한 형태의 세금은 소득이 아닌 판매세의 형태로 소비자 지출에 세금을 부과하는 것이다. 소득이 아닌 지출에 과세함으로써 사람들이 더 열심히 일하고 더 많이 저축하도록 만들 수 있다. 이는 미래 경제 성장에 기업이 더 많이 투자할 수 있게 만든다. 지출에 대한 과세는 퇴직자들에게도 동일하게 적용될 수 있어 노령화 사회에서 더 지속가능한 형태의 과세 방식으로 추가적인 혜택을 안겨준다. 이러한 매력적인 특징에도 불구하고 많은 이들은 소비세가 '퇴행적'이라고 주장한다. 고소득자들은 소득의 일부만을 소비하는 데 비해 저소득자들은 전체 소득을 소비하기 때문에 세후 소득 분배의 불평등을 악화시킨다는 것이다. 소득세는 소위 '진보적'이라서 일반적으로 이런 문제가 없다. 소득이 증가하는 만큼 세율도 상승히기 때문이다. 그러나 이 문제를 조정하기 위해 소득 수준이 가장 낮은 범위에 속하는 이들에게 소비세를 환급해주는 정책을 시행하는 것은 쉬운 일이다. 그렇게 함으로써 소비세에 대한 반대 의견을 잠재울 수 있다. 캐나다에도 소비세 환급 제도가 있다. 그렇다 해도 소비세는 정치적으로 실행하기 어려운 정책으로 비춰진다. 소비자들이 그들이 뭔가를 살 때마다 세금을 보고 그 세금을 누가 부과하는지 너무 자주 떠올리기 때문이다.

경제적 계산은 정치보다 훨씬 더 간단하다. 경제학적으로 보자면 소득세와 지불 급여세를 없애고 대신 소비자 지출에 과세함으로써 동일한 정도의 세수를 발생시키고 전반적으로 더 많은 경제 성장과 더 많은 소득을 실현할 수 있다는 계산이 나온다. 사고 실험을 한번 생각해 보라. 정부가 다른 모든 세금들을 대체하고 정부의 세수를 그대로 유지하기 위한 대안으로 판매세율을 계산해서 현재의 복잡한 조세 구조를 단순화하려고 한다고 가정해 보자. 가능한 선택지 중 가장 쉬운 방법은 소득세와 다양한 법인세를 모두 없애는 것일 것이다. 어쩌면 여기서 고소득자들의 소득세는 제외될 수도 있다. 그리고 정부 세수를 그대로 유지하기 위해 판매세를 부과하는 것이다. 모든 이들을 이전과 마찬가지로 잘살게 하면서 이 두 가지 변화가 동시에 이루어진다면 그것이 정치적으로 불가능한 일일까? 대부분의 사람들은 별로 문제제기를 하지 않고 일상을 계속해나갈 것이다. 그들의 주머니 속의 돈에는 변화가 없을 것이기 때문이다. 하지만 거시경제적 관점에서 보자면 그 결과 더 빠른 성장률과 더 높은 재정 수입을 가져다주는 훨씬 더 효율적인 경제가 될 것이다. 이것이 뉴질랜드가 1980년대 중반에 전국적으로 판매세를 처음으로 도입했을 때의 상황이었다. 오늘날에도 여전히 효율성이라는 혜택을 안겨주고 있는 세제 개혁이었다.

근로에서 지출로 부담을 이동시키는 세제 개혁을 시행하는 것은 포스트 코로나 시대에 정치적으로 매력적일 수 있다. 코로나19가 미친 재정적 피해를 복구하기 위해 전반적으로 기업과 개인의 세금 부담을 크게 늘릴 필요가 있다는 확산된 기대감이 존재하는 것이 현실이다. 그렇다면 두 번째 사고 실험을 해보자. 모두가 팬데믹 기간 동안 발생한 부채를 갚기 위해 더 높은 세금을 지불해야 하는 상황을 두려워하고 있다고 가정

제2의 불확실성의 시대

해 보자. 그럴 때 정부가 세금을 인상하지 않고 경제 성장에 도움이 되며 정부 세수도 자연스럽게 상승하는 방향으로 현재의 세금 정책을 개혁한다고 발표한다면 어떨까. 대중을 안심시킴으로써 얻게 되는 정치적 점수는 헤아리기 어려울 정도로 클 것이다. 그러나 그러한 계획을 정치적으로 구미에 맞게 활용하기 위해서는 균형 잡힌 양자택일의 정책으로 만들 필요가 있다. 모든 사안들은 서로 상호작용하기에 개별적인 변화들에 대해 논쟁을 벌이고 타협하는 것은 혜택을 축소시키고 정치적 패배로 이끌 가능성이 있다.

경제는 부양하면서 세율은 그대로 유지하는 세제 개혁은 아주 부채가 많은 정부에게 상당한 재정적 유연성을 부여할 것이다. 더 높은 경제 성장은 국민소득 대비 정부 부채 비율의 하락을 의미할 것이며, 정부의 수용력이 다음 위기에 대비해 재건되고 있음을 보여주어 시장과 일반 대중을 안심시키는 길이다. 원한다면 정부 세수의 새로운 증가분의 일부 또는 전부를 채무의 변제에 할당함으로써 총부채상환비율의 하락은 가속화될 수 있다.

그러나 팬데믹 기간 동안 발생한 정부 부채를 상환할 필요가 있는지에 대해서는 의문을 제기해볼 필요가 있다. 정부가 부채를 모두 상환하는 경우는 드물기 때문이다. 그 대신 그들은 지출을 관리하고 균형 잡힌 예산을 마련하여 경제 성장과 인플레이션이 시간이 흐를수록 부채 부담의 규모를 줄여나가도록 만든다. 수 세기 동안 정부 대출은 부채를 완전히 청산할 수 있는 능력이 아니라 오로지 부채 원리금을 갚아나갈 능력이 있는지만을 감안했었다. 사회적 관점에서 봤을 때 정부 부채는 우리가 기업의 자산을 바라보는 것과 비슷한 관점에서 바라보아야 한다. 정부가 돈을 빌릴 수 있는 능력은 선거권을 가진 전체 국민에게 달려 있다. 즉, 세금을 징수해서 아주 오랜 시간에 걸쳐 빚을 조금씩 갚아나갈 수 있는지가 중요한 것이다. 과거에 채무 계약을 지키고 부채를 향후 어떻게 상환할 것인지에 관해 명확한 지침을 제시한 전례가 있다면 일반적으로 대출자를 안심시키기에 충분하다. 이는 17세기 후반 영국에서 기원한 매우 오래된 사고방식이다.

지속가능한 재정 계획이란 국민소득 대비 부채가 안정적이거나 낮은 경우를 말한다. 경기 침체로 인해 부채가 상승하고 있다면 그 사건이 끝나고 난 뒤 지속가능성을 회복시키기 위한 계획이 필요하다. 정치가 분열되고 경제 성장이 더딘 시기에 재정적인 지속가능성은 과거보다 경제 성장 추세에 더 많이 의존하게 될 것이다. 따라서 경제 성장 추세를 북돋울 수 있는 기회를 간과해서는 안 된다.

포스트 코로나 경제에서 새로운 경제 성장의 가장 중요한 원천은 두 번째 지각 변동 요인인 기술 발전일 것이다. (증기기관, 전기, 컴퓨터 칩과 같은) 다용도 기술이 이끈 과거의 산업혁명에 비추어봤을 때, 세계 경제의 디지털화, 그와 관련된 인공지능 활용의 확산, 생명 공학적 진보는 세계 1인당 소득 수준을 크게 상승시킬 수 있다. 하지만 이는 경제 성장 추세를 영구적으로 상승시키는 것과는 다르다. 이를테면 국민소득이 10년 동안 10% 상승한다면 매년 약 1%씩 경제 성장률이 상승하는 것이다. 성장 추세는 기술이 널리 확산되고 나면 또 다시 완화될 것이다. 앞서 언급한 것처럼 이는 대략 1995~2005년 사이에 일어난 일들이며, 장담컨대 컴퓨터 칩의 혜택은 아직도 누적되고 있다. 이것이 4차 산업혁명이 향후 10년 동안 몰고 올 최소한의 변화로 보인다. 정부들은 세금을 올리지 않고도 자연스

제2의 불확실성의 시대

럽게 이 성장의 상당한 지분을 얻게 될 것이다.

기술 발전 또한 일반적으로 소득의 불평등한 분배를 심화시킨(팬데믹으로 이 상황은 더욱 심각해졌다) 주범으로 지목되었었기 때문에 정부는 채무 과잉 문제를 처리하면서 소득 분배 문제도 해결해야 할 것이다. 그러지 않는다면 그들은 사회에서 소외당했다고 생각하는 이들의 표심을 잃게 될 것이다.

최적의 소득 분배는 달성하기 어려운 개념이다. 특히 인식이 아주 중요한 역할을 하는 경우에는 더욱 그렇다. 가장 기본적인 수준에서 보자면, 부자들에게 더 많은 소득이 돌아갈수록 경제 성장이 더뎌진다는 것이 일반적인 인식이다. 저소득 가정은 추가 소득을 모두 지출할 수도 있지만 부자들은 추가 소득에서 지출하는 부분이 적다. 더 세심한 분석은 경제 성장이 혁신과 기업가 정신, 위험 감수에서 기인한다는 사실을 인정할 것이다. 모두 기술의 성공이 가져다주는 금전적 보상에서 동기를 부여받은 것들이다. 이는 실제로 부자들 쪽으로 치우쳐 있는 소득 분배가 경제 성장을 떠받치고 있음을 시사하고 있다. 사업 행위에서 얻은 소득에 대해 더 많은 세금을 부과하면 그것은 곧 그 행위의 사기를 꺾는 것이다. 기업들에게 그 아이디어와 자본, 열정을 세금이 더 낮은 환경으로 가지고 가도록 부추기는 셈이 되는 것이다. 국가에 따라 과세 체계가 다르다는 사실을 이용해 전반적인 세금 부담을 줄이는 것은 부자들과 다국적 기업들에게는 흔히 있는 일이다. 정책 담당자들이 평등한 과세의 장을 마련하기 위해 국제적 합의에 도달하려는 노력을 수년 동안 해왔다는 사실은 혁신과 경제 성장과 세금 사이의 보이지 않는 갈등이 실재함을 분명히 보여주고 있다. 세금 공제 후의 소득 분배 상황을 바꾸기 위한 국내의 세금 체계

변화를 지지하는 이들은 양측의 주장을 모두 인정해야 한다. 더 평등한 소득 분배는 경제 성장을 신장시킬 수도 있고 저해할 수도 있는 것이다.

소득 분배에 대해 불만을 표하는 이들이 정치를 양극화하는 데 동참하기 위해 이 논쟁에서 굳이 입장을 선택할 필요는 없다. 4장에서 언급했듯이 이 불만의 목소리에는 진짜 근본적인 원인이 있다. 그러나 그들 국가의 지니 계수에 대해 알고 있거나 이해하고 있는 개인은 거의 없다. 그저 당신은 돈을 잃고 있는데 부자들은 점점 더 부자가 되어가고 있다는 인식만으로도 불만이나 심지어 분노를 느끼기에는 충분하다. 일부 과세 체계는 이 문제를 명확히 하기보다는 오히려 혼란스럽게 만들도록 설계되어 있는 것 같다. 예컨대, 캐나다에서는 저소득자들의 경우 임금에서 소득세를 공제하지만 정기적으로 가족 보조금과 판매세 환급, 그리고 탄소세 환급을 받고 있다. 또한 사회 지원 프로그램이 지나치게 많이 존재한다. 모두 저소득 가정으로 돈이 흘러가도록 만드는 프로그램들이다. 그 결과 아주 진보적인 순 소득 과세 체계가 자리를 잡았지만 가장 소득이 낮은 층에 속하는 이들은 여전히 소득세를 지불하고 있다. 그리고 그 부분이 바로 부자들이 소득세를 적게 내거나 안 낸다는 말을 들었을 때 그들이 가장 먼저 떠올리는 사항이다.

소득 분배에 대한 드러나지 않는 불만의 기류로 인해 정책 결정에서 합의를 도출하는 것은 점점 어려운 일이 된다. 소득 분배에 있어 무엇이 최적인지에 관한 끊임없는 논쟁은 접어두고 그저 더 평등한 방향으로, 다른 정책들을 발전시키는 데 필요한 동의를 이끌어내기에 충분한 정도로 분배 한도를 조정하는 것이 합리적일 것이다. 선진국들 중에서도 소득 분배가 가장 불평등하고 정치적으로도 불안정한 미국의 상황이 떠오른다.

더 진보적인 방식으로 소득을 재분배하기 위해 조세 제도를 급진적으로 바꿔야 하는 것은 아니다. (이를테면 부유세를 부과해야 하는 것은 아니다.) 하지만 최상위 소득자들에게는 '소득'을 더 엄격한 잣대로 정의해 적용하는 한편 소득세율을 더 높이는 것으로 더 진보적인 재분배를 실현할 수 있다.

이것이 정치적으로 그럴듯하게 들린다면 그 다음 질문은 세금이 정부 세수로 흘러들어간 후 국가가 그 돈을 어떻게 재분배할 수 있을 것인가 하는 문제일 것이다. 정부는 일반적으로 다양한 채널을 가지고 있다. 성실한 관료들이 재원이 충분하지 못한 상황에서 다양한 계획들을 실행한다. 역설적이게도 지금까지 제시된 안 중 가장 과감한 재분배 계획은 가장 오래된 개념 중 하나이기도 하다. 그것은 바로 보편적 기본 소득(universal basic income (UBI)) 개념이다.

이 개념은 수십 년 동안 격렬한 논쟁의 대상이 되어왔고 심지어 작은 관할권 내에서 실험된 적도 있었다. 가장 핵심적인 문제는 만약 당신이 누군가에게 기본적인 삶의 요구를 만족시켜주는 소득을 준다면 그것은 그들의 일에 대한 의욕을 꺾는 일이라는 점이다. 이는 사실이다. 다른 모든 조건이 동일하다면 말이다. 하지만 모든 조건이 동일한 경우는 좀처럼 없다. 보편적 기본 소득의 조항에 반대하는 사람들은 아무런 행동에도 나서지 않는다. 대신 정부는 사회적 약자를 보호하기 위해 종종 지원 비용보다도 관리하는 데 더 비용이 많이 드는 임시방편적 정책을 만들기도 한다. 그렇게 관료주의적인 복잡한 계획을 간단한 계획으로 대체하는 것은 더 높은 경제 성장에 투자하기 위해 재정 자원을 해방시키는 일이다. 보편적 기본 소득 개념은 아주 간단하다. 모든 개인이 조세국에 계정을 보유하고 있고 매달 기본 소득이 개인의 계좌에 입금된다는 것이다. 기본 소득보다 많은 소득을 버는 사람들은 세밀하게 조정된 진보적 세율을 따르며 보편적 기본 소득의 손실을 만회해준다. 그리고 고소득층으로 올라갈수록 그들에게서 그 정책을 꾸려나갈 수 있는 충분한 세수를 얻게 된다. 팬데믹 기간 중 많은 국가에서 본 것처럼 그러한 체계는 컴퓨터 키보드를 몇 번 누르기만 하면 만들 수 있는 것이었다. 행정적인 비용은 무시해도 될 정도의 비용이며, 비용이 많이 들고 복잡한 결재 체계와 행정적 지연으로 어려움을 겪곤 하는 다른 사회 안전망 프로그램들과는 극명한 대조를 보였다. 많은 정부 지출은 그러한 간소화를 통해 절약될 수 있고 그 절약된 금액은 장기 경제 성장에 투자될 수 있다.

보편적 기본 소득에 대한 논쟁은 항상 노동자들의 노동 의욕을 꺾는 결과에 대한 이야기로 흐른다. 만약 간신히 생계를 유지하는 이들이 정부로부터 공짜 소득을 받을 수 있게 되면 그들은 노동 인구에서 이탈할 것이다. 이는 분명한 부분이지만 그 정책이 보편적 기본 소득 외에도 더 많은 소득을 벌도록 동기를 유발할 수 있다면 문제가 없을 것이다. 만약 일부 사람들이 노동 인구에서 이탈한다 해도 그것이 보편적 기본 소득의 다른 긍정적인 점들을 모두 부정할 수 있는 근거가 되는 것은 아니다. 현재 그 사람들은 조직적이지 못한 여러 지원책으로 훨씬 더 비효율적인 프로그램에 의존하고 있으며, 그것들 역시 비용이 드는 프로그램이다.

경제 성장에서 가장 중요한 요소가 사람이라는 사실에는 변함이 없다. 따라서 보편적 기본 소득뿐만이 아니라 노동력 참여에 영향을 미치는 정부 정책의 과잉은 재고해볼 필요가 있다. 예컨대, 더 많은 이민을 허용하는 것은 정부가 경제를 부양하기 위해 할 수 있는 가장 중요한 일 중 하나다. 정부의 부채 부담을 더 많은 사람들과 소득이 나누어 질 수 있기 때문이다. 그러나 더 중요한 점은 이민자들이 자국의 노동 인구보다 기업 활동에 참여하는 비율도 더 높고 경제 성장에 더 많이 기여하는 경우가 빈번하다. 따라서 이민과 관련된 갈등은 정치적인 문제로 다루는 것이 더 적합하다. 기술 변화로 말미암아 일자리에서 쫓겨난 자국의 노동자들에게는 이민자들이 그들이 원하는 일자리를 채가고 소득 불평등과 불만을 가중시키는 원흉으로 보일 것이다.

국내 노동 인구 참여율을 높이는 일은 모든 정부에게 가장 우선순위여야 한다. 아직 충분히 활용하지 못하고 있는 가장 큰 노동력의 원천은 여성이다. 그리고 많은 이들은 세계의 사회 기반 시설의 차이, 즉 육아 시설의 부족에 그 원인이 있다고 본다. 물론 이는 캐나다의 경우에 해당한다. 캐나다에서의 육아 및 가사 노동 서비스의 물가 지수는 지난 20년 동안 약 80% 상승했다. 반면 전반적인 소비자 물가 지수는 그 절반 정도 상승했다. 그 결과 여성들의 노동 인구 참여는 일반적으로 가능한 것보다 더 낮게 나타난다.

주간 어린이집 건설에 투자했을 때의 영향력을 확인하고 싶다면 20년 전에 퀘벡에서 만든 제도를 살펴보면 된다. 이 제도는 여성의 노동 인구 참여율을 크게 증가시켰다. 어린이집 시설에 투자한 이 한 가지 요소가 지난 10년 동안 그 지역의 경제 및 재정을 발전시킨 촉진제가 되었다고 해도 과언이 아니다. 20년 전 퀘벡에서 한창 일할 나이대의 여성들의 노동 인구 참여율은 약 74%였다. 남성의 노동 인구 참여율에 비해 훨씬 낮은 수치다. 주 정부는 여성들을 노동 인구에서 배제시키는 장벽이 무엇인지 알아냈고 그 장벽을 낮추기로 결정했다. 육아 비용을 낮추고 육아 휴가 조항을 확대 시행하는 것이 그 중심이 되었다. 그 결과 여성 노동 인구 참여율은 80%를 훨씬 웃도는 수준으로 상승했다.

비슷한 정책이 캐나다 전역으로 확대된다면 전체 여성의 노동 인구 참여율은 남성 노동 인구 참여율에 근사한 수준으로 상승할 것이다. 총 국민소득 또한 크게 상승해서 2%는 수월하게 상승할 것이고 그보다 훨씬 더 많이 상승할 가능성도 있다. 이 잠재적 이득과 그와 관련해 새로이 발생하는 세수는 정부가 육아에 추가적으로 투자하는 것이 경제적으로 합리적인가의 여부를 결정할 때 고려해야 할 필요가 있다. 적절하게 설계 만 된다면 이와 같은 계획은 높은 잠재 생산량이 발생시키는 추가 세수를 감안했을 때 기본적으로 본전을 뽑을 수 있다. 유감스럽게도 사회 기반 시설에 대한 정부 지출은 일반적으로 투자가 아니라 재정 지출로 간주된 다. 캐나다에는 훨씬 더 오래 살 것으로 예상되며 노동 참여 기간을 연장 하기를 원하는 노인의 숫자가 증가하고 있다. 또한 아이들과 노인들을 위 해 일할 더 많은 관리 인력이 필요해지고 있다. 우리는 이 조합을 우리에 게 유리한 방향으로 이용할 수 있다.

거시경제적 혜택이 더 많은 성장과 더 높은 과세 기준, 그리고 정부 세 수의 증가를 의미하므로 정부의 구조적인 정책은 이런 의미에서 자기금 융(사업 자금을 조달할 때 내부유보자금으로 충당하는 것: 역자 주)이 가능한 경 우가 아주 많다. 그러나 정부의 정책 변화에 관한 제안이 이런 방식으로 표현되는 것은 드문 일이다. 그러한 구조적 변화들은 종종 '정치적으로 불 가능한 것'으로 언급된다. 캐나다의 경우에는 유제품 및 달걀, 혹은 닭의 공급 관리 체계 개혁과 국가 간 혹은 주 간 무역 자유화가 여기에 해당하 는 사례다. 이 정치적 불가능은 기본적으로 변화의 결과로 선거에서 패배 할 것이라 인식하는 이들이 언론과 소셜미디어를 이용해 그들의 목소리를 높여서 정부의 심각한 정치적 실패를 만들어내기 때문에 생겨난다. 그러나 정부가 그 정책들이 경제를 성장시킬 것을 자신한다면 그 변화는 대다수의 캐나다인들에게 긍정적으로 작용하는 동시에 재정적 수익을 창출하게 될 것이다. 그러한 재정적 혜택을 추산하여 피해를 입게 될 가능성이 가장 높은 이들에게 혜택의 일부를(혹은 전부를) 미리 할당하는 것은 어렵지 않은 일이다. 그렇게 함으로써 불리한 입장에 놓일 이들에게 보상하고 정치적 차원의 거시적 논쟁에서는 승리하는 것이다.

경제 성장을 촉진하고자 하는 정책결정자들이 가장 좋아하는 분야는 사회 기반 시설에 대한 공공 투자를 늘리는 일이다. 이 제안에 반대하기는 어렵다. 최대의 경제 성장을 도모하기 위해 공공 투자에 우선순위를 두는 것은 쉬운 일이 아니다. 우선순위를 결정할 때 바람직한 지침은 이민자들의 흐름을 따라가라는 것이다. 이민자들이 몰리는 사회 기반 시설에 더 많이 투자하고 주요 도시에서의 새로운 사업 기회를 최대한 활용하는 것이 좋다. 정부는 이민자들을 일자리가 많지 않고 더 많은 사업 리스크를 감수해야 하는 교외로 이주하도록 설득하기보다는 사람들이 몰리는 곳의 기반 시설에 투자를 더 집중해야 한다. 어떻게 해서든 디지털 사회 기반 시설에 최대한 투자해 성공을 위해 집적체에 의존하지 않는 사업체들이 그들이 원하는 곳이라면 어디서든 자유롭게 사업을 할 수 있도록 해야 한다. 그러나 집적체가 성공에 중요한 요소로 작용한다면 정부는 그것에 저항하기보다는 그것을 지원해야 한다.

사회 기반 시설에 대한 많은 투자는 성장을 확대해서 정부는 좀처럼 홍보하지 않는 자체 자금 조달이 가능한 상태에 도달하게 된다. 교통 체증을 별로 겪지 않는 노동자들은 더 생산성이 높다. 훌륭한 도로, 항만,

공항, 파이프라인, 믿을 수 있는 전력, 통신에 접근이 가능한 기업들은 그렇지 못한 기업들보다 생산성이 높다. 정부가 그들의 사회 기반 시설 투자 계획을 제안하면서 경제적 이득을 내세우는 경우는 드물다. 그 결과 많은 논평가들은 단순히 정부의 지나친 '지출'만을 비판하는 것이다.

사례 연구로, 오늘날 우리가 캐나다라고 부르는 국가를 건설하기 위해 캐나다 태평양 철도를 건설해야 했다는 사실을 한번 생각해 보자. 1880년대 초반에 캐나다 태평양 철도를 건설하는 데에는 약 1억4천만 달러의 비용이 들었다. 이는 1885년에 캐나다 국민소득의 약 25%에 맞먹는 엄청난 투자 금액이었다. 2019년에는 약 40억 달러에 상응하는 비용이다. 하지만 캐나다 경제에서 차지하는 비중으로 따지면 오늘날 국민소득의 25%는 5천억 달러 이상에 해당할 것이다. 이 투자의 혜택을 말하자면, 1866년에 미국과 캐나다 사이의 무역 관계가 깨지면서 철도가 캐나다 탄생 전의 식민지들이 캐나다를 건설하는 합의에 도달하는 기반이 되었다는 것이다. 캐나다 연맹이 결성되지 않았더라면 자연스러운 남-북의 사업적 연계는 아마도 현재의 캐나다를 서서히 미국으로 통합시켰을 것이다. 캐나다 전역을 관통하는 사회 기반 시설 건설 프로젝트의 비용과 혜택을 평가하려면 국가를 형성하지 않았을 경우의 엄청난 비용을 고려할 필요가 있을 것이다.

정책결정자들 또한 기본적인 연구와 혁신의 상업화를 촉진함으로써 생산성을 향상시킬 수 있다. 연구개발자들(R&D)은 규모의 경제를 즐긴다. 혁신을 결합해 더 많은 기술 발전을 이룩하려 한다. 이것이 부문별 클러스터를 조직하고 지원하는 등의 노력을 쏟아붓는 이유다. 심지어 대공황 중에도 일부 중요한 혁신은 우리 경제에 장기적인 영향을 미쳤다. 뒤퐁

(Dupont)과 GE와 같은 기업들은 연구개발에 투자를 꾸준히 하는 것이 장기적인 사업 성과에 결정적인 영향을 미친다는 사실을 입증했다. 정부는 승자와 패자를 가르려고 하기보다는 혁신과 경제 성장의 장벽을 제거하거나 줄임으로써 더 많은 기여를 할 수 있을 것이다. 용지 사용 허가 절차와 환경 요건을 단순화하고 투명하게 만드는 것과 더불어 요식 절차를 줄이고 신생 기업들이 시작 단계에서 자금 지원을 더 많이 받을 수 있도록 해주며 그 밖의 법적 제한을 최소화하는 것도 여기에 포함된다. 그리고 4장에서 언급한 것처럼 국제 무역을 통해 과거에 얻은 이득을 당연시해서는 안 될 것이다. 과거와는 달리 소수점 이하의 경제 성장률까지도 훨씬 더 중요해진 오늘날 성장을 촉진하는 정책을 활용하지 않고 그대로 둬서는 안 될 것이다. 새로운 무역 제한 또한 시류를 거스르는 일이다.

요컨대 정부는 가까운 미래에 엄청난 구조적 어려움을 겪게 될 것이며, 재정적으로 불안정한 상태에서 포스트 코로나 시대를 맞이하고 있다. 비록 거액의 부채를 조금씩 갚아나가며 국민소득 대비 부채율이 서서히 감소하는 것을 그냥 지켜볼 수도 있겠지만 많은 정부들은 그보다 더 적극적으로 대응하기를 원할 것이다. 즉, 미래의 요구에 대비하기 위해 재정 능력을 재건하려고 할 것이다. 나는 그 요구가 상당히 클 것이며 정치적으로 쉽지 않을지라도 경제 성장을 촉진하려는 모든 노력을 기울여야 한다고 믿는다.

상승 리스크에 대처하기

앞서 언급한 내용은 미래에 정부가 책임져야 할 구조적 요구와 정부가 어떻게 대응할 것인가에 관한 것이었다. 이번에는 다른 사안으로 넘어가보려 한다. 하지만 이 역시 그리 간단한 문제가 아니다. 지각 변동 요인들의 작용으로 리스크가 상승하면서 그와 관련해 정부 지원에 대한 요구가 높아질 것이다. 중요한 경제적 격변이 일어날 때(팬데믹 시기에 보았듯이) 개인과 기업을 위해 완충 역할을 해야 하는 것은 정부와 중앙은행이다. 이것 또한 자원을 활용하는 보험의 한 형태라 볼 수 있다.

경제가 불안정한 시기에 변동성을 완화하기 위해 정부가 안정화 정책을 활용한 역사는 비교적 짧다. 경제학에서 이 분야는 대공황 시절 존 메이너드 케인스가 최초로 발전시켰고 2차 세계대전 이후부터 실용화되기 시작했다. 그에 따라 안정화 정책의 전체 역사는 전후 베이비붐과 중첩된다. 이는 정부와 중앙은행이 경기 침체 후 회복 과정에서 아래로부터의 노동 인구의 증가에 힘입은 새로운 경제 성장에 거의 항상 의존할 수 있었음을 의미한다.

이렇게 아주 기본적인 차원에서 미래 제2의 불확실성의 시대에는 특히 정책 담당자들의 시름이 커질 것이다. 이전 장에서 살펴본 바와 같이 늘어나는 재정적 부담에 더해 대응해야 할 경제 변동성은 점점 더 커져만 갈 것이기 때문이다.

정책 담당자들이 깨달은 바처럼 일부 과거의 위기들은 경제학 자체를 새로 탄생시켰다. 1970년대에 실업률과 물가가 동시에 올랐을 때처럼 말이다. 세계 경제 위기를 거치며 얻게 된 교훈은 코로나19 위기 중 아주 잘 활용되었다. 코로나19 위기를 통해서도 많은 교훈을 얻었고, 그 교훈은 포스트 코로나 시대를 살아가는 중 우리에게 영향을 미칠 것임이 분명하다.

코로나19에서 얻은 가장 중요한 교훈은 재정 정책이 일반적으로 실행이 지연되면서 긴 시간이 걸리는 경우보다 자동으로 발동될 때 더 효과적이라는 사실이다. 미국에서는 팬데믹 기간 중 위기 초반에 미 연방준비제도이사회에서 경제 안정화에 대해 책임을 짊어지게 하는 한편 재정 도구를 어떻게 효율적으로 활용할 것인가를 놓고 상원과 하원 의원들 사이에 뜨거운 논쟁이 벌어졌다. 캐나다는 이런 의미에서 비교적 잘 대처했지만 지원 프로그램을 실행하는 데 있어서는 여전히 상당한 시차가 발생했다. 중요한 점은 팬데믹 기간 동안 캐나다가 설계한 재정 도구들은(근본적인 상황에 대해 신축적이고 즉각적으로 대응하도록 만듦으로써) 재정 효율성을 크게 향상시켰다는 사실이다. 비록 팬데믹 기간 동안 제대로 실행된 계획들보다 지연된 계획들이 많긴 했지만 고용 보험은 이런 의미에서 항상 자동 안정 장치 역할을 하려고 했다. 반대로 코로나19의 2차 대규모 확산이 미국을 엄습했을 때 2차 정부 지원이 발표되기 전 완전히 새로운 또 다른 정치적 논쟁이 벌어졌다. 미래 재정 정책의 많은 부분이 자동으로 작동하도록 유지된다면 시간이 지날수록 통화 정책의 부담은 줄어들 것이다.

재정 정책과 관련해 팬데믹에서 배운 또 다른 가르침은 다음과 같다. 위기 상황 속에서 부채 및 적자 목표와 관련해 표준적인 재정 책임 체계를 일시적으로 무시하는 것으로 방침을 정한다 할지라도 여전히 부채에 대한 책임 체계는 근본적으로 필요하다는 것이다. 정부는 시장의 기대 형성을 돕기 위해 미래 재정 상황에 대한 지속적인 통찰을 제공할 필요가 있다. 결국 정부는 투자자들에게 과거에는 상상할 수 없었던 규모의 경비를 대도록 요구하고 있다. 정부는 최소한 믿을 수 있는 재정 계획을 제시해야만 한다. 아무리 상황이 안 좋아 보일지라도 정부는 부채 이용 내역과 어떻게 자금을 조달할 것인지에 관한 계획을 보여줄 수 있어야 한다. 기본 시나리오를 보강하기 위해 상황이 더 나은 시나리오와 더 나쁜 시나리오를 제공하는 것도 좋은 방법이다. 이 정책 체계를 고려해 볼 때, 재정적 지속가능성의 최소 요건은 국민소득 대비 부채율을 안정화시키기 위해 노력하거나 경제가 회복됨에 따라 점차 부채율이 줄어들도록 만드는 것이다. 이러한 노력은 가까운 미래의 정부 지출과 재정 적자 목표에도 영향을 미칠 것이다.

통화 정책 면에서 세계 금융 위기를 통해 얻은 교훈은 코로나19 경제 위기를 빠르게 진정시키는 데 핵심적인 역할을 했다. 중앙은행은 동원할 수 있는 모든 시장 개입 도구들을 재빨리 채택해 시행했다. 반면 2008년 세계 금융 위기 때에는 순차적인 대응을 보인 바 있었다. 더욱이 많은 국가들은 마이너스 금리를 활용했다. 2007~2008년 세계 금융 위기가 닥치기 직전에 사람들은 금리 하한선이 제로이거나 그보다 아주 약간 높을 것이라는 믿음을 가지고 있었다. 그러나 많은 국가의 중앙은행들은 단기 금리를 마이너스로 인하하고 국채 금리도 그 뒤를 이어 인하함에 따라 이전의 시각을 완전히 뒤바꾸어 놓았다. 돈을 빌리기 위해서는 이자를 지불해야 한다는 개념은 우리 마음속에 너무나 깊이 새겨져 있어 많은 이들은 마이너스 금리에 대해 이해하기 어려워한다. 마이너스 금리는 자연스럽지 못하다. 기저의 자연이자율은 인간의 특성인 조급함의 척도라 할 수 있다. 그러나 특별한 상황에서 금리를 마이너스로 인하하는 것

제2의 불확실성의 시대

은 경제 부양에 더 많은 도움이 될 수 있다. 은행들은 오랜 기간 동안 돈을 빌리고 또 그 빌린 돈을 빌려주기 때문에 금융 시스템의 작동과 신용 공여에 가장 중요한 것은 은행이 돈을 빌리고 빌려주는 금리 사이의 차액이다. 발생 차액이 합리적이라면 은행들은 계속 그 일을 할 것이다. 중앙은행이 금리를 마이너스로 인하하는 것은 대출 금리를 더 낮추어서 가계와 기업들이 대출을 더 많이 받아 지출하도록 부추겨 경기 침체에서 벗어나도록 돕는 일이다.

오늘날에는 기준 금리의 실효 하한이 현금 잔고를 관리하는(손실에 대비해 지폐와 보험을 안전하게 보호하는) 비용과 관계가 있다고 여겨진다. 은행에 돈을 넣어둔 누군가가 마이너스 이자를 받고 있다면 그 돈을 현금으로 인출해 이자를 제로로 만들 수 있을 것이다. 하지만 현금을 보관할 장소가 필요하다. 이러한 보관 비용을 고려했을 때 대부분의 연구에서는 명목 금리의 실효 하한을 대략 마이너스 0.5%로 보고 있다. 혹은 그보다 약간 낮을 수도 있다.

금리의 정확한 하한선과 상관없이 금리가 아주 낮을 때는 경제에 문제가 생겼을 때 중앙은행이 대응할 수 있는 여지가 훨씬 더 적어진다는 사실을 이해하는 것이 중요하다. 경제에 충격이 가해지는 상황을 가정해보자. 실업률이 증가하고 물가는 중앙은행의 목표치보다 아래로 하락할 것으로 예상된다면 어떨까. 중앙은행은 그 충격을 상쇄하기 위해 금리를 인하해 더 많은 대출과 빠른 경제 성장을 장려할 것이다. 만약 금리가 이를테면 4%에서 시작한다면 중앙은행은 금리를 최소 4% 인하해 상당한 경기 부양을 이룰 수 있다. 그러나 2%의 금리에서 시작한다면 금리를 제로로 인하하는 것은 절반의 효과만을 거둘 수 있을 뿐이다. 마이너스로 금리를 인하할 수 있게 되면 0.5%만큼 더 대응할 수 있는 여지가 생긴다.

흔히 경제에 충격을 주는 불안 요소들은 0과 균형을 이루는 경우가 많다. 다시 말해서 시간이 지날수록 행운과 불운이 반복되면서 평균적으로 행운도 불운도 아닌 그 중간이 된다는 것이다. 금리가 낮을수록 중앙은행은 불운이 닥쳤을 때 그 충격을 완화하기에 충분한 정도로 금리를 인하할 수 없게 될 것이다. 그러나 중앙은행은 금리를 인상할 수 있는 절대적인 자율권을 가지고 있다. 따라서 필요한 만큼 금리를 인상함으로써 행운은 흡수될 수 있다. 금리 하한은 통화 정책 과정에 불균형을 초래한다. 이는 곧 중앙은행이 평균 금리가 낮을 때는 종종 인플레이션 목표율을 달성하기 어려울 수 있음을 의미한다. 중앙은행은 그들의 무기 창고에 금리 조정을 보충할 수 있는, 이를테면 양적 완화와 같은 다른 도구들도 가지고 있다. 하지만 이 도구들은 경제에 2차적 효과만을 지닐 뿐이다. 경제 연구원들은 평균적으로 금리가 낮게 유지될 때 미래 경제를 안정시키려면 재정 도구를 많이 사용할 것을 시사하고 있다. 기본적으로 1930년대에 존 메이너드 케인스 또한 이와 동일한 분석을 내놓은 바 있다.

한편 가계 부채율 증가라는 지각 변동 요인은 통화 정책에 계속해서 어려움을 가중시킬 것이다. 국가 경제에서 민간 부문의 부채가 차지하는 비중이 높으면 경기 침체에 더 취약해진다. 부채가 없는 기업은 경제 변동성의 폭풍 속을 무사히 헤쳐나올 수 있다. 반면 부채가 많은 기업은 부채를 상환할 수 없어 폐업에 이르게 될 것이다. 높은 부채율은 경제 불안의 결과를 확대시킨다. 그렇게 되면 중앙은행은 기존의 방식대로 경제를 관리하기가 어려워진다. 그로 인해 파생되는 문제로는 저금리의 장기 지속이 많은 시장 참여자들이 수익을 추구함에 따라 일반적으로 지나친 위험을 감수하려는 분위기로 이어진다는 것이다. 이는 기업뿐만이 아니라 가계에도 적용된다. 일부 신중한 기업들이 낮은 수익률을 보고 투자를 철회하려 하는 반면 다른 기업들은 자신들의 기준에서 합리적인 자본이익률을 달성하기 위해 안전지대를 벗어나 더 멀리까지 손을 뻗칠 필요가 있다고 판단할 것이다. 그러한 위험 부담은 경제를 불운에 취약하게 만들 뿐만 아니라 금리 인상에도 취약하게 만든다. 금리 인상이 완만하게 이루어질 때조차 대규모 기업 도산과 실업을 불러올 가능성이 있어 중앙은행이 인플레이션 목표치를 고수하는 것을 심각하게 제한할 수 있다.

일부 논평가들은 부채와 관련된 리스크 관점에서 가계와 기업의 부채 이용률을 줄이기 위해 중앙은행이 평균 금리를 높게 유지해야 한다고 권고한다. 그러나 중앙은행은 오로지 인플레이션 목표율을 달성하기 위해 노력하며 그 과정에서 경제 변동성을 완화할 뿐이다. 그와 동시에 부채 상승을 제한하려는 노력을 기울인다면 그것은 일반적으로 인플레이션 목표에 미달하도록 만드는 처방인 것이다. 그래서 정부와 중앙은행은 금융 시스템의 미래 취약성을 완화하고 중앙은행이 인플레이션 목표를 계속해서 추구하도록 만들기 위해 주택담보대출 스트레스 테스트나 소득 대비 대출 상한선 지침과 같은 거시건전성 도구들을 개발한 것이다. 중앙은행이 직면하고 있는 트레이드오프(trade-off 두 개의 정책 목표 중 하나를 달성하려면 다른 하나의 목표 달성이 저해 받는 상태를 말함. 흔히 고용과 물가의 관계를 나타내는 말로, 실업률을 줄이면 물가가 상승하고 물가를 안정시키면 실업률이 높아지는 모순적 관계를 이르는 말: 역자 주)를 완전히 통합하는 것(부채 취약성으로 인한 거시경제적(산출량 인플레이션) 리스크와 금융 리스크 모두를 고려하는 것을 말하며, 이 둘은 민간 부문의 행동을 통해 긴밀히 연결되어 있다.)은 경제 모델분석관들의 목표로 남아 있다. 한편, 중앙은행은 독립적으로 문제를 해결할 수 있는 추가적인 도구들이 주어진다면, 목표 범위 내에 존재하는 금융 안정성 리스크를 포착해냄으로써 합리적인 목표 근사치에 도달할 수 있다.

경제에 작용하는 지각 변동 요인들을 감안할 때 경기 순환의 변동성을 완화하는 중앙은행의 역량은 과거보다 줄어들 것이다. 그와 함께 경제를 통제할 수 있는 여지도 줄어들어 지각 변동 요인들의 상호작용으로 인해 정책 담당자들이 대응해야 할 변동성은 증가한다. 이렇게 어려운 환경을 고려했을 때, 과거와 동일한 수준의 거시경제적 안정성을 달성하는 것은 홀로 일하는 중앙은행에게는 불가능한 일일 것이다. 따라서 재정 정책이 대단히 유연해야 할 필요가 생기는 것이다. 이 문제를 해결할 수 있는 한 가지 방법은 새로운 법을 제정할 필요 없이 경제 변동성에 즉각적으로 대응해 재정 정책의 실행을 더 자동화하는 것이다. 보편적 기본 소득 프로그램은 정확히 이것을 실현하기 위해 설계된 것일지도 모른다. 그러나 더 자동적인 재정 도구들은 정치의 본질과 충돌할 것이다. 정치인들은 문제가 저절로 해결되는 것을 보기보다는 문제 해결에 대한 공을 자신들이 가져가는 것을 더 좋아하기 때문이다. 그리고 문제가 저절로 해결된다 하더라도 여전히 그에 따른 재정 적자를 방어해야 한다. 재정 부담의 기준선이 상승하고 있는 점을 감안하면 정부의 재정 적자가 (증가하든 감소하든) 큰 변동을 보이는 것으로 인한 스트레스는 훨씬 더 극심해질 것이다.

앞서 언급한 것처럼 사회가 2050년까지 탄소 중립을 달성하는 데 성공한다 할지라도 기후 변화는 오랫동안 계속될 것이고, 그 결과 날씨 변동성은 더욱 커져 개인과 기업, 은행, 보험 회사들에 중요한 영향을 미치게 될 것이다.

미래에는 개인에게 잠재적으로 처참한 손실을 안겨줄 심각한 홍수가 더 자주 발생하게 될 것이라는 믿음이 널리 확산되고 있다. 주택 소유주들은 재난 보험을 이용할 수 있고 그것이 일반화되고 있는 추세라 할지라도 보험업계에서는 보통 규모의 홍수로 입은 피해에 대해서만 보상이 가능할 것이다. 참사 수준의 홍수가 닥칠 가능성을 고려하여 정부는 참사가 발생했을 때 대처할 수 있는 재정적 역량을 길러야 하며, 기본적으로 민간 보험 회사들을 후방 지원해야 한다. 위험을 줄이기 위해 홍수 관리를 위한 사회 기반 시설 또한 확충되어야 할 것이다.

더 심각한 기후 변화 리스크는 세계 특정 지역에서의 심각한 물 부족 가능성이다. 지구상에 급수원이 균등하지 않게 분포되어 있는 점을 감안하면 인구 1인당 가장 많은 양의 재생 가능한 담수를 보유한 국가들은 미래에 지정학적으로 불균형적 권력을 휘두를 수 있게 될 것이다. 이 기준에 따라 보자면 가장 담수를 많이 보유한 대부분의 국가들은 인구가 적은 작은 국가들이다. 하지만 캐나다는 어느 국가에서 보든 절대적으로 담수를 가장 많이 보유하고 있는 아주 큰 국가이다. 캐나다 담수의 많은 부분은 오대호와 세인트로렌스 강을 중심으로 미국과 공유되고 있다.

이렇게 엄청난 양의 담수가 세계 물 경쟁, 혹은 전쟁에서 어떤 역할을 하는지 생각해볼 필요가 있다. 많은 이들은 물을 원래부터 주어진 기본 재산이라고 여기며 아주 방어적인 태도를 취하는 반면, 어떤 이들은 공유해야 할 공동의 자원으로 바라보기도 한다. 항상 논쟁이 벌어지는 물 문제를 차치하고서라도 물의 흐름에 대해 논의할 여지는 여전히 존재한다. 캐나다와 미국의 국경에 걸쳐 있는 오대호로 흘러들어가는 세인트로렌스 강만 놓고 보더라도 세계 담수의 약 25%를 차지하고 있다. 엄청난 양의 물을 오대호에서 끌어와 사용하고 있지만 매일 1조 리터(2500억 갤런 이상)에 달하는 강물이 세인트로렌스 강에서 대서양 연안으로 흘러들어간다. 대서양으로 흘러들어가는 순간 식수로 활용할 수 없게 되므로 이렇게 흘러들어가는 물은 허비된다. 따라서 다른 이들이 이 물을 이용하는 것을 반대할 이유가 전혀 없는 것이다. 대서양으로 흘러들어가는 물의 양만 해도 세계보건기구(WHO)에서 보고한 물 하루 최소 필요량으로 계산하면 100억의 사람들에게 물을 공급할 수 있는 양이다. 100억은 2050년에 도달할 것으로 예상되는 세계 전체 인구이다.

세인트로렌스 강에서 흘러나오는 물의 양은 오대호 주변의 인구가 증가하면서 향후 30년에 걸쳐 감소할 것이다. 기후 변화 또한 그 흐름에 영향을 미칠 것이다. 흐름을 증가시킬지 감소시킬지는 불분명하지만 말이다. 어느 경우이든 물이 대서양으로 흘러들어가기 전에 다른 용도로 사용할 수 있도록 물을 저장해두는 것은 가능할 것이다. 오늘날 석유를 수송하는 것과 동일한 방식으로 물을 육지로 실어 나르는 거대 유조선을 이용해 저장할 수 있다. 혹은 물을 저장해 두었다가 기후 변화로 말미암아 말라버릴 수 있는 캐나다와 미국의 중서부 지역의 큰 농지의 관개를 위해 관로를 통해 공급할 수도 있을 것이다. 실질적인 차원에서는, 그 물이 슈

제2의 불확실성의 시대

페리어호에서 관로를 통해 서부와 남서부 지방의 농지와 사회로 공급된다 해도 별다른 차이는 없을 것이다. 여전히 세인트로렌스 강에서 상당량의 강물이 흘러나오고 있다면 우리는 담수가 침범당하지 않고 그대로 남아 있다고 안심할 것이다.

기술자들은 물 부족 문제에 대처할 역량을 갖추고 있는 반면 관계 정치인들은 이 문제에 대해 지나치게 예민하게 반응한다. 물 부족 문제는 발생할 것이 거의 확실하며 지정학적 대변동을 일으키는 기폭제가 될 수도 있다. 그 리스크를 완화하기 위해서는 사전 계획을 세워둘 필요가 있다. 머지않아 허비될 물을 공유할 수 있도록 그에 대비하는 것이 리스크를 완화하는 하나의 가능한 대안이 될 수 있을 것이다. 다른 대안으로는 정부가 담수화에 대규모 투자를 하는 것이다. 이는 신재생 에너지원에 투자하는 것과 연계되어 있는 부분이다. 분명 담수화 비용은 시간이 흐를수록 하락할 것이다. 또 하나의 대안은 빗물 저장 기술에 대규모 투자를 하는 것이다. 세계 강우량의 대부분이 바다로 흘러들어가 그 역시 허비되기 때문이다. 그러나 다른 분야에서 목격해온 것처럼 미래의 위험을 완화할 방법이 있다는 사실을 알고 있다고 해서 실제로 그 방법을 반드시 활용하는 것은 아니다. 불확실성은 남아 있을 것이고 모든 지표는 불확실성이 더 증가하리라는 것을 보여주고 있다.

나는 다가오는 지각 변동의 압박이 기존의 재정 및 통화 안정화를 위한 도구들의 역량을 충분히 증명해 줄 것이라 믿는다. 그 결과 정책 담당자들이 경제 및 금융의 안정성을 유지하기 위해 최선의 노력을 다했을 때조차도 경기 순환의 변동성은 더 커질 것이다. 정부의 안정화 정책이 더 자동적으로 시행되도록 만들어진다 하더라도 물가와 실업, 금리, 주식 시장, 환율에서도 우리가 과거에 보아온 것보다 더 큰 변동성을 경험하게 될 것이다. 그 결과 가계와 기업 모두가 미래를 설계하기가 훨씬 더 어려운 환경에 놓이게 된다는 것이다. 일상적인 결정을 내릴 때도 과거보다 더 많은 위험 부담이 따르게 될 것이다.

다섯 가지 지각 변동 요인들의 합류 지점은 정책 결정 역사상 가장 위협적인 리스크 환경을 제공할 것임이 분명하다. 높아지는 리스크를 관리하기 위해서는 분명한 목적과 정치적인 용기가 요구될 것이다. 재정 정책이 되었든 통화 정책이 되었든 정책은 기계적인 과정으로 축소되지 않을 것이다. 소수점 이하 자리의 경제 성장률까지도 아주 중요해짐에 따라 역사적으로 축적되어온 구조적인 경제 성장 저해 요인에 진지하게 집중할 필요가 생길 것이다.

재정 정책과 통화 정책 모두를 제한하는 현실적인 제약과 정책 변화와 관련된 정치적 어려움을 감안해 볼 때 정책 담당자들이 지각 변동 요인들로 인해 발생할 모든 리스크를 흡수할 수는 없을 것으로 보인다. 물론 그럭저럭 난관을 타개할 가능성도 있다. 그러나 내가 느끼기에는 정부가 주도적인 역할을 할 수 없을 때 국내 및 해외 투자자들과 피고용인들의 압박이 기업들로 하여금 높아진 경제 및 금융 리스크에 개인들이 대처할 수 있도록 돕는 데 앞장서도록 만들 것으로 보인다. 다음 장에서는 높아지는 리스크에 적응하는 과정에 대해 살펴보려 한다.

제2의 불확실성의 시대

제2의 불확실성의 시대
The Next Age of Uncertainty

13장

The Next Age of Uncertainty

미래에 대한 처방

회상: 가치 기반 리더십

2011년에 내가 캐나다 수출개발공사의 사장이자 최고경영자가 된 직후, 사내 잡지에서 나에 대한 기사를 쓰고 있었던 직원이 나를 방문했다. 그들은 내게 수출개발공사 사장으로서 과거의 리더들 중 누구를 존경하고 닮고 싶은지 물었다. 나는 운이 좋게도 수년 동안 아주 뛰어난 인물들과 함께 일하는 기회를 가질 수 있었고, 그들의 이름을 하나하나 모두 열거하는 것은 자칫 한 사람이라도 빠뜨리는 일이 발생할 위험이 있어 삼가야 할 것 같았다. 지도력 차원에서 말하자면 내가 가장 좋아하는 인물은 가상의 TV 시리즈에 등장한 인물들임을 인정할 수밖에 없었다. 바로 〈스타트렉: 넥스트 제너레이션(Star Trek: The Next Generation)〉에 등장한 쟝-뤽 피카드(Jean-Luc Picard) 선장과 〈웨스트 윙(The West Wing)〉에 나온 제드 바틀렛(Jed Bartlet) 대통령이다.

이렇게 답변하자 그들은 새로 취임한 사장이 꽤 유머 감각이 있다고 생각하는 것 같았다. 나는 나의 유머 감각을 굳이 숨기려 하지 않는다. 하지만 내 답변은 농담이 아니라 진심이었다. 피카드(패트릭 스튜어트 경(Sir Patrick Stewart))와 바틀렛(마틴 쉰(Martin Sheen)) 두 캐릭터 모두 극도로 잘 연출된 아주 뛰어난 지도력의 소유자이다. 그들은 아주 지적이고(바틀렛은 심지어 노벨 경제학상을 받은 인물로 나온다) 그곳에서 가장 똑똑한 인물로서 끊임없는 도전에 직면한다. 두 사람 모두 가끔 자만심의 함정에 빠지기도 하지만 일시적인 해프닝에 그친다. 그리고 두 사람 모두 일상적인 삶을 살아가면서 아주 큰 위험을 관리한다. 피카드와 바틀렛은 두 사람 모두 가치를 금과옥조로 여기고 대의를 위한 선을 중시하고 자신의 사람들을 아끼고 사랑한다. 그 결과 그들의 부하들은 그들을 위해 기꺼이 희생하려 한다. 이러한 지도자들은 아주 개인적인 차원에서 그들과 공감하고 공동의 목표에 다가섬으로써 사람들에게서 최고의 능력을 이끌어낸다.

〈웨스트 윙〉에서의 상황 설정은 보기 드물게 아주 이해하기 쉽게 짜여져 있다. 물론 가상의 상황이긴 하지만 말이다. 그래서 바틀렛은 본능에 따라 행동하고 자신의 열정을 드러내기도 한다. 바틀렛이 좌절감에 분노를 터뜨리며 장광설을 늘어놓기 시작하면 그의 사람들은 잠자코 지켜보다가 권력자에게 옳은 말을 해 그가 이성을 되찾게 만든다. 그 좋은 예는 시즌 1에서 대통령 전담 의사를 태운 미국 군용 항공기가 중동에서 격추된 에피소드에 등장한다. 바틀렛은 분노하며 그 범인들을 잡아 처단할 것이라 맹세한다. 그러자 그의 팀은 더 '균형적인 반응'을 보일 것을 권유했으나 그는 거듭 불균형적인 반응을 요구한다. 이 에피소드는 지도자가 그의 팀에게서 배우는 것이 얼마나 중요한지, 그리고 자신의 의견보다 팀의 의견에 더 높은 가치를 두는 것이 얼마나 중요한 일인지를 잘 보여준다. 바틀렛과 같이 많은 성취를 이룬 사람은 겸손한 태도로 배우는 과정이 필요하며, 그의 팀은 그의 겸손에 감사할 것이다. 그런 과정을 거치며 팀은 향후 더 헌신적이고 충직해질 것이다.

피카드 선장은 늘 자신의 감정을 억누르며 바틀렛 대통령보다 훨씬 더 냉철한 지도자 상을 보여준다. 그는 조직적으로 팀의 의견을 수렴하는 유형의 지도자이다. 심지어 엔터프라이즈호나 근접 항성이 폭발하기 30초 전에도 피카드는 전체 팀과 함께 그 순간의 긴박함을 공유하며 동료들의 의견을 물어본다. 그는 모두가 동일한 가치를 공유하고 있으며 팀으로서 어려움을 극복해낼 수 있다는 것을 경험을 통해 알고 있는 것이다. 이 시

제2의 불확실성의 시대

리즈에서는 팀이 다양한 능력을 가진 인물들로 구성되어 있을 때 얻게 되는 혜택과 지도자가 그 다양성을 활용하는 능력이 반복적으로 조명된다. 그리고 팀에서 훌륭한 제안이 나오면 피카드는 자신은 손가락 하나 까딱하지 않고 이렇게만 말한다. "그렇게 하시오!"

위험이 증가하는 세상에서는 바틀렛과 피카드와 같은 기업의 리더들이 더 많이 필요하게 될 것으로 보인다. 수치로 나타나는 성과보다는 사람과 가치에 더 많이 집중하는 리더가 더 중요한 것이다. 지각 변동 요인들은 기업들이 피고용인들에게 직접적인 영향을 미치는 점점 더 복잡한 변동성과 리스크에 직면하게 될 것임을 시사한다. 그에 따라 거래에서 더 어렵고 가치 중심적인 선택을 하게 만들 것이다. 나는 언제나 내가 중요시하는 가치를 공개적으로 밝혀왔다. 그래서 내가 함께 일하는 관리자들이 나의 가치 판단을 예상할 수 있게 하고 보통은 그들도 그 가치를 공유하게 했다. 내가 조직을 이끌 때 가장 중요하게 여기는 가치들은 다음과 같다. ① 가족이 가장 우선이다. ② 우리를 자랑스럽게 만드는 것은 목적을 달성하기 위한 성실한 노력과 탁월함이다. ③ 팀워크 ④ 겸손 ⑤ 항상 가장 올바른 길을 선택하라. 그 편이 경치도 더 좋다. 나는 관리자들에게 조언할 때면 종종 가치 중심의 리더십에 대한 통찰을 얻으려면 〈웨스트 윙〉 시리즈를 시청하라고 권한다. 그리고 장-뤽 피카드의 리더십 유형을 잘 보여주는 웨스 로버츠(Wess Roberts)와 빌 로스(Bill Ross)가 집필한 〈그렇게 하시오(Make It So)〉를 읽어볼 것을 추천한다. 또 한 권의 내가 가장 좋아하는 리더십 지침서로 역시 웨스 로버츠의 저서인 〈리더십의 비밀(Leadership Secrets of Attila the Hun)〉을 추천한다. 하지만 역시 가장 핵심은 팀 구성원들과의 대화이다.

기업의 리더들은 날마다 놀라울 정도의 복잡성에 대응한다. 장거리 운전을 하는 운전기사처럼 그들의 마음은 도착지에 가 있으며, 도착지까지 얼마나 남아 있는지 확인하기 위해 이정표를 주시한다. 하지만 그들은 많은 에너지를 가까운 장래를 위해 소비한다. 도로 위를 달리며 속도를 확인하고 백미러를 살피고 갑작스러운 장애물을 피해가는 등의 일을 한다. 그들은 이 책에서 말하는 다섯 가지 지각 변동 요인에 대해 확실히 알고 있다. 모두 최근에 한두 번쯤은 신문 헤드라인에 등장한 내용들이기 때문이다. 이 장의 목적은 기업들과 그들의 주주들이 지각 변동 요인들의 합류 지점에서 예상되는 결과를 이해하고 어떻게 그것에 적응할 것인지 도움을 주는 것이다.

사업 계획 시나리오

다섯 가지 지각 변동 요인들 중 가장 눈에 띄는 것 중 하나이면서도 가장 간과하기 쉬운 것이 인구 노령화. 대부분의 기업 리더들은 관리자 그룹의 연령은 물론이고 직원들의 평균 연령을 알고 있다. 경영 승계 계획은 모든 기업들의 핵심적인 활동이기 때문이다. 그러나 인구 통계는 그들이 아주 장기간의 투자를 고려하고 있는 경우를 제외하고는 기업의 사업 계획에서 핵심 요소가 되기에는 너무 느리게 움직인다. 경영진과 이사진이 기업의 사업 계획과 관련된 논의사항으로 내놓는 뿌리 깊은 추정들의 많은 부분이 인구 통계에서 기인한 것임을 자각하게 된다면 이는 유감스러운 일이다. 사실상 우리가 삶을 살아가면서 접하는 인구 통계는 충분히

제2의 불확실성의 시대

천천히 움직이고 있어 우리는 그것에 변함이 있을 때도 거의 변함이 없는 것으로 착각하게 된다.

　나는 2장에서 세계 경제 성장 추세가 코로나19의 영향으로 수축과 재건이 이루어짐에 따라 과거에 경험한 것에 비해 낮게 유지될 가능성이 높다고 설명한 바 있다. 미래의 느린 경제 성장에 대한 추정을 기반으로 사업 계획을 세우는 것에 관해서는 2021~2022년 사이에 꽤 의견이 분분할 것이다. 포스트 코로나 시대에 경제가 더 활발히 성장할 것이라는 추정이 있지만 그것은 위험한 추정이다. 사업 계획과 관련해 더 안전한 추정은 더딘 경제 성장 추세로 회귀할 것이라는 생각일 것이다. 그리고 기업들은 경제가 예상보다 많은 성장을 이루게 되면 그들의 사업 계획이 어떻게 그 상황에 즉시 적응할 것인가에 대해 고민하고 있어야 한다. 기업들이 인플레이션 측면에서 약 2%의 인플레이션 수준으로 회복할 것을 예상하는 것은 자연스럽고 적절하다. 그러나 지각 변동 요인들을 고려했을 때, 인플레이션이 그 이상으로 증가했을 때 사업 계획을 조정할 방안 또한 고려해 두는 것이 바람직하다.

　지각 변동 요인들이 초래할 수 있는 가장 중요한 결과는 장래에 경제 및 금융 변동성이 더 커질 것이라는 점이다. 비록 불확실성은 환영하기 어렵지만 양면적인 특성을 가진 변동성은 중요하다. 어떤 해에도 세계는 기업이 예상한 것보다 더 경제 상황이 좋을 수도 있고 나쁠 수도 있다. 이렇게 더 높아진 불확실성을 고려한다는 것은 그저 사업 계획을 세울 때 경제 성장과 인플레이션, 혹은 금리에 관해 보수적인 추정을 선택하는 것을 말하는 것이 아니다. 그것은 애초부터 사업 계획에 더 많은 리스크를 포함시키는 것을 의미한다.

미래의 리스크를 관리하기 위해 사용 가능한 가장 훌륭한 기업 도구 중 하나는 시나리오 분석이다. 기업들은 그들의 훌륭한 판단력을 이용해 기본 예측을 내놓고 그 예측을 중심으로 대안 시나리오를 설계한다. 기본 시나리오는 평균 경제 성장률로의 회귀나 2% 인플레이션율로의 회귀, 그리고 2%를 약간 넘는 단기 금리로의 회귀(아마도 장기 금리는 이보다 1% 포인트 더 높을 것이다)와 같이 익숙한 추정을 사용할 것이다. 그렇다면 대안 시나리오는 더딘 경제 성장 추세와 경기 침체 시나리오, 기술 변화로 인한 성장 확대, 금리 하락, 물가 상승 등을 기반으로 설계될 것이다.

　다수의 가능 사업 시나리오를 개발하게 되면 그에 따라 가능한 범위의 매출 결과와 가격, 필요 생산력, 기업의 고용 등이 발생하게 된다. 다양한 시나리오를 구상해 그것의 좌표를 그려두는 것은 기본 시나리오를 중심으로 장래에 펼쳐질 미지의 수많은 가능성들을 고려하는 것이다. 중요한 점은 모든 예측이 불확실하다는 사실이다. 그러나 그 불확실성은 미래로 나아갈수록 더 커진다. 미지의 가능성들은 우리가 미래를 더 멀리 들여다볼수록 그 범위가 더 확대될 것이다.

　가능한 결과의 범위가 이렇게 확장되는 것을 설명하기 위해 경제학자들은 그들의 모델을 기반으로 동태적 예측 오류를 계산해낼 수 있다. 예컨대, 경제학자는 향후 12개월 동안의 경제 성장률을 2% 플러스 마이너스 0.6%라 예측할 수 있을 것이다. 따라서 다음 해의 경제 성장률의 가능 범위는 1.4%에서 2.6% 사이가 된다. 그러나 만약 기업이 증가한 생산 능력에 투자하는 것을 고려하고 있고 그것이 완성되는 데 2년이 걸린다면 그 기업은 향후 2~3년 동안의 경제 성장률 전망을 알고 싶을 것이다. 경제학자들은 동일한 통계 모델을 이용해 향후 3년 동안의 평균 성장률을

　　　　　　　　　　　　　　　　제2의 불확실성의 시대

2%로 예측할 것이다. 그러나 더 멀리 내다봐야 하는 경우 그들은 확신하기 어렵다고 보고 이를테면 플러스마이너스 1%와 같은 신뢰 구간을 제시할 것이다. 이는 3년이라는 계획 기간 동안의 미래 경제 성장률이 연간 1%에서 3% 사이에서 예측된다는 것을 암시한다. 이 예측은 지금으로부터 3년 후 기업의 목표 매출액이라 볼 수 있으며, 현재 매출보다 3%에서 9% 사이로 더 높을 것이다. 기업의 매출 및 가격 상승의 추정과 관련해 이처럼 확장성을 지닌 '무지의 구간'을 둠으로써 가능한 시나리오들의 모호함 속에서 더 많은 가능성을 타진하게 된다.

이와 같이 사업 계획에 불확실성을 담는 것은 어려운 일이며 이것은 단지 시작에 불과하다. 미래 가능성에 대한 모호한 시나리오들은 경제가 항상 변화하고 있으므로 효율적인 관리 도구가 되기 위해서는 끊임없이 업데이트되어야 한다. 새로운 경제 예측은 항상 발표되고 있고 시나리오의 시작점에서 큰 의미를 가진다. 기업은 단 몇 개월만에 주요 추정이 빗나가는 일이 발생하면 그 추정이 틀렸다고 판단할 것이다. 이렇게 되면 다른 시나리오는 더 가능성이 높아지는 반면 해당 시나리오는 무효가 되는 것이다. 그러면 새로운 시나리오들이 개발되어야 하고 사업 계획 또한 동시에 수정된다. 이는 계획되어 있던 투자를 연기하거나, 또는 진행 속도를 더 높이거나 직원을 해고하거나 채용 계획을 속행해야 하는 것을 의미할 수도 있다. 계획과 리스크를 중요하게 여기는 기업들은 이 시나리오를 최신의 것으로 유지하고 무엇이 잘못될 수 있는지에 대해 항상 고민하기 위해 성실한 직원들이 필요할 것이다.

연례 전략 회의에서 이사회가 경영진에게 대안 시나리오를 요청하는 것은 표준적인 관행이 되었다. 그럴 때 기업에서는 일반적으로 기본 시나리오에 더해, '운이 좋은 경우'의 시나리오와 '운이 나쁜 경우'의 시나리오를 만든다. 그리고 난 뒤 운이 좋은 경우와 나쁜 경우가 발생할 때 기업이 어떻게 대처할 것인지에 관해 토론한다. 이는 상당히 바람직한 관행이다. 그러나 종형 곡선에서 기본 예측에 가까운 가능 결과의 범위 내에서 실현될 가능성이 가장 높고, 기본 시나리오에서 멀리 위치한 다른 시나리오들은 실현 가능성이 떨어진다는 표준적인 인식이 강화되기 쉽다. 특히 운이 좋은 경우의 시나리오와 운이 나쁜 경우의 시나리오가 극단적으로 보일 때 이사진은 확실히 기본 시나리오를 가장 마음에 들어 한다. 그러나 지각 변동 요인들의 상호작용은 가능한 미래의 경제 결과의 범위가 과거에 우리가 보아온 종 모양이 아닌 훨씬 더 평평하게 나타날 수 있음을 암시하고 있다. 지각 변동 요인들이 작동하고 있으므로 운이 좋은 경우의 시나리오와 나쁜 경우의 시나리오는 과거보다 발생할 가능성이 더 높다. 결과적으로 기본 시나리오와 사랑에 빠지는 태도는 어떤 기업에게도 점점 더 위험한 전략이 될 것이다.

신규 투자를 위한 기준수익률

인구 노령화의 궤적은 지속적으로 낮은 수치를 기록하면서 하락하는 무위험 실질 금리의 미래를 암시하고 있다. 투자 결정을 내릴 때 장기간 동안 낮은 실질 수익률이 유지되는 현실을 받아들일 기업이 거의 없다는 사실은 아주 놀랍다. 나는 아직도 기업이나 그들의 이사진이 신규 투자를 승인하기에 앞서 동일한 최소한의 위험 조정 수익률을 항상 요구한다는 말을 자주 듣곤 한다. 새로운 사업 제안의 최소 수익률을 일반적으로 '기준수익률'이라 부른다. 이는 말하자면 사업 제안이 이사회의 승인을 통과하려면 뛰어넘어야 할 장벽인 셈이다.

기업이 위험 조정 수익률이 높은 투자 기회를 잡아야 하는 것은 자명한 사실이다. 경제학자들은 시장에서의 경쟁 요소들이 기업이 그런 기회라면 모두 이용하도록 만들 것이라고 믿고 있다. 그러지 않으면 다른 기업이 그렇게 할 것이기 때문이다. 그것은 곧 해당 부문에서 가장 쉽게 가져갈 수 있는 성과물들은 이미 다른 기업들이 가져갔다는 뜻이다. 만약 기업이 신규 투자를 할 수 있는 여유 자금을 가지고 있다면 투자하기에 그다음으로 가장 좋은 곳을 놓고 경쟁해야 할 것이다. 여기에는 부채 상환이나 기업의 지분을 다시 사들이는 것도 포함된다. 만약 기업이 대출금을 갚기 위해 5%의 이자를 지불하고 있다면, 그것이 채권 시장을 통해 조달한 것이든 은행에서 조달한 것이든 상관없이 어떤 새로운 투자 기회도 기준수익률을 뛰어넘기 위해서는 최소 5%의 수익률은 낼 수 있어야 할 것이다. (그 신규 투자의 위험도를 고려해 조정된 수익률을 기준으로 해야 한다.) 투자에 앞서 위험 조정 수익률을 계산하는 것은 사업 계획과 관련해 앞서 언급한 모든 분석을 해야 하는 복잡한 일이다. 기업은 신규 투자를 포함하는 새로운 계획을 개발해야 하며, 현재와 투자가 완성되는 시점 사이에 사업 사례에 피해를 입힐 가능성이 있는 잠재적인 하방 리스크를 파악해야 한다. 그 분석에서 신규 투자가 10%에서 플러스 마이너스 4%의 수익률을 내야 하는 것으로 나왔다고 가정한다면, 최악의 상황을 가정한 시나리오에서 제시한 6%의 수익률이 기준수익률을 넘어서게 되는 것이다.

중요한 것은 기준수익률이 현재 알려져 있는 금리가 아니라 투자 프로젝트가 완료되었을 때와 그 이후에 기업이 기대하는 평균 금리라는 사실이다. 이는 매우 장기적인 개념이다. 경영자들은 종종 지난 몇 년 동안의 평균적인 무위험 금리를 기준수익률을 대신해 사용하기도 한다. 또 어떤 기업들은 오랫동안 회사 내부 기준으로 사용해온 기준수익률을 가지고 있기도 하다.

기업이 현재의 극도로 낮은 금리를 바라보며 3~5년 후에는 금리가 훨씬 더 높아질 것이라 믿는다 해도 무리는 아닐 것이다. 그래서 기업이 그들의 기준에 맞는 투자 기회를 찾기가 어려울 수도 있다. 실제로 실질 금리가 계속 하락하고 있는 세상에서는 너무 높은 기준수익률을 기대하는 기업의 경우 반복적인 투자에 나서기를 꺼릴 것이다. 그 수익률이 역대 최고 수준으로 회복될 것을 기대할 것이기 때문이다. 이것이 기업을 머뭇거리게 만들 수 있다. 그러는 동안 (실질 금리가 향후 30년 동안 평균적으로 낮은 수준을 유지할 가능성이 높다는 사실을 이해하는) 다른 기업들이 투자 기회를 모두 채가고 머뭇거리는 기업들을 앞서가게 된다. 이와 같은 행동 양상이 많은 경제국에서 최근 몇 년 동안 낮은 투자율을 기록하게 된 주된 원인으로 꼽히고 있다. 우리가 이러한 기초여건에 대한 이해를 높이는 것은 기업의 투자 재개와 장기적인 경제 성장에 아주 필수적이다.

리스크 관리: 신규 무형 투자

다섯 가지 지각 변동 요인들이 누적되고 상호작용함에 따라 기업들이 직면하는 위험은 계속해서 증가할 것이다. 낮은 실질 금리와 부채 누적은 중앙은행이 통제할 수 있는 여지를 감소시키고 있다. 이는 경제 성장과 고용에서의 변동성이 지난 30년 동안보다 더 커졌음을 의미한다. 기술 발전은 기업들에게 아주 혁신적인 변화를 몰고올 것이며 개인들이 직업을 전환하게 되는 꾸준한 흐름을 만들어 불평등을 심화시키고 예측 불가능한 정치 상황을 연출할 것이다. 정부가 환경친화적인 입장을 취함에 따라 기업들은 저탄소 경제를 실현하기 위해 이미지 전환 시도를 하면서 끊임없이 변화하는 기업 환경을 조성할 것이다. 불평등이 심화하면서 기업들의 가치 사슬을 반세계화하고 국제 무역에 관한 규칙 변경을 요구하는 압박은 지속적으로 일어날 것이다. 갑작스럽게 경제 및 금융 변동성을 발생시킬 수 있는 조합은 끝도 없이 많다. 이전 장에서 설명했듯이 중앙은행과 정부가 기업들과 그들의 피고용인들을 대신해 이 모든 추가적인 리스크를 짊어질 수는 없을 것이다. 특히 정치가 양극으로 분열되어 있는 상황에서는 더욱 그렇다.

나는 큰 경제 변동성과 리스크 부담을 기업들이 많은 부분 감당해야 할 것이라 믿고 있다. 성공적인 기업들은 생존을 위해 더 강화된 리스크 관리 방안을 제시하고 고용인들을 위해 일자리를 유지시키고 주주들에게 더 많은 수익을 안겨주어야 할 것이나. 한 마디로 효과적인 리스크 관리는 기업 가치 창출의 핵심적 수단이 될 것이다.

두 기업이 서로 경쟁하고 있다고 가정했을 때, 두 기업 모두 앞으로 수요가 더 높아질 것을 예상하고 사업 확장을 고려하고 있다고 해 보자. 두 기업 모두 최근의 유별난 변동성을 경험하며 기업 환경에서의 위험이 과거보다 더 높아졌다고 보고 있다. 자사의 서비스에 대한 수요가 높아질 것이라는 예측은 지금까지보다 더 불확실하다. 그들은 모두 자본 현대화 계획을 마련해 두고 있지만 기술은 하루가 다르게 변화하고 있다. 그에 따라 정치 또한 예측이 불가능해졌다.

　이런 상황에서 기업들과 이사회는 그들이 고려하는 투자 제안에서 더 높은 리스크를 허용하게 될 것이다. 그리고 높은 리스크를 허용하는 만큼 과거보다 더 엄격하고 강력한 사업 사례를 요구할 것이다. 첫 번째 기업은 프로젝트가 진행되는 기간 동안 실질 금리가 지난 10년 동안의 평균 수준으로 회복될 것이라 믿는다. 그러나 두 번째 기업은 인구 노령화 효과가 실질 금리를 낮게 유지할 것이고 금리는 프로젝트 진행 기간 동안 오히려 더 낮아질 것임을 이해하고 있다. 그 결과 두 번째 기업은 프로젝트를 진행하기로 하는 반면 첫 번째 기업은 프로젝트를 승인하지 않는다. 그리고 두 번째 기업과 그들의 직원들, 그리고 주주들은 좋은 성과를 얻게 된다.

　위와 동일한 두 기업에 대해 한 번 더 가정해 보자. 하지만 이번에는 두 기업 모두 프로젝트가 진행되는 기간 동안 실질 금리가 어떻게 변화할지에 대해 알고 있다고 가정해 보자. 첫 번째 기업은 표준 위험 관리 체계를 갖추고 있으며, 매년 직원들을 대상으로 설문조사를 실시하고 이사회에 경영진이 위험도를 얼마나 잘 이해하고 있는지를 보여주는 연례 보고서를 제출하는 리스크 담당 책임자도 있다. 이사진들은 리스크 담당 책임자가 놓쳤을 수도 있는 위험 요소를 지적하고, 사업 계획이 확인된 위험을 이겨낼 수 있다는 결론에 모두가 만족스러워하며 논의를 마친다.

　두 번째 기업은 위험 관리에 훨씬 더 많은 투자를 해왔다. 그들 또한 리스크 담당 책임자가 존재하지만 그들은 리스크 전문가들로 구성된 한 부서를 가지고 있으며, 회복탄력성이 높고 민첩한 리스크 관리 문화를 조성하기 위해 조직 전체가 노력해왔다. 그들은 지속적으로 신속히 업데이트된 시나리오 계획을 생산해내기 위한 능력을 개발해왔다. 기업의 유동성 정책을 최적화하는 한편, 관리 직원들은 다른 직원들이 위험을 자각하고 의사결정을 내릴 수 있도록 데스크톱 도구를 가지고 그들을 돕는다. 모든 직원들은 그들이 마치 주주인 것처럼 위험 관리에 대해 개인적인 책임을 지고 있다. 그들은 기업이 직면하게 될 모든 종류의 위험을 방어해야 하는 최전선에 서 있다는 사실을 이해하고 있다.

흔치 않은 위험 요소가 발견되면 그 즉시 팀 정기 회의에서 공유된다. (회의에서 마지막 안건으로는 항상 '위험 관찰' 시간을 가진다.) 그리고 여기서 얻게 된 정보는 상사를 통해 위험 방어의 제2선에 있는 리스크 부서로 전달된다. 리스크 부서는 이 통찰을 조직 전체와 공유하고 발견된 새로운 위험에 대응하기 위해 필요하다면 리스크 정책을 조정한다. 이사회는 새로운 위험이 발생했을 때 그에 대해 위험 방어의 제3선이라 할 수 있는 리스크 담당 책임자와 내부 감사와 함께 심도 있게 논의할 권한을 가진다. 내부 감사는 이와 같은 강력한 리스크 관리 문화에 의지할 수 있으며, 미래에 기업의 리스크 환경이 어떻게 변화할지를 예측해서 경영진과 이사진에게 실시간으로 그 추세를 보고하는 데 대부분의 시간을 할애한다.

이렇게 축적된 리스크 전문성을 고려했을 때 두 번째 기업은 전반적으로 위험 관리에 더 뛰어날 것이며 특히 위험성이 있는 투자를 고려할 때 더 유리할 것이다. 첫 번째 기업은 투자 기회를 검토하면서 그것이 10% 플러스 마이너스 5%의 수익률을 발생시킬 것이라 생각하고 그 기회를 거절할지도 모른다. 그러나 우월한 리스크 관리 역량을 갖추고 있는 두 번째 기업은 동일한 기회를 보고 예상 수익률을 10% 플러스 마이너스 3%로 판단하고 투자를 진행할 것이다. 최악의 시나리오가 여전히 그들의 기준수익률을 넘어서고 있기 때문이다. 따라서 두 번째 기업은 성장해서 주주들에게 더 많은 수익을 안겨주게 된다. 이런 식의 행동이 몇 년 동안 반복되고 나면 두 번째 기업은 위험을 기회로 바꾸는 기업이라는 명성을 얻게 될 것이고 그에 따라 투자 가치도 상승할 것이다.

두 번째 기업이 위험 관리 업무와 연관된 직원들에게 지출한 비용은 투자로 분류되지 않는다는 점에 주목해야 한다. 설사 그것이 미래에 오랫동안 수익을 발생시킨다 할지라도 말이다. 위험 관리 역량에 투자하는 것은 성공적인 기업들이 다른 형태의 투자를 하는 것과 상당한 유사점이 있다. 기업들은 언제나 직원들과 그들의 컴퓨터 시스템에 서서히 증가하는 투자를 한다. 기술 투자를 유지하기 위해 IT 팀을 구축해도 그 팀들이 신기술을 회사의 요구에 맞게 내부에서 적용해 고객과 기업에게 더 많은 가치를 가져다주는 데에는 시간이 필요하다. 지속적으로 새로운 기술을 훈련받는 직원들은 더 민첩하고 생산성이 높다. 이 또한 고객과 기업에게 더 많은 가치를 발생시키는 일이다. 이러한 이점은 먼 미래에까지 이어진다. 이 활동이 투자의 모든 특질을 보여주고 있다 할지라도 이는 일반적으로 단순 경비로 간주된다.

2018년 출간된 〈자본 없는 자본주의(Capitalism without Capital)〉에서 조너선 해스컬(Jonathan Haskel)과 스티언 웨스틀레이크(Stian Westlake)는 주주들에게 가치를 창출해주는 데 '무형 투자'가 하는 역할에 대해 많은 증거 자료를 제시하고 있다. 무형 투자는 말 그대로 기업 성공을 위한 지식이나 그 밖의 지적 구성요소들로, 미래에 큰 이득을 발생시키는 투자이다. 무형 투자에는 연구개발과 새로운 특허, 브랜드 광고, 직원 교육, 글로벌 가치 사슬을 뒷받침해주는 국제 관계 개발 등이 포함된다. 내 견해로는 다음에 도래할 불확실성의 시대에는 위험 관리에 투자하는 것이 기업 가치 창출을 위한 수단, 즉, 무형 투자가 이루어져야 할 차기의 중요한 투자처로 인정받게 될 것이다.

제품의 생산과 유통을 글로벌 공급망에 의존하고 있는 기업의 경우를 한번 생각해 보자. 이 기업은 어떻게 공급망을 반세계화하도록 강요하는 독단적인 무역 보호주의의 위험을 관리할 수 있을까? 한 가지 선택권은 비록 생산 비용과 가격은 크게 상승하겠지만 단순히 방어 수단으로서 반세계화하는 것이다. 대부분의 기업들은 제조 공장을 인건비가 비싼 본국으로 옮겨올 것을 강요받게 되면 그 기회를 빌어 자동화 공정을 늘려서 본국 회귀를 유도하는 정책 담당자들이 기대한 것보다 국내에 일자리를 훨씬 더 적게 창출하게 된다. 이는 수요가 한정되어 있는 매우 비싼 제품에 대한 처방이기 때문에 기업들은 글로벌 공급망을 유지하면서 위험을 줄일 수 있는 조치를 취할 가능성이 더 높다. 이를테면 (특히 무역 협정이 제대로 체결되어 있는 국가들을 중심으로) 두 개 국가 이상에 공급업체를 둠으로써 공급망을 여러 군데에 개발하는 것이다. 그러한 가치 사슬의 재최적화 과정에는 비용이 들지만 이는 위험 관리에 무형 투자를 하는 것으로 보아야 한다. 중요한 점은 어떻게 반응하는 것이 최적인지에 대한 판단은 회사에 따라 달라지며, 세계화는 양자택일의 명제가 아니라 무엇이든 선택 가능한 것이라는 점이다.

해스컬과 웨스틀레이크는 무형 투자가 기술 발전에 발맞춰 경제에서 차지하는 비중이 커지고 있음을 보여주고 있다. 예컨대, 미국 경제의 경우 기계와 장비, 부지에 대한 일반 투자는 전체 경제에서의 비중이 크게 하락하고 있는 반면 무형 투자는 특히 1990년대 후반 이후로 꾸준히 증가하고 있다. 최근 몇 년 사이에는 무형 투자가 전통적인 설비 투자를 능가하기 시작했다. 무형 투자는 보통 손익계산서에서 경비로 간주된다. 반면 설비 투자는 대차대조표에서 자산으로 간주된다. 그래서 무형 자산에 많은 투자를 하는 기업들은 그렇지 않은 기업들보다 더 수익률이 낮고 순자산 가치가 낮아 보일 것이다.

이제 한 기업이 다른 기업을 인수할 때 어떤 일이 벌어지는지 한번 생각해 보자. 전략적으로 수년 동안 무형 투자를 해왔고 시장에서 매우 가치가 높은 기업으로 인식되고 있는 한 기업이 다른 기업에 인수된다고 가정해 보자. 인수 기업은 장부 가격에 프리미엄을 얹어 지불할 것이고, 합병 기업의 대차대조표에는 '기업 호감도'를 높이는 데 기여한 비용이 기록되어 있을 것이다. 축적된 무형 투자의 예측 시장 가치는 인수되는 순간 확실해진다. 이와는 반대로 무형 자산에 홀로 조용히 투자하면서 다른 기업에 인수되지 않는 기업들도 있다. 그들은 충분히 좋은 성과를 내면서 신비감을 더하기도 한다.

이러한 관측들은 투자자들이 선호하는 기업 실적을 측정하는 전형적인 척도와 정부 통계 전문가들이 선호하는 투자 및 생산성 척도의 약점을 보여줄 뿐만 아니라, 기업들이 신기술 등장에 대처하면서 직면하게 되는 어려움을 보여준다. 무형 투자가 기업에 얼마나 큰 가치를 더해주는지 투자자들이 인식하지 못한다면 기업이 한 단계 더 발전하고 신기술을 채택하기가 훨씬 더 어려워질 수 있다. 다시 말해서 단기 수익에만 시장 초점을 맞추려는 태도에도 최근 설비 투자율이 낮아지고 자연 성장보다는 자사주 매입을 더 선호하는 추세에 대해 일부 책임이 있다고 볼 수 있다. 내가 보기에는 오로지 극도로 투명하고 표준화된 회계만이 이 추세를 상쇄할 수 있다.

제2의 불확실성의 시대

규모의 확장은 자연스러운 일이다

무형 자본의 중요한 특징은 대기업들에게 편파적이라 할 정도로 많은 혜택을 줄 수 있다는 점이다. 이는 하나의 공장에서만 사용이 가능한 기계와 같은 유형 자본과는 반대되는 특징이다. 예를 들어 브랜드 구축에 많은 투자를 하는 기업은 전 세계에 퍼져 있는 자사 사업체들에게까지 투자의 혜택을 확산시킬 수 있다. R&D와 특허, 그 외 다른 형태의 지적 재산권에 투자하는 것도 마찬가지라 할 수 있다. 앞서 언급했듯이 위험 관리 역량에 투자하는 것에도 동일하게 적용된다.

무형 투자의 중요성이 증가하면서 기업을 대규모화하는 추세가 강화되고 있다. 이런 추세는 한 가지 혁신이 기업을 폭발적으로 성장시키고 시장 가치를 높일 수 있는 기술 기업들에서 가장 두드러지게 나타나고 있다. 이와 같은 상황들은 기업의 규모 확장을 아주 자연스러운 것으로 만들어 결국 단일 기업이 시장 전체를 장악하는 독점을 낳게 된다. 마이크로소프트사의 운영 시스템이 전 세계 퍼스널컴퓨터 시장에서 절대적인 위치를 점유하고 있는 현실을 생각해 보라.

역사적으로 봤을 때 시장을 장악할 정도로 성장한 기업들은 다음의 두 가지 정책적 대응 중 하나를 선택했다. 그것은 바로 강제적인 기업 분할과 밀착 규제다. 은행업과 전력 공급업체, 통신 기업들이 그 예라 할 수 있겠다. 이 산업들은 모두 규모가 커질수록 수익률이 높아진다. 정부가 이 기업들에게 분할이나 규제를 강제한다면 그 결과는 종종 시장 지배력을 가진 소수의 거대기업들이 시장을 나누어 가지는 것으로 귀결된다. 이런 상황을 과점이라 부르는데, 캐나다의 은행 시스템이 그 대표적인 사례다.

시장 지배력이란 높은 수익성을 의미하며, 일각에서는 경쟁을 더 촉진하고 소비자 가격을 낮추고 수익성을 낮추기 위해 그런 기업들의 규모를 줄여야 한다고 주장할 것이다. 또 다른 한편에서는 과점이 가져다주는 안정성에 가치를 두기도 한다. 만약 경쟁이 적어서 소비자들이 치러야 할 대가가 있는 것이라면 경제 전반이 누리는 혜택도 있을 것이다.

현대의 경제 국가들은 국민소득을 그다지 평등하지 않게 분배하는 방향으로 발전해 나가고 있다. 성장 리더십은 유형 경제에서 무형 경제로, 상품에서 서비스로 전환되었다. 그리고 각각의 시장에서 더 규모가 크고 시장 지배력이 큰 기업이 되도록 이끄는 자연스러운 시장의 힘이 작동하고 있다. 이는 차세대의 기술 발전이 다수보다는 소수에게 혜택을 주어 소득 분배의 불균형을 심화시킬 가능성이 높아진다는 뜻이다. 간섭주의 정치는 이미 변동성이 심한 기업 환경에 또 하나의 예측 불가능한 요소로 등장하게 된다.

정부가 할 수 없다면 기업이 한다

정부는 충분히 소득 불평등 문제를 직접적으로 해결할 수 있다. 그러기 위해서는 대기업들은 번영과 혁신을 계속해 나가도록 허용하는 한편, 소득세 제도를 더 진보적인 방향으로 조정하거나 가장 소득이 높은 사람들에게서 징수한 세금에서 조달해 보편적 기본 소득과 비슷한 제도를 채택할 필요가 있다. 그러나 정치적 현실이 그걸 가로막는 경우가 많으며, 근본적인 원인보다는 겉으로 드러나는 증상만을 해결해 주는 차선의 정책을 채택하도록 만든다. 정치가 점차 양극으로 분열되고 소셜미디어의 도움으로 양측이 더욱 첨예하게 대립하게 되면서 진정한 타협은 극히 드물어졌다. 정치적 차원에서는 모든 정책적 대안들이 탐탁지 않아 보일 것이므로 소득 불평등 심화의 위험을 완화시키는 일은 기업의 몫이 될 것이라는 것이 나의 생각이다.

이는 여러 가지 형태를 띨 수 있겠지만 한 가지 가능한 후보는 '이해관계자 자본주의'이다. 이해관계자 자본주의는 세계경제포럼에서 처음으로 사용된 용어다. 기본 개념은 기업이 주주들만의 목표가 아니라 모든 이해관계자들의 목표를 고려한다는 것이다. 구체적인 사례로, 미국에 근거지를 두고 있는 비즈니스라운드테이블(Business Roundtable)을 들 수 있다. 비즈니스라운드테이블은 이해관계자 자본주의를 실현하자는 취지에서 조직된 약 1900만 명의 직원을 거느리고 있는 200대 기업의 협의체이다. 기업의 목표와 기업들의 현 상황에서 ESG(environmental, social, and governance 환경·사회·지배구조)에 대한 책임이 점차 중요해지고 있는 현실은 동일한 압박을 반영하고 있다. 이 추세는 기업이 계속 주주들만을 위해 운영된다면 사회가 더 부유해질 것이라 주장하는 사람들과 ESG를 포함해 더 넓은 차원에서 기업의 목표를 추구해야 한다고 주장하는 사람들 사이에 논쟁을 불러일으켰다. 나는 정부가 공익을 위해 ESG를 적절히 잘 관리하고 기업은 주주들의 목표를 만족시키는 데 몰두하고, 또 사회를 위해 더 많은 일을 하기를 원하는 주주들은 그들 스스로 그렇게 할 수 있는 균형 잡힌 체제에서라면 이러한 논쟁이 존재하지 않았을 것이라 믿는다. 업계에서 ESG의 중요성이 점점 높아지고 있다는 것은 정부가 균형 잡힌 정책을 실행하는 데 실패했음을 의미한다. 많은 기업들은 아마도 그 빈자리를 메꾸고 다수의 요구를 만족시킴으로써 비판을 줄이고 정치 지도자들이 제대로 알지 못하는 정책이나 자기파괴적인 정책을 시행할 가능성의 싹을 제거할 수 있다고 믿는 것 같다. 다시 말해서 ESG에 투자하는 것은 기업들에게는 위험 관리의 한 형태인 것이다.

비정부기구와 기업, 정부, 언론의 신뢰도를 조사하는 에델만 신뢰도 지표조사(Edelman Trust Barometer)는 이와 같은 논리를 뒷받침해주고 있다. 에델만 신뢰도 지표조사에 따르면 소득 불평등이 우리 사회에서 신뢰도를 감소시키고 있으며 불신의 정도는 지식인 계층의 대중보다는 일반 대중들 사이에서 훨씬 더 높은 것으로 나타났다. 미국과 비교했을 때 캐나다는 훨씬 더 신뢰도가 높은 것으로 나타났다. 하지만 그럼에도 불구하고 캐나다는 간신히 중립 지대에 포함된다. 세계 응답자들 중 무려 56%가 오늘날의 자본주의가 득보다 실이 더 많다고 대답했다. 따라서 기업들이 더 많은 ESG 목표를 떠안고 있는 것도 놀랄 일이 아니다.

일부 논평가들은 기업들은 기업의 일에 집중하고 정부는 정부의 일에 집중해야 한다고 주장하면서 ESG 경향을 대수롭지 않게 여기기도 했었다. 정부가 자신의 일을 완수하고 일관성 있는 판단을 내려줄 것이라 대중이 신뢰할 수 있다면 상관없다. 하지만 치열한 정치적 공방의 결과를 신뢰한다는 것은 순진해 보인다. 기업들은 만약 외면하는 경우 그들을 파괴로 이끌 수 있는 압력에 대해 합리적인 방식으로 반응하고 있다. 그들은 피고용인의 이익은 물론이고 주주의 이익을 극대화하는 방향으로 진화하고 있다. 요컨대, 회사의 자원을 ESG 목표에 모두 쏟아붓는 것은 결국 이타주의가 아니다. 설사 시작은 그런 의도로 한다 해도 말이다.

기업의 수익성이 더 이상 중요하지 않다는 말을 하려는 것이 아니다.

실제로 수익성은 넓은 의미의 기업 경쟁에서 가장 큰 지분을 차지하고 있다. 투자자들의 입김은 매우 강력한 힘을 발휘할 수 있다. ESG 차원에서 사회적 기준을 충족시키지 못하는 기업들은 펀드 구성에서 제외되고 주가는 하락할 것이고 자본비는 상승할 것이다. 그러나 기업이 ESG 측면에 있어 대중 앞에서 너무 동떨어진 결정을 내린다면 그 역시 동일한 결과를 가져올 것이다. 기업들은 시장에서 강요하는 기제를 기반으로 사회가 정한 기준에 맞춰 수익성과 ESG 책임 사이에서 균형점을 찾을 필요가 있다.

이렇게 더 넓은 체계 속에서 피고용인들은 아주 중요한 집단이다. 앞서 언급한 것처럼 고용인들은 다가오는 경제 및 금융 변동성의 증가에 아주 취약하다. 경제 변동성을 완화하는 중앙은행의 능력은 과거보다 확연히 줄어들 것이다. 많은 부채 부담을 지고 있는 정부들은 모두를 만족시키려 하지만 누구의 요구도 충족시키지 못하고 있고, 적합한 사회 안전망을 구축할 가능성도 낮아 보인다. 나의 견해로는 위에서 리스크의 다른 차원에 대해 언급했던 것처럼 기업들은 이 부담을 짊어지는 것이 그들이 해야 할 일이라고 생각할 것이다. 기업에도 분명한 혜택이 있다. 그리고 이런 문제에 잘 대응하는 기업은 투자자들의 인정을 받게 될 수밖에 없다. 장-뤽 피카드와 제드 바틀렛과 같이 자신의 신조를 공공연하게 드러내는 기업의 리더들에게는 회사를 위해 ESG 목표를 수용하는 것이 자연스러운 일일 터이다.

피고용인 리스크를 줄이기 위해서는 자연스럽게 고성장 기업들이 이미 채택하고 있는 인적 자본 투자를 확대하는 방향으로 나아갈 것이다. 이는 가장 개인적인 형태의 무형 자본이다. 그렇다면 지각 변동 요인이 피고용인들에게 가져올 경제 및 금융 변동성은 어떨까? 피고용인들의 삶을 좌우하는 일자리의 불안정성, 주택 구입 가능성 하락, 계속 변화하는 금리 등은 기업들이 관심을 가져야 할 주요 사안들이다. 피고용인들을 대신해 실업 리스크를 관리하는(이를테면 기술 발전의 여파로 일자리를 잃게 된 노동자들의 고용을 유지하면서 재훈련을 제공하는) 기업은 그러지 않는 기업들에 비해 분명 채용에서 이점을 누리게 될 것이다. 10장에서 가정한 것처럼 노동조합이 다시 생겨난다면, 기업들은 두 가지 방향으로 피고용인들이 직면하게 될 위험을 감소시켜야 한다는 압박을 느낄 것이다. 설사 피고용인들이 노동조합을 결성하지 않는다 해도 기업은 노동조합 승인을 미연에 방지하는 방향으로 행동하기를 원할 것이다. 육아 시설 확충에도 마찬가지 논리가 적용된다. 대부분의 정부들은 사회 기반 시설의 격차를 줄이기 위한 노력은 거의 하지 않는다. 육아 문제는 피고용인들이 직장 생활을 가장 활발히 할 중요한 시기에 그들에게 가장 시급한 문제이므로 기업의 입장에서도 그 문제를 해결하려고 노력하는 것이 당연하다.

노령화 사회에서는 재능 많고 열정적인 피고용인들이 드물어질 것이다. 그래서 기업들은 기업의 이익을 위해 좋은 시기에나 안 좋은 시기에나 재능 많고 열정적인 피고용인들을 잡아두기를 원할 것이다. 그리고 주주들은 피고용인을 잡아두는 것이 회사 실적을 높이는 데 도움이 될 것이라 상정하고 아마도 그에 동의할 것이다. 균형 잡힌 가치 기반의 기업 경영은 궁극적으로 성공을 결정짓는 주가 상승으로 이어진다.

피고용인들에게 주거 문제가 중요하다는 점과 주택과 관련된 금융 리스크가 아주 크다는 점을 감안했을 때, 나는 기업이 직원들을 위해 주택담보대출을 지원하거나, 심지어 직접 대출을 해주는 것이 무리한 가정이라고 생각하지 않는다. 주택담보대출 지원은 직원의 뒤에서 직원이 일자리를 잃게 되는 경우를 대비해 대출금에 대해 보증을 서주는 것도 포함된다.(혹은 그와 동등한 가치의 최소 소득을 보장해줄 수도 있다.) 집값이 갈수록 올라 많은 가정이 주택을 구입하기 어려워짐에 따라 기업들은 직접 직원 주택을 만드는 것이 이득이 될 수도 있다. 심지어 직원 커뮤니티를 구축하는 방안도 고민해 볼 수 있을 것이다. 직원 주택은 급여에 포함해 제공할 수도 있고 직원이 주택의 순가를 증식할 수 있도록 허용하는 공동 소유 모델을 기반으로 제공할 수도 있다. 어쨌든 대기업은 개인보다 이자율 리스크와 주택 가격 리스크를 흡수하기에 더 유리한 입장에 놓여 있다. 그와 같은 거주 시설 제공은 피고용인을 장기간 붙잡아두고자 하는 목적의 황금 수갑(직원의 전직을 막기 위해 제공하는 고액의 돈이나 혜택: 역자 주)의 한 형태가 될 것이다.

실제로 노동 이동은 이미 최고조에 이른 것 같다. 아마도 평생토록 한 회사에 헌신하는 개념의 르네상스가 다가올지도 모른다. 대기업들이 중심이 되어 직원들을 더 배려하는 전략으로 이런 분위기를 조성할 가능성이 다분하다. 기업들은 직원들에게 부담이 될 경제 및 금융 리스크의 많은 부분을 덜어 주는 한편, 직원이 업무를 수행하는 데 필요한 훈련 및 재훈련을 시키고 필요하다면 다시 재훈련시킬 책임을 질 것이며, 적당한 대중 프로그램도 활용할 것이다.

기업들은 투자자들이 바람직한 경영을 알아볼 수 있도록 최소한 다양한 형태의 무형 자본에 투자한 것을 아주 투명하게 밝힐 필요가 있다. ESG 성과 척도를 구축하고 표준화해 발표하고 그에 따라 관리해야 할 것이다. 또한 보상 체계는 성취 기준에 따라 제공되는 것이 이상적일 것이다. 기업들은 초기 단계에서는 자선 기부를 가리켜 ESG를 실천했다고 주장할 수도 있다. 이를테면 수익의 1%를 공익을 실천하는 데 기부했다고 밝히며 그 지출에 대해 인정받기를 바랄 수도 있다. 하지만 이는 ESG 정책과 관행을 조직의 유전자에 심어 넣고 그에 해당하는 실천을 했을 때 성과를 측정하고 성과급을 제공하는 것과는 거리가 먼 행동이다.

탄소 발자국을 보고하는 것은 투명성을 확보할 수 있는 최적의 방법이며, 그 다음 단계는 탄소 발자국을 줄이기 위한 특정한 계획안을 내놓는 것이다. 투명성을 드러내기 위한 이런 실천은 대체로 투자자들이 기업을 그저 '환경친화적' 기업과 '환경친화적이지 않은' 기업으로 양분할 수 있는 상황을 방지하기 위해 필요하다. 실제로는 그렇게 양극단이 아니라 다양한 단계의 환경친화적 입장이 존재하지만 투자자들이 그 모든 단계들을 알아차리려면 많은 공부가 필요하다. 표준화된 완전한 탄소 발자국 보고와 기후 변화 위험에 대한 노출 보고가 필요해질 것이며 G7 국가들은 그 안건을 논의 중이다. 환경친화적인 경영 방침을 채택하는 것이 어려워 보이겠지만, 특히 기업이 해외에서 운영되고 있을 때 직장 내에서의 다양성을 고려하거나 의사결정 시 환경 기준을 끼워 넣는 일, 혹은 노동자 인권 문제를 고려해야 하는 것에 비하면 쉬운 일일 것이다. 회사는 그저 그들의 원칙만을 밝힐 수는 없다. 다른 기업들과 비교될 수 있도록 그 기준에 따른 성과를 측정해서 보여줄 수 있어야 한다.

결과적으로 주식 공개 기업이 직면하게 되는 모든 리스크는 평판 리스크로 귀결된다. 잘못된 행동이 빠르게 변화하는 시장에서 너무나 두드러져 보이기 때문이다. 일반적으로 투자자들은 CEO가 기업의 평판을 자신의 평판과 동일시하며 보호할 것이라 믿는다. 엄격한 위험 관리 구조를 구축하는 것은 기업 소유권을 최전방의 피고용인들과 나누어 가지는 것을 의미한다. 새로운 경영 구조는 아마도 이러한 추론 과정을 통해 등장하게 될 것이다. 이해관계자 자문위원회 설치와 노조의 참여 확대, 특정 유권자들을 위한 이사회의 할당 의석, 그리고 가치 기반의 리더십을 채택하는 분위기가 미래에 우리가 나아가야 할 분명한 방향이라 할 수 있다.

이 책에서 언급한 변동성이나 위험의 새로운 요소들은 어느 정도는 결국 기업의 이사회실에서 논의된다. 경제 및 금융 시장과 관련해 인간은 기업의 체계를 통해 모든 것을 조직한다. 기업은 팀워크를 활용해 경제 성장을 창출하고 사람들을 위해 의미 있는 직업들을 유지시킨다. 더 나아가 그 모든 요소들은 투자자들의 결정에 중요한 영향을 끼친다.

높아져 가는 경제 및 금융 변동성을 관리하는 일은 자연스럽게 정부의 관리 영역이 될 것으로 보인다. 정부는 최적의 설계로 리스크에 대비해 경제를 지켜내기 위해 많은 일을 할 수 있다. 하지만 완벽한 위험 관리가 정치처럼 유별난 과정에서나 나올 수 있다고 가정하는 것은 환상일 것이다. 높아진 미래의 위험은 어딘가에 착륙할 곳을 찾고 있다. 그리고 기업들은 그 위험을 짊어질 필요가 있고 그렇게 하는 것이 그들에게도 이득이 될 것이라는 게 나의 생각이다. 그 일을 잘하는 기업은 주주들에게도 수익을 가져다줄 것이다. 이제는 기업들이 고급 커피 머신이나 시내 스포츠센터, 휴게실을 구비해 두고 서로 더 좋은 인재를 영입하기 위해 경쟁하는 모습에서 알 수 있듯이 위험은 점점 높아지고 기술력 있는 인재는 부족해짐에 따라 기업은 위험 관리에 더 많은 투자를 하게 될 것이다. 단지 그들만을 위해서가 아니라 피고용인들을 위해서 말이다.

매출 규모가 큰 다국적 기업에게는 이것이 실현가능하게 들릴 테지만 (대다수의 노동자들을 고용하고 있는) 그보다 작은 규모의 기업들에게는 큰 부담으로 다가올 것이다. 그러나 대형 보험 회사나 그 밖의 민간 기업들이 소기업들이 의지해 운영할 수 있는 위험 관리 상위 시스템을 구축하게 될 것이다. 오늘날 소기업들이 보험 회사를 통해 건강 보험 혜택을 제공하는 것과 비슷한 방식으로 위험을 관리할 수 있게 만드는 것이다. 요약하자면 미래에는 기업들이 ESG에서 S에 해당하는 '사회(social)'에 과거보다 더 많은 투자를 해야 할 것이다. 그리고 그 결과에 대한 최종 판결자는 투자자가 될 것이다.

제2의 불확실성의 시대
The Next Age of Uncertainty

14장

The Next Age of Uncertainty

회상: 새로운 시대의 시작

때는 2004년 7월 18일 일요일이었다. 나는 절친한 친구 글렌과 함께 아침 일찍 골프를 한 게임 치러 갔다. 날씨는 아주 화창했지만 낮에는 더위가 기승을 부릴 것이 분명해 보였다. 오전 11시 30분 경 우리는 12번 홀까지 갔는데, 여기서부터는 줄곧 오르막 경사였고 약 150~200 야드 구간은 고원이었다. 나의 티샷(골프에서 티 그라운드에서 공을 치는 것을 말하며, 각 홀의 제1구를 의미한다: 역자 주)은 오른편으로 날아가 고원 쪽에 떨어졌고 친구의 샷은 그보다 멀리 왼편으로 날아갔다.

까다로운 오르막 구간이었다. 나는 가쁜 숨을 몰아쉬며 공이 있는 곳까지 갔고 그곳에 도착하자 현기증이 나기 시작했다. 세상이 빙글빙글 도는 것이 멈출 때까지 잠시 땅에 주저앉아 있었다. 다시 일어서서 골프 클럽을 들려고 했을 때 글렌은 내게 큰 소리로 괜찮은지 물었다. 나는 안 괜찮다고 대답한 것까지는 기억이 나지만 그 뒤로는 아무것도 기억이 나지 않는다.

글렌은 응급 처치에 능숙했다. 그가 내게로 달려왔을 때 내 얼굴은 아주 창백해져 있었고 심장 박동이나 호흡도 거의 없었다. 글렌은 티박스에서 대기 중인 사람들에게 소리를 질러 도움을 요청하고 심폐소생술을 시행했다. 나는 1분도 채 되지 않아 두 발로 일어나 다시 골프 클럽을 잡았다. 하지만 그날 골프 일정은 그것으로 종료되었다. 코스 매니저는 골프 카트에 나를 태웠고 우리는 에어컨이 나오는 프로 숍(골프 클럽 하우스 내에 있는 용품 판매점: 역자 주)으로 가서 구급차를 기다렸다. 프로 숍 계산대에서 일하는 여성은 내게 운이 좋았다고 말하며 수년 전 그녀의 남편 역시

12번 홀에서 심장마비가 와서 세상을 떠났다고 했다. 어떤 이유에서 나는 그 말에 아주 안심이 되지는 않았다.

나는 20년 전에 이엽성대동맥판막(bicuspid aortic valve) 진단을 받은 적이 있었고 그 후로 매년 정기 검진을 받고 있었다. 정상적으로는 심장이 뛸 때마다 열렸다 닫히는 세 개의 첨판이 있는 반면 이엽성대동맥판막은 첨판이 두 개 뿐인 경우를 말한다. 이는 어머니 뱃속에서 결정된 선천성 결손으로 알려져 있다. 2장에서 언급했듯이 1950년대에는 임신 중 흡연에 대한 태도가 지금과는 달랐다. 대동맥판막의 기능은 시간이 지나면서 약해지고 결국은 심각한 위험을 초래하게 되는 것이다. 나는 20년 동안 그 위험에 대해 알고 있었고, 그것에 대해 계속 생각하고 있기에는 어떻게 될 위험성은 아주 낮다고 항상 생각했다. 그러나 시간이 흐를수록 아주 작은 작용력이 위험성을 높이고 있었고 그것이 다른 요소들(특히 날씨가 더운 날 너무 가파른 언덕을 오른 것)과 충돌하게 된 그 날 확실히 드러난 것이었다.

8주 후 나는 심장에 스테인리스 스틸 대동맥판막 보철을 심는 수술을 받았다. 그리고 8주가 지난 후 다시 수석 이코노미스트로 컴백했다. 사람들은 내게 사후 세계를 보았는지, 아니면 그 유명한 빛을 보았는지 묻곤 한다. 미안하지만 보지 못했다. 정신을 잃고 난 뒤의 기억은 전혀 없으며, 아주 깊은 잠 밖으로 기어 올라와 아주 에너지가 충전된 기분을 느꼈던 기억이 날 뿐이다.

그렇지만 그 사건은 나를 변화시켰다. 블랙스완이 이후에 이어지는 역사를 재구성하고 위험에 대한 인식을 바꾸는 것처럼 말이다. 나는 완벽주의적인 성격을 누그러뜨리고 사람들에게 더 많은 관심을 가지게 되었다.

나는 내 친구의 즉각적인 응급 처치와 훌륭한 의료진이 아니었더라면 내가 무엇을 놓쳤을지 뼈아프게 잘 알고 있다. 아이들이 자라는 모습에서부터 제 짝을 찾는 것, 그리고 손주들의 재롱, 캐나다 지폐에 찍혀 나오는 나의 서명, 해링턴 호숫가(해링턴 호수에 있는 저택은 캐나다 총리의 여름 별장이다.: 역자 주)에 총리와 함께 앉아 대화를 나누는 일 등을 놓쳤을 것이다. 그 사건이 일어난 이후로 매일이 선물처럼 느껴졌고 나는 미래에 대해 낙관적으로 바라보기가 어려워졌다. 하지만 역설적이게도 내가 미래를 더 긍정적으로 바라볼 수 있도록 도와준 것은 하나의 큰 불운이었다.

나는 그날 새로운 시대로 들어섰고 그것이 사실임이 드러났다. 중앙은행 총재가 되고 난 뒤 언론에서는 나를 '햇살같은 스티브'라고 불렀다. 내가 경제학을 대자연에 대한 강한 믿음을 가지고 접근한다는 것은 의심할 여지가 없는 사실이다. 대자연의 힘은 항상 무너진 것을 재건하여 시간이 흐르면 경제를 제자리로 데리고 오는 경향이 있다. 경제학자들이 부정적인 측면을 강조하기를 좋아하는 세상에서 나는 언제나 말 많은 반대 의견자이다.

나는 세계 경제 또한 코로나19 팬데믹의 비극을 기점으로 새로운 시대로 들어서고 있다고 믿는다. 나는 그것을 '제2의 불확실성의 시대'라고 부른다.

팬데믹이 발생했을 때 우리가 느낀 두려움은 다른 문제들을 작아 보이도록 만들었지만 그 문제들은 사라지지 않았다. 모든 사람들은 코로나19가 등장하기 오래전에 이미 경제적 불안이 높아졌음을 느끼고 있었다. 이는 세계 경제의 표면 아래에서 작동하고 있는 지각 변동 요인들의 영향력이 높아져 가고 있었기 때문이었다. 지각 변동 요인들은 향후 상호작용을 통해 서로를 확대할 것이다. 여기서 밝힌 다섯 가지 지각 변동 요인들, 즉, 인구 노령화, 기술 발전, 불평등의 심화, 부채 증가, 기후 변화는 미래에 경제 및 금융의 지각 변동을 일으킬 것이다. 단 한 가지 확실한 것은 앞으로의 미래는 더 불확실해질 것이라는 점이다.

사람들은 당연히 불확실성을 싫어한다. 그래서 이런 예측은 많은 이들에게 매우 부정적으로 들릴 것이다. 하지만 미래를 긍정적으로 바라볼 여지는 충분히 많이 있다. 우리는 수명을 연장하고 생활 수준을 향상시키고 기후 변화를 완화할 엄청난 기술 발전을 목격하고 있다. 삶은 우리 세대에도 그랬고 우리 전 세대에도 그랬던 것처럼 점점 더 나아질 것이다.

하지만 비관주의자들은 이 생각에 반대할 것이다. 우리는 역사 속에서 인류의 발전 성과가 동등하게 공유되지 않는 것을 수차례 보았기 때문이다. 성과에 대한 수익은 가장 먼저 그것을 발명한 당사자들과 그들의 회사, 그리고 투자자들에게 돌아가는 것이 사실이다. 두 번째 차례로 그 소득 이익이 모든 일반적인 분야에 지출된다면 사회가 전반적으로 풍요로워질 것이다. 즉, 경제가 좋아지면 모든 경제 구성원들이 그 혜택을 누리게 된다. 결국에는 항상 그렇게 됐음을 역사도 증명해주고 있다. 1차 산업혁명 때보다 2차 산업혁명 때 더 빨리 그런 결과가 나타났으며 3차 산업혁명 때에는 그보다 더 빨리 그런 결과가 나타난 것이 사실이다. 정치적으로 허용되는 한도 내에서 정부의 훌륭한 정책이 4차 산업혁명으로 더 좋은 결과가 나올 수 있도록 만들어야 할 것이다. 희망을 가질 수 있는 여지는 분명 충분하다.

그렇다 하더라도 다섯 가지 지각 변동 요인들은 세력이 커져가고 있고 다가올 시대에 예측 불가능한 방식으로 상호작용할 것이다. 경제와 금융

제2의 불확실성의 시대

의 변동성이 더 커지고 일상적인 의사결정에 불확실성이라는 새로운 층이 더해지면서 삶은 더 위험도가 높아질 것이다. 이는 삶이 계속 더 나아진다 하더라도 단지 평균적으로 향상될 뿐임을 의미한다. 경제 및 금융 변동성이 더 빈번하게 더 대규모로 침범해 들어갈 것이기 때문이다. 만약 당신이 운이 좋은 사람들의 경험을 상쇄시키는 혜택 받지 못한 불운한 사람들 중 하나라면 평균적인 개인이 생활 수준의 향상을 누린다 한들 전혀 위안이 되지 않을 것이다.

장기적으로 거침없이 복합적으로 작용하는 자연력으로 인해 경제 리스크의 증가는 간단히 제거하거나 모르는 척 할 수 있는 것이 아니다. 다섯 가지 지각 변동 요인들을 이해하고 있다면 과거의 혼란스러운 주요 사건들에 대해서도 더 일관적으로 설명할 수 있게 될 것이다. 여기에는 1800년대 후반 빅토리아 시대의 대불황과 1930년대의 대공황, 1970년대의 스태그플레이션, 1997년 아시아 금융 위기, 2008년 세계 금융 위기도 포함된다. 이 각각의 사건들은 다양한 동인으로 발생했고, 그 중 다수는 비교적 피상적이면서도 가장 근접한 것이 동인으로 지목되기도 했다. 더 근원적으로 들여다보자면(공통적인 지각 변동 요인들에 기반해 설명하자면) 가벼운 사건이 발단이 되어 경제 및 금융의 대규모 변동을 촉발하기 오래전부터 압박이 누적된 것일 수 있다. 따라서 위기 상황을 불러온 동인으로 근원적인 자연력보다는 촉매제를 지목하는 것은 일반적인 일이다.

이와 같은 새로운 역사 해석은 과거에 위기를 불러왔던 한두 가지 요소들을 바로잡는 것으로 미래의 위기를 막을 수는 없다는 것을 의미하기도 한다. 다른 지각 변동 요인들은 지표면 아래에서 여전히 작동하고 있을 것이며 그들이 합류하는 지점에서는 여전히 혼란이 발생할 가능성이 크다. 그러나 역사적으로 봤을 때 정책 담당자들은 각각의 주요 경제 사건을 통해서 배우고 그들의 분야에서 더 발전할 수 있었다. 과거 위기의 원인이 되었던 요소들을 수정한다고 해서 미래의 위기를 막을 수는 없을 것이다. 하지만 위기 관리 능력이 계속해서 향상될 것이라는 희망은 있다. 비유적으로 표현하자면, 지진에 대해 회복력이 더 강한 건물을 건설하고 만일의 사태에 대한 대비책을 마련할 수는 있다. 그렇지만 지진의 발생을 막을 수는 없다.

높아지는 위험은 사람들에게 재정적 결정을 뒤바꿀 중대한 결과를 가져다줄 것이다. 중앙은행과 정부 모두 경제 변동을 관리하는 능력을 더욱 많이 제약받게 될 것이다. 중앙은행의 경우, 저금리가 지속되면 그들이 통제할 수 있는 여지가 줄어들 것이다. 정부 또한 노령 인구와 관련된 재정 부담이 높아지면 글로벌 팬데믹으로 인한 대규모 부채 발생과 맞물려 안정화 정책을 시행할 수 있는 여지가 줄어들 것이다. 그럼에도 그들이 정기적으로 마주하는 경제 변동은 과거보다 더 빈번하게 일어나고 규모도 더 커질 것이다.

이런 맥락에서 모든 이들은 인플레이션의 미래에 대해 더 많이 생각해 볼 필요가 있다. 주요 중앙은행들이 계속해서 물가를 통제해 주기를 기대할 이유는 충분하다. 그러나 정치가 그 계획을 방해할 위험성은 더 커졌다. 정부의 많은 부채는 중앙은행이 물가를 더 높이는 것을 정부가 허락할 충분한 동기를 제공한다. 특히 다른 국가들에 비해 재정적 제도적 역량이 부족한 국가들의 경우 더욱 그렇다. 그러나 주요 경제국들에서조차 부채가 많은 가계들은 인플레이션율이 더 높은 것을 선호해 그런 방향의 공약을 내세우는 정치인들에게 투표할지도 모른다.

제2의 불확실성의 시대

미래에 변동성 증가를 가장 크게 느끼게 될 곳은 노동 시장일 것이다. 실업은 더 빈번해지고 기간도 길어질 것이다. 하지만 인력 공급이 부족한 시기도 간간이 한 번씩 있을 것이다. 자연 실업률은 더 높아질 것이다. 높은 이직률과 기술 파괴, 불평등의 증가, 그리고 노동자들이 견뎌야 하는 그 밖의 위험들이 예측되면서 노동조합이 부흥기를 맞이할 가능성이 높다. 직업은 계속해서 바뀌는 반면 근무 경력은 더 길어질 것이다.

지각 변동 요인들은 완만한 경제 성장과 지속적으로 낮은 실질 금리를 암시하고 있다. 이 조합은 주택 공급과 이민 정책에 큰 변화가 없는 한 가계 부채율이 늘어나는 것과 주택 가격의 지속적인 상승을 선호할 것이다. 정부로서는 주택 가격을 통제하거나 혹은 왜곡하는 방법을 찾기보다는 주택담보대출 금융 부문에 혁신을 모색하는 편이 더 나을 것이다. 주택담보대출에 대한 현재의 기준 중 많은 부분은 대공황 시절에 만들어진 것이다. 오늘날 사람들은 더 오래 일하고 더 오래 산다. 그들은 은퇴하거나 죽기 전에 집을 온전히 다 소유하지 않고도 집의 순가를 높이지 못할 이유가 없다. 주택 구입을 위한 자금 조달은 자동차 대여만큼 쉬워질 수 있다. 여기에는 일반적으로 자동차의 가치는 하락하는 반면 주택의 가치는 상승한다는 차이점이 있을 뿐이다. 주택담보대출에 적용될 수 있는 리스크 공유나 공동소유권 모델은 아주 다양하다. 금리 또한 오름세와 내림세를 반복해 정기적인 주택담보대출 갱신의 위험성을 더 높일 것이다. 그 결과 금융 기관에서 제공하는 주택담보대출의 형태는 아마도 오늘날의 기준을 넘어서서 진화하게 될 것이다. 주택 가격 또한 더 등락이 심해져 취업 문제로 다른 지역으로 옮겨가야 하는 사람들의 부담은 더 커진다.

높아지는 경제 리스크로부터 사회를 보호하는 것은 정부의 자연스러운 역할로 보인다. 위험과 불확실성을 줄이는 것은 공익을 위한 일이기 때문이다. 지각 변동 요인들은 사회적 규모의 경제 변동을 암시하고 있다. 민영 보험 시장은 이에 대해 충분히 준비되어 있지 못하다. 보험 회사들은 홍수보험이나 지진보험을 인수하여, 종종 세계 보험풀(insurance pools)을 통해 재보증하기도 한다. 그러나 자연재해의 경우에는 그 원인이 무엇이든 상관없이 항상 그 책임은 정부에게로 돌아간다.

그렇다 하더라도 몇몇 정부들은 다른 정부들보다 경제 및 금융 위험을 더 능숙하게 관리한다. 3차 산업혁명과 세계 금융 위기, 그리고 가장 최근의 코로나19 팬데믹에 이르기까지 여러 위험에 대처하는 모습에서 보았듯이 시간이 흐를수록 정부가 이 일에 능숙해졌다는 데에는 이견이 없다. 그러나 경제 변동성에 대처하는 일은 더 어려워질 것이고 국내 정치와 세계 지정학적 상황이 정책 결정을 어렵게 만들 것이다. 소셜미디어를 통해 점점 양극화의 절정으로 치닫고 있는 민주주의는 앞으로 다가올 미래에 필요할 대합의(그랜드바겐 grand bargains)나 '뉴딜'에 도움이 되지 않는다. 설사 한 단계 발전된 정책이 표면 위로 떠오른다 해도 정부가 높아진 경제적 위험에 대해 전체적으로 사회를 지켜낼 수 있는 능력이 있다고 단정 짓기는 어렵다. 팬데믹 기간 동안 활용된 재정 도구 중 일부는 영구적으로 활용될 것이라는 조짐이 있는데 이는 희망적이라 할 수 있다. 자동으로 작동하는 더 강력한 사회 안전망 구축은 우리 앞에 놓여 있는 불확실성에 대응하는 바람직한 방법이다. 하지만 그것으로 경제를 모든 새로운 위험으로부터 보호할 수 있는 것은 아니다. 더욱이 정부의 재정 능력에는 한계가 있다. 높아지는 위험 수위는 정책 담당자들에게 많은 부담을 지울 것이고 경제는 이전보다 더욱 변동성이 커질 것이다.

제2의 불확실성의 시대

다행스럽게도 시민들은 미래에 영향력을 행사할 다른 경로를 찾아냈다. 그들은 세계의 문제를 인식하고 그들의 회사가 그 문제를 해결하는 데 기여할 것을 요구하고 있다. 그들은 투자할 자금을 가지고 있기에 그들이 투자하는 기업들 또한 문제 해결에 기여하기를 요구하고 있다. 기업들은 점점 그 문제(특히 기후 변화)를 해결하기 위해 자신들에게 유리한 방향으로 자원을 사용하려 한다. 기업들은 또한 정부의 개입이 없다면 소득 불평등 문제 해결에도 나설 의향을 내비치고 있다. 나는 피고용인들이 직면해 있는 여러 위험까지도 포함할 만큼 향후 이런 생각이 더욱 확산될 것이라 믿는다.

기업의 사회적 책임(corporate social responsibility (CSR))이라 불리었던 것이 이제는 ESG 책임이라고 불린다. ESG를 잘 실천하는 기업들은 ESG를 의식하는 투자자들에게서 보상받고 그들의 주가는 상승할 것이기 때문에 ESG 실천 행위와 '주주의 가치를 극대화하라'는 원칙은 모순적이지 않다. 기업은 무대 뒤에서 순수한 수익률과 (사회적 정서에 부합하는) ESG로 증대된 수익률 사이의 적절한 균형점을 찾아야 한다. 대중의 가치는 기업과 그 기업의 리더들의 가치가 될 것이며 최종 결과는 자연스럽게 극대화될 것이다.

일부 기업들은 부상하고 있는 ESG 책임을 의무로 받아들이는가 하면 어떤 기업들은 다른 기업들에 대해 새로운 경쟁 우위를 가질 수 있는 기회로 볼 것이다. 노동 인력이 부족해지는 세상에서 기업들은 점차 피고용인들을 높아지는 위험으로부터 보호할 가치가 있는 자산으로 바라보게 될 것이다. 인재 채용과 유지, 평생 교육, 위험 관리에 더 많은 투자를 하는 것은(그것이 시간이 흐를수록 더 발전된 기업 성과로 이어진다면) 투자자들에게 긍정적으로 비춰질 것이고 시장 가치에도 반영될 것이다. 기업은 피고용인들이 경제 변동에 대처할 수 있도록 도움을 제공할 것이고, 그들에게 가장 큰 재정 리스크라 할 수 있는 주택 리스크를 관리할 수 있도록 도와줌으로써 혜택을 얻게 될 것이다. 이는 개인의 고용주가 주택담보대출 위험을 공유해 주거나 직접 주택담보대출을 제공하거나, 혹은 고용주가 아예 사원 주택을 제공하는 것을 포함해 여러 형태로 제공될 수 있다. 기업은 기업의 일에만 집중하고 민심을 돌보는 일은 정부가 해야 한다는 순수주의적 주장을 내세우는 이들은 내가 보기에 잘못된 이분법으로 세상을 재단하고 있고 그들은 곧 도태될 것이다.

이 책에서는 우리의 환경을 변화시키는 동력이 무엇인지 알아보고 그들이 미래에는 어떻게 진화할 것인지에 대해 생각해 보았다. 예측이라기보다는 미래를 전반적으로 넓게 조망해 보려는 시도였고 그 결과 미래를 예측하기가 더 편안해졌다. 미래에는 과거보다 변동성이 훨씬 더 커질 것이며 그와 함께 불확실성도 훨씬 더 커질 것이라는 결론은 많은 이들에게 좌절감을 줄 것이다. 우리는 미래에 놀랄 일이 생기더라도 놀라서는 안 될 것이다.

이는 기업들이 많은 자원을 위험 관리에 쏟아부어야 한다는 의미이기도 하다. 나심 니콜라스 탈레브의 〈블랙 스완〉에서도 이와 비슷한 결론을 제시하고 있다. 그는 기업들이 위험으로부터 그들의 핵심 사업을 보호하는 한편 불운에 대처하고 행운을 최대한 활용하는 데 투자할 자본을 일부 남겨놓아야 한다고 조언한다. 우리는 위험이라고 하면 으레 부정적인 것으로만 생각하는 경향이 있지만, 변동성과 위험이 긍정적, 혹은 부정적으로 모두 작동할 수 있음을 상기시켜 주는 말이다. 이는 기업의 대부분의 자본을 기본 사업 계획에 투자하되 불운이 닥쳤을 때 그것을 관리하거나 그것에 대처하는 데 실제 재원을 투자하는 동시에 행운이 발생하는 경우 즉시 그쪽으로 사업 방향을 선회할 수 있도록 자본을 비축해두는 것을 의미한다. 행운은 이를테면 도입하려면 현금 비용이 드는 새로운 다용도 기술의 등장과 같은 것을 가리킨다. 탈레브는 이와 같은 자본의 할당을 '바벨 전략(barbell strategy)'이라고 부른다. 행운이 따라주지않는다면 기업 입장에서는 자본을 비축해 둔 것이 후회를 불러일으킬 수있다. 그 자본을 기본 사업 계획과 더불어 더 많은 자연 성장에 투자할 수있었을 것이기 때문이다. 그러나 핵심은 행운이든 불운이든 블랙 스완에대비한 것을 후회할 필요는 없다는 것이다.

이와 유사한 예로 자동차 보험 문제가 있다. 운전자는 매년 보험을 갱신할 때마다 지난 해 동안 사고가 없었기 때문에 보험료를 지불한 것을후회한다. 불확실성이 과거보다 엄청나게 높아진 시대에는 나쁜 결과에대비해 보험을 가지고 있지 않거나 좋은 결과를 활용할 능력을 갖추지 않고 기업을 운영하는 것은 매우 위험한 전략이다. 도날드 설(Donald Sull)의 말을 다른 말로 바꾸어 표현하자면, 성공적인 기업들은 위기 관리 책임자만 필요한 것이 아니라 기회 관리 책임자 또한 필요하게 될 것이다.

많은 이들은 위험을 관리하기 위해 전문가에게 조언을 구한다. 그러니 이 분석이 경제학자들에게 어떤 의미를 지니는지 물어볼 가치가 있다. 나는 다섯 가지 지각 변동 요인들이 우리의 경제 기반을 뒤흔들고 있으며이것이 경제학의 실행을 파괴할 것이라고 생각한다. 현재의 모델들은 새로운 시대에는 별로 가치가 없을 수도 있다. 이런 일은 과거에도 변동 요인들의 합류가 발생한 1970년대 초반에 경제학자들에게 일어난 적이 있

었다. 베이비붐 세대의 등장으로 노동력이 갑작스레 증가했고 소득 불평
등도 증가했다. 유가 급등은 기술 파괴를 불러일으키고 있었고 세계의 인
플레이션율은 치솟았으며 전후 세계 통화 체계는 무너졌다. 경제학자들
은 1970년대의 새로운 현실을 이해하기 위해 노력했다. 존 케네스 갤브
레이스가 1977년에 집필한 〈불확실성의 시대〉는 불확실성의 이유를 설
명했고, 이책 〈불확실의 시대〉는 50년이 지난 후 이것이 또 반복되는 이
유를 설명하고 있다.

　　인도네시아 발리의 거주민들이 항상 존재하는 큰 지진의 위험에 적응
한 것처럼 우리 역시 위험성이 큰 세계에 적응하게 될 것이다. 우리의 경
제는 다섯 가지 지각 변동 요인들로 인해 높아지는 위험에 대비해 진화하
고 있다. 이는 대자연의 작용이다. 무엇보다도 친환경적 투자의 확실한 힘
과 ESG 책임의 등장, 비즈니스 라운드테이블, 그리고 이해관계자 자본주
의의 여러 형태들은 인간이 다가올 제2의 불확실성의 시대에 적응해 번
영을 도모할 능력이 있다는 증거라 볼 수 있겠다. 역사는 인류가 미래를
낙관적으로 바라볼 수 있는 권리를 가지고 있음을 보여주고 있다. 노력과
독창적 발상으로 극복할 수 없는 어려움은 없기 때문이다.

제2의 불확실성의 시대
The Next Age of Uncertainty

나는 수년 동안 훌륭한 두 개의 조직을 이끌면서 멋진 사람들을 만나 함께 일할 수 있는 특별한 행운을 누렸다. 내가 현재의 자리에 서기까지 많은 도움을 준 모든 분들에게 감사하려 한다면 중요한 사람들의 이름을 어쩔 수 없이 빠뜨릴 위험성이 있다. 그래서 나는 이 책의 핵심 전제로 호소하기로 했다. 우리는 모두 축적된 무작위의 사건들과 만남들, 그리고 결정들을 대변하고 있다. 그리고 그것들 중 한 가지라도 바뀌면 우리는 현재 우리의 모습과는 아주 다른 모습이 되어 있었을 것이다. 그러므로 나는 모두에게 감사하고 싶다. 책 출간을 위해 내가 도움을 받은 만큼 나도 충분히 그 도움을 되돌려주었기를 바란다.

이 책에 대한 아이디어가 처음으로 나온 것은 2019년에 캘거리에서 개최된 스프루스 메도우스 체인징 포춘스 라운드테이블에서 내가 한 강연에서였다. 캐나다 중앙은행의 두 선임 연구원 토마스 카터(Thomas carter)와 제이콥 돌리나(Jacob Dolinar)가 그 강연을 위한 자료 조사를 도와주었고, 다른 동료들도 내 작업에 대해 피드백을 주었다. 캐롤린 윌킨스와 질 바르디의 자문에 특별히 감사드린다. 스프루스 메도우스 회의의 수준 높은 참석자들을 감안했을 때 나는 내 강연을 이 책으로 출간해도 되겠다는 확신이 들었다. 해마다 세계 최정상의 포럼에서 내 아이디어를 시험할 수 있도록 허락해주고 너그러운 환대를 베풀어준 낸시 서던과 서던 가 전체에게 감사드린다.

책을 집필한다는 것은 자신과의 고독한 싸움이다. 가족과 친구들과 보내던 시간과 다른 활동에 할애하던 시간을 온전히 쏟아부어야 하는 일이며, 잘 해내지 못하면 어쩌나 하는 두려움때문에 책 집필에 대한 언급을 주저하기도 했다. 이 과정을 나의 50년지기 파트너인 발레리가 그녀 특유의 관대함으로 함께 견뎌내 주었다. 그녀의 사랑 가득한 지원과 지혜로운 조언, 끊임없는 인내심이 없었다면 이 모든 일들이 불가능했을 것이다.

일단 집필 의도를 명확히 정하는 관문을 거치고 책이 윤곽을 잡아가기 시작하면 책이 독자들의 손에 쥐어지기까지는 얼마간의 행운과 많은 전문가의 도움이 필요하다. 내가 약 20년 동안 함께 일해온 BNN 블룸버그의 능력 있고 열정적인 아만다 랭은 친절하게도 내 초고를 읽고 열정적으로 피드백을 주었다. 그녀는 나를 출판 에이전트 릭 브로드헤드에게 소개해주었고, 그는 나를 받아주었다. 릭은 내가 출판계를 이해하도록 도와주었고, 나의 책 작업을 능숙한 전문가의 손에 맡기기 위해 피곤함도 잊고 일했다. 이 능숙한 전문가가 바로 펭귄 캐나다(Penguin Canada)의 닉 개리슨이었다. 그는 나의 생각을 수용해주고 내가 그것을 더 명확하게 설명할 수 있도록 그 생각에 생명력을 불어넣어 주었다. 퀸스 대학교 스미스 경영대학원의 데이비드 데토마시 또한 초고를 읽고 소중한 의견을 주었다. 책의 최종본이 나오기까지 아주 중요한 기여를 해준 편집자 크리시 칼훈과 펭귄 출판사 편집팀에게도 감사드린다. 특히 앨라나 맥뮬런에게 감사의 마음을 전한다. 또한 책 표지에 나의 핵심적인 생각을 담아내기 위해 심혈을 기울여준 펭귄 출판사 디자인팀의 모두에게 상을 주고 싶다.

수년 동안 나는 내게 자극을 주고 대부분의 어려운 일을 해내고 나를 곤경에서 구해준 똑똑하고 헌신적인 관리자들에게 둘러싸여 있는 것에 익숙해져 있었다. 그런데 이 퇴직 후의 팬데믹 프로젝트는 반대로 내가 자급자족의 시절로 돌아가도록 만들었다. 그러므로 나는 이 책의 모든 오류에 대해 책임을 질 것이다.

제2의 불확실성의 시대

세계는 어떻게 불확실한 미래에 대비해야 하는가

초판 1쇄 인쇄 ㅣ 2023년 2월 6일
초판 1쇄 발행 ㅣ 2023년 2월 15일

지은이 ㅣ 스티븐 폴로즈
옮긴이 ㅣ 강성실
발행인 ㅣ 노승권
발행처 ㅣ ㈜ 한국물가정보

주 소 ㅣ (10881)경기도 파주시 회동길 354
전 화 ㅣ 031-870-1062(편집), 031-870-1060(마케팅)
팩 스 ㅣ 031-870-1097

등 록 ㅣ 1980년 3월 29일
이메일 ㅣ editor@kpi.or.kr
홈페이지 ㅣ www.kpi.or.kr

* 값은 뒤표지에 표시되어 있습니다.